奧里森‧馬登談

「人格塑造」

U0081884

美感教育、習慣主導、金錢觀念、品德培養……

三歲看大互歲看老，細節看出尔是不是虛有其表！

(Orison Marden)

奧里森‧馬登 著

佘卓桓 譯

「若我們認真明智地培養習慣，它就會變成我們第二天性。」——培根

原生家庭影響＋審美力培養＋閱讀啟迪視野

成功不只靠機遇跟能力，也許能從品德素養中看出蛛絲馬跡！

─ 目錄 ─

目錄

第一章
自然的「小帳單」

因為對邪惡行為的判決並不是立即宣告的，

因此很多人都覺得作惡沒有報應。

—— 《福音書》

人就像手錶，只能上一次發條，

不可能上第兩次，一旦上緊，就是永遠了。

—— 赫里克

「哦！我的媽呀！」富蘭克林大叫，「我到底做了什麼壞事，讓我遭這麼大的罪呢？」「做了很多事情，」高特說，「你過去吃喝太隨意了。你的懶惰讓你的雙腿都走不了路了。」

自然很少會在你違背她的法則那一天就懲罰你。但如果你從她的「銀行」帳戶裡過度透支，以身體為抵押，那麼終有一天，你會因為無力還債，而被她收回。她會借給你想要的所有東西，但她就像夏洛克，一定要你分毫不欠地還清。她很少在人們 40 歲前，就讓他們成為罹患癌症。只有在人過了壯年後，才會讓人償還之前欠下的「酒債」，讓他們罹患布賴特病（腎炎）、心肌肥大、酒鬼的「肝病」或是其他相似的疾病。你支付給酒吧侍者的錢只是你必須付出代價的極小部分。

我們經常聽人說，奇蹟的時代已然過去了。我們驚訝地發現，一個死於十字路口的小偷同一天就出現在天堂裡了。但請你看看，在哈登的餐桌上，死神是如何透過一塊肉，一盤菜讓人與死亡作對的。這些食物轉化成為格萊斯頓的身體能量，讓他可以去思考。第二天晚上，他就發揮著自己的魅力與演說震撼了國會。奇蹟的時代已過去了，但請你看看，貝德福德監獄裡的一塊麵包進入了一位貧窮與飢餓的補鞋匠的口中，透過牙齒的咀嚼，透過腸胃的胃酸與可溶性無機鹽消化，最後融入到體內神奇的血液

裡，轉化成一種奇蹟。體內有很多「小工廠」，等待著麵包進入腸胃，然後似乎透過某種神奇的作用，使之被胃酸消化，一部分營養進入膽汁，一部分用於神經消化，一部分用於腦細胞。我們無法追蹤麵包被消化後是如何將營養輸送到肌肉，為行動提供能量的，不知道它是如何為大腦與思考提供力量的。我們無法看到背後存在的那雙操控一切的雙手，它就像是飛梭那樣來回地編織著班楊的命運。我們也無法追尋監獄裡那一塊麵包是否有什麼神奇之處，能讓班楊創作出世界最優秀的頌歌 —— 《天路歷程》。但我們知道，若在我們的肚子咕咕叫，大腦與肌肉因為飢餓無法繼續工作時，除非此時能夠好好地吃一頓飯，除非我們的消化系統因為心靈與身體的鍛鍊而處於健康狀態，否則是絕對不可能讓格萊斯頓發表那麼震撼的演說，也不可能讓班楊創作出那麼優秀的頌歌。

造物主就是這樣神奇地製造我們，又讓我們心懷敬畏。想像一下，一個儲水池能在瞬間將一座城市的汙水管道全部清洗乾淨，使之變得的純淨。正如體內靜脈血管堆積著被消耗完的腦部細胞與能量耗盡的肌肉細胞，這些血液經由肺部的每一次呼吸，補充了新鮮的紅血球。我們體內的血液中的每一滴都是由神性的化學家所製造的。血液就決定著我們的前途與命運。我們的人生拓展與潛能的發揮都取決於我們的血液，包括我們的健康或是長壽，疾病或是過早死，都與此息息相關。血液的純度決定著我們是擁有希望還是恐懼，是擁有勇氣還是懦弱，是擁有力量還是困乏，是取得成功還是失敗。血液的純度也影響著我們是接受高等或更寬泛的教育，還是將自身狹隘與膚淺的見解傳給後代。血液影響著我們的骨頭與神經，肌肉與大腦，影響著我們的儀容是端莊還是醜陋。血液影響著我們是過著高尚的生活或是放蕩的人生，展現出我們是擁有成為罪犯或是聖人的傾向。血液是多麼重要啊！因此我們應該遵循健康法則，讓身體的血液保

持純淨。

「我們聽到很多人說道『卑賤的身體』，」史賓賽說，「很多人就是受這句話的影響，違背了自然法則。但是自然會很淡然地對待那些違背她最高法則的人，將他們帶走。最後，這個世界由那些不那麼愚蠢的人治理。」

自然會賜予人類基本的工具，向人類展示她巨大的寶庫，希望人類能從中獲得自己需要的東西，這是她所歡迎的。但是他絕對不允許人占有之後，卻常年不用。要麼使用，要麼失去，這是她的銘言。我們不使用的每個細胞，都會被她拿走。

如果你的手臂上掛著投石器，但始終不使用的話，自然會讓你逐漸消瘦，手臂就會變得無力。要是你逐漸運用手臂，那麼自然又會漸漸將她奪取的東西返還給你。要是你的大腦無所思考或是無所事事，那麼她就會讓你的大腦變得遲鈍。鐵匠需要有一隻強有力的手臂，自然就賜給他，讓他另一隻沒有使用的手臂變得沒那麼強壯。如果你願意的話，你可以全身心去發展一隻能力，但你的其他能力就會逐漸枯萎。

年輕女士可能穿著束腹的衣服，但是自然會讓她的臉蛋失去光澤，使之變得蒼白。她的臉上會變得暗淡與出現灰黃色的點。自然會讓她的腳步失去輕盈，讓她的眼神失去光澤。

不要覺得自己可以理所當然地擁有健康。這個世界任何有價值的東西都是需要你為之努力的。健康就是不斷努力後所獲得的回報。

自然的每一個法則都有一個懲罰的規定，如果你違背了她的法則，就要遭受懲罰。每當她感到憤怒時，你就要付出代價，甚至付出生命的代價。

一位著名醫生在學生面前進行手術，雖然他對現代醫學有著全面的了

解與精湛的醫術，但這些都是外在的條件。他那雙神奇的手可以盡自己最大的努力去挽救病人的生命，然後他對自己的學生說：「兩年前，一次簡單安全的手術就能治癒他的疾病。6 年前，明智的生活方式可以讓他避免罹患這種疾病。我們已經盡最大努力了，自然擁有最高的話語權。她並不總是寬恕違背原則的人。」第二天，病人就去世了。

除去意外的事情，我們的人生基本都掌控在自己手上。若是每個人都遵循健康法則，那麼美國的 75,000 醫生就要喝西北風了！正是我們自己犯的錯，才讓他們多數人過上富足的生活。美國每年有 350,000 人因為完全可以避免的疾病去世，這對我們的文明程度是多大的諷刺啊！塞內加爾說：「上帝本來賜予我們很長的壽命，是我們自己使之變短的。」要想看到一個人在老年自然地死去，這是多麼困難的事。100 個人中，只有 3 ～ 4 個人是可以在老年時去世的。顯然，自然透過她神奇的機制，可以讓我們活到 100 歲。

英格蘭的湯瑪斯・帕爾活到了 152 歲。他在 120 歲時還結婚呢，一直工作到 130 歲。著名的哈威醫生在檢查帕爾的身體時，發現他的身體沒有出現任何死亡的徵兆，只是生活的方式必須改變而已。英格蘭約克郡的亨利・詹金斯活到了 169 歲，要不是國王邀請他倫敦居住，他可能獲得還要活得更長，因為倫敦的奢侈生活加速了他的死亡。英國的宮廷紀錄顯示，他見證了 140 年前的一起案件的審判。他在 100 歲時還能在湍急的河水裡游泳。

我們對身體的生理及化學成分的理解真是無知到了極點。在 1,000 個人中，幾乎沒有一個人能夠正確地指出身體重要器官的位置，也不知道這些器官具體所發揮的作用。

造物主按照自身的形象去塑造如此神奇的人類，但我們的高中畢業生甚至大學畢業生雖然在語言、音樂、藝術專業都有不俗的見解，也懂得旅遊的文化，但卻不能指出身體各個影響他生命的器官位置，這真是對造物主的一種侮辱。弗蘭西斯‧威拉德說：「後世人在回顧我們這段歷史時，肯定會覺得，那時候的人只學到各種毫無意義的知識，記住西藏某條河流的名字，卻不知道他們幸福的基礎——身體方面的知識，對他們心靈平和與善意存在的基礎一無所知。」對人來說，沒有比研究與了解自己更為重要的了。但是，現在的人跟那些野獸相比，一樣對自己缺乏了解。

人的身體就是造物主的創作的一首偉大「詩歌」。要是我們不懂得如何閱讀，不知道其中的含義，不會欣賞其中的美感或是試圖去理解其中的奧妙，那這就是對我們文明的一種侮辱。

世人為自己的無知付出了多大的代價啊！結果，一群無法充分挖掘自身潛力、單向發展與短命的人組成了國家，這就是我們吹噓的文明社會。

通常來說，由於我們缺乏足夠的鍛鍊，讓大腦的其他功能逐漸喪失，最後變得無能。我們的神經系統之間的連繫是多麼緊密啊！要是神經系統出現了什麼問題，整個人都可能會瘋掉。只要一個神經細胞出現了腫脹，就會應該影響到骨頭，讓你感到錐心的痛，即便像拿破崙那樣意志堅定的人，此時也會像個孩子那樣哇哇大哭。腳趾上長了雞眼，腎臟出現了問題，或是出現了脂肪肝，抑或身體的其他部位出現了瘡與粉刺，都會嚴重影響你的視力與大腦功能。整個人的身體系統就是神經、器官與各種功能形成的一個網路，牽一髮而動全身，各個器官的功能是緊密連繫的，某個部位受到傷害，必然會影響其他部位。

大自然會為我們的每次行為做下記錄，無論是身體、心理或是道德上

的，然後迅速記下我們剩下的「本錢」與必須償還的「債務」。

下面，讓我們看看自然為我們記錄下的「底帳」。

■ 原因：年輕時因過度的運動、咀嚼菸草、抽菸、喝過多的濃茶或咖啡、過度的划船與跑步訓練、過度學習與興奮。

結果：導致「心臟受損」，形成「菸草心」，導致身體遭受損害。

■ 原因：因為吃飯速度過快，吃了一些不適宜身體消化或煮的不熟的食物，在體溫較高時喝冰水，一下子喝太燙的水，都會讓的消化器官遭受損害，特別是喝過多的茶水，會在你體內形成丹寧酸，影響胃部脆弱的皮層。在你的疲憊或憂慮，聽到壞消息時，胃部分泌的胃酸不夠多時，暴飲暴食。

結果：消化不良，情緒憂鬱，多年痛苦的煎熬，對家庭感到焦慮，讓朋友對你反感。

■ 原因：過度消沉放縱、過度興奮刺激，過於緊張的生活，一心想著發財或得到名聲，透過各種刺激食物加速青春期的到來。

結果：多年的身體羸弱，夢想的破碎與毫無希望的低效，讓你覺得人生沒有了盼頭。

■ 原因：過度勞累的工作傷害了你的神經，消耗的腦細胞超越了細胞更新的速度。

結果：導致心智慧力受損，弱化大腦的力量，摧毀你的希望。

■ 原因：想著在大學裡超越同學，導致神經過於緊張，想著拿獎學金，超越其他人。

　　　　結果：導致理想旁落，過著長期病弱的生活。

■　原因：導致大腦與神經細胞的脆弱的皮層變得堅硬，過度喝酒與
　　　　抽菸破壞了胃部的內層組織與神經組織。

　　　　結果：大腦變得混沌，逐漸變得麻木，導致家庭破碎，讓你罹患
　　　　腎炎，心肌肥大，神經緊張，最後縮短你的壽命，讓你一
　　　　輩子過著毫無意義的生活。

■　原因：強迫自己處於平衡的狀態。

　　　　結果：帳目總結，生理與道德層面都出現了嚴重透支的情況。

　　其中，有 2 ～ 3 項是可以歸到一個目錄裡。為了避免這種情況的出現，可以在信用的一欄再加上「過去狂熱的追求」、「追求轉瞬即逝的歡樂」，但換來的只有遺憾、悔恨與羞恥。你幾乎可以肯定一點，即你所犯的最有罪惡都會被發現，這些都是記錄在案的。

　　「上帝是公平的，讓我們感到愉悅的惡行，最後狠狠地鞭笞著我們。」

　　我們還能苟延殘喘地活著，這也算是一個奇蹟了。我們幾乎違背了身體的每條法則，竟然還想頤養天年。試想一下，若是某人有一隻好錶，但是卻將表放在路邊，任由風吹雨打，遭受冷熱氣候的變化，你還能期望這塊表走的準時嗎？試想一下，若是一家之主整天將大門敞開，除了迎接風雨，難道不會有小偷與流浪漢進入嗎？

　　我們的身體就是造物主憑藉雙手製造出的精緻「手錶」，手錶的發條本應能走上 100 年。這塊「手錶」必須要得到精心的呵護，要避免身處溫差過大的地方，要注意避免忽冷忽熱。無論我們是住在四季嚴寒的地帶，還是住在炎熱的赤道，都要注意保養。只要「手錶」上出現了灰塵或是發

生了輕微的碰撞，都會讓它出現報時不準的情況。但我們依然「無所畏懼」，任由這塊「手錶」置身於各種影響它精準報時的環境。我們在沐浴時，也沒有讓身體的皮膚得到徹底的放鬆與呼吸。我們很少以愉悅的潤滑油讓身體精細的「輪子」處於潤滑的狀態。我們讓自己身處塵埃與煤渣，寒冷與氣流或是其他有毒氣體的侵害中。

我們會仔細地過濾飲用水，整理我們的床，讓臥室通風透氣，分析牛奶的營養成分！我們會避免與任何汙垢或疾病相接觸。但是，我們卻將散發出砒霜味道的畫掛在牆上，然後每天呼吸著有毒的氣體。我們經常到擁擠的戲院看戲，其中很多人的衣服都很不乾淨或是有疾病的細菌。我們幾個小時坐在那裡，讓 1,400 平方英尺的肺部呼吸著汙濁、有毒的空氣，還有數百人排出的廢氣。在這樣的環境下，每個人都需要呼吸正常狀態下 6 個人的空氣。我們呼吸的空氣中夾雜著一些患有肺病的人排出的氣體，還有一些長時間沒有洗澡之人排出的氣體，這些都影響著你的健康。在長達幾個小時裡，我們就坐在這樣充滿「有毒氣體」的環境下，還納悶為什麼第二天會感到困乏與頭痛。

我們大口喝著冰水，讓本來已經超負荷工作的胃部不堪重負。我們沒有意識到，胃部要花半個小時才能從冰水的刺激中緩過神來，才能達到正常的工作溫度。只有在正常狀態下，胃部才會分泌胃酸。但是，此時的你又喝下一杯冰水，導致你的胃部徹底癱瘓。

我們大口喝下會讓我們胃部柔軟的內層組織變硬的烈酒，讓具有韌性的身體組織硬化，讓神經的保護層更加薄弱，讓大腦變得遲鈍。我們大口吃著肉類、蔬菜、餡餅、堅果、葡萄乾或是水果等食物，讓身體的胃部器官不堪重負。我們的胃部在面對如此繁重的「消化任務」時，必然會給予我們發出警告。

在我們做完了「虐待」身體的一系列行為後，我們沒有讓胃部有幫助消化的機會，相反還過度地用腦或進行過度的運動，完全沒有意識到，大自然在構造我們時，就讓消化道的血管幫助進行消化。

誰看到過馬匹在飢餓時，會選擇離開燕麥與乾草，首先跑去喝水呢？有時候，沒有智商的動物也能在飲食方面給我們上一節深刻的課。自然讓胃酸與胃液素幫助我們去消化食物，但這必須要我們的腸胃處在一個適宜的溫度。如果我們將胃酸稀釋，或是透過喝冰水降低胃部的溫度，就會降低消化能力，自然會產生消化不良的情況。

很多在英國工廠裡工作的男孩受到全世界人民的同情，因為他們每天被強迫工作 14 個小時。但是，有很多工廠的主人甚至走得更加極端，要求這些男孩進行更高強度的工作，他們要求男孩就像手錶那樣，一天 24 小時不間斷地工作。這些工廠主不讓這些男孩放假，他們沒有任何假期可言，只能被迫進行著高強度的工作。

雖然心臟的重量剛好超過半磅，但是它能身體傳送 18 磅重的血液，然後在透過壓力將血液流通到身體的每個部位，然後再回流到心臟。這個過程所花的時間還不夠 2 分鐘。心臟這個小小的器官，可以說是世界上最完美的「引擎」，它每天的工作量相當於將重達 124 噸重的物體提升 1 英尺高，為那些辛勤的體力勞動者提供 1/3 的能量。如果讓心臟在一個小時內創造出的能量去提升與自己重量相等的物體，能夠提升 20,000 英尺。這是一位登山行人所耗能量的 10 倍。可見，透過各種刺激物品去刺激業已辛勤工作的心臟去工作，是多麼愚蠢的一件事啊！

我們每個人都必須要為自身從事的職業付出代價。你要注意一點，那就是自己的職業是否會縮短你的壽命。那些想要獲得人生真正獎賞的人，

應該盡量避免從事讓他們呼吸不純淨的空氣或是有害的氣體，特別是那些從事不得不要呼吸打磨鋼鐵或是黃銅工作的人，還有那些要呼吸煤炭粉塵與打穀機粉塵的人。石刻工人、礦工與打磨鋼鐵的人都很短命，因為他們呼吸的粉塵會破壞肺部脆弱的組織。在英格蘭曼徹斯特的小刀與餐具的打磨工，很少能活到 32 歲的。那些在有升降機設備的穀倉裡工作的人，每天都會呼吸到有害的氣體，所以壽命也很短。

在粉塵較重的地方進行深呼吸，會讓粉塵進入肺部的上半葉，破壞肺部的組織，直到這些組織徹底失去功能。所有與砷元素打交道的人，他們的壽命都不會太長。

威廉・奧格勒博士就是在這方面的專家，他說：「在所有對我們壽命可能產生影響的工作裡，沒有比牧師這個職業讓人更加長壽的了。」據他的研究，發現從事牧師行業的人的死亡率是最低的。他以 100 分來定義牧師行業的死亡率，相比來說，從事酒店與旅館行業的人是 397，差不多四倍多；礦工的則是 331，陶瓷工的是 317，銼子工人是 300，房務員是 274，花園管理者、農民與從事農業行業的人，他們的得分與牧師相接近。他指出了高死亡率的工作的條件：一是，以狹隘與短淺的目光去面對工作；第二，在工作中接觸有毒有害物質；第三，過度工作，造成身心的重負；第四，在空氣汙濁的環境下工作；第五，喝過多的烈性酒；第六，對可能致命的疾病的忽視；第七，就是工作時呼吸道粉塵。那些在酒精行業裡工作的人的得分則是 5,521，相比於其他行業的 1,000 分，這個死亡率實在是太高了。

選擇對身體傷害不大的工作，是極為重要的。每當我們感到工作刺痛著我們，覺得工作是一種負累，對身體不好，那麼就會迅速地影響我們的身體。

　　健康必須要慢慢累積、投資，最後才能獲益。因此，我們只有在遵循健康法則，才能大大提升我們的健康。我們健康的資產可能因為某一個不良的行為而失去。富人可能在一次投機行為裡失去了所有財富。可見，健康也可以像其他財富那樣慢慢累積的。

　　人們會認可最近某位作家的觀點，即那些無法進入天國的富人，也肯定無法進入智者的世界。在紐約、波士頓、費城與芝加哥這樣的大城市，有成千上萬的百萬富翁，其中一些家族的財富已經延續了 3 ～ 4 代了。但是，在這些家族裡，很難出現一位在文學、演說或是政治領域的傑出人才。這些富人家族也沒有出現過一位創作出某本名作的人，也沒有創作出一首有意義的詩歌或發表過震撼的演說。這些家族的人在智趣方面似乎無法突破。他們上了大學，到國外旅行，他們請了最有水準的老師，他們家裡有小圖書館，其中一些人甚至還有收藏藝術品的習慣。即便如此，他們從小生活在富裕的環境下，無法改變一些惡習或愚蠢的行為，結果導致了心靈的荒蕪。那些違背自然法則的人必須要付出代價，即便他身家百萬。懶惰的富人是不可能在智趣領域有所成就的。因為這些人通常無法真正地接地氣。要麼工作，要麼飢餓，這是自然的座右銘。如果你有錢可以避免身體的飢餓，也要避免心靈與道德出現飢餓的現象。

　　對於我們因為不良的思想與行為導致的性衝動，大自然會給予我們多麼大的懲罰啊！她會蒙蔽我們的智慧，硬化我們的感官，矮化我們的靈魂。

「我想要放棄罪惡的額度，

想要隱藏過去的錯誤，

但是，唉，這一切在內心已扎根，

將情感石化了。」

當你感覺身體出現了疲憊，這就是自然向你發出的預警信號。在我們疲憊時，透過各種刺激物提升狀態，這要比我們好好休息，重新再做糟糕許多。失眠，有時能將人折磨瘋掉。其實，失眠就是大自然對我們不按時休息睡眠的一種懲罰。

在我們研究與調查過程中，發現失眠最惡劣的影響，就是讓我們失去理智，甚至走向死亡。失眠都會引起憂鬱，失去理智則會讓我們走向憂鬱與死亡。自然想讓我們回到健康的狀態，讓我們重回她的懷抱之中，讓我們可以睡得安穩，因為睡眠占據了一生 1/3 的時間。她在我們休息時，祕密地修復我們身體神奇的機制。每天晚上，她都會讓我們擺脫一天的辛勞，透過睡眠去修復身體受損的功能。腦部的每個細胞都可以在睡眠的過程中得到恢復與補充，身體肌肉組織消耗完的細胞都會被血液清掃完畢，然後流到肺部，透過呼吸排出體外。所以，第二天早上，我們就會感覺自己似乎變成一個全新的人了。

美國人這樣追求「蜂蜜」的方式，並不總是能讓他們忍受被蜇的危險。

活動是人的一種常態，富人正是透過工作，晚上才有很好的胃口，窮人才會吃的很香。但是，長期持續的工作可能會變成一種疾病。

在古代挪威的傳說裡，奧爾法德爾不允許喝米爾米亞的泉水 —— 這一智慧的泉水，只有在他承諾失去雙眼後才能這樣做。很多學者為了喝上智慧的「清泉」，常常犧牲了他們的健康、幸福與人生的能量。很多專業人士為了追求名聲、影響力與金錢，犧牲掉了健康與幸福。商人為了追求金錢與權勢，犧牲了家庭、家人與權勢。當代美國人追尋獎賞，就好比牡蠣裡的珍珠，雖然很吸引人，但卻通常以牡蠣罹患疾病為代價。

卡爾・林奈（Carl Linnaeus），這位著名的自然學家，曾經因為過度工

作導致神經過分緊張，甚至認不出自己的作品，忘記了自己的名字。柯爾克．懷特在劍橋大學贏得了獎學金，但卻讓他失去了生命。他時常工作到深夜，透過各種刺激物與藥物去提神，想著不斷地朝前走，最後在 24 歲時就去世了。培里因為過度工作，在 62 歲時去世。他曾被稱為「世界上最具勇敢精神的人」。

耶魯學院的院長提摩太．德懷特年輕時因為過度工作，曾想過自殺。他在耶魯讀書時，每天學習 9 個小時，還要教學 6 個小時，而且從來沒有進行什麼體育運動。直到他神經趨於崩潰，每天看書不能超過 10 分鐘時，才開始改變原先的生活方式。他開始不再像之前那麼過度工作了，花了很長時間才慢慢地復原。

想像一下，若是天使發現世間很多處在壯年的男女就這樣去世，她們肯定感到無比驚訝。若是我們能看到這些人屍體解剖的結果，可能就不會在他們的葬禮上說些神乎其神的話了。天使應該會在這些人的解剖報告上這樣說：

天使的解剖報告

什麼？這麼快又回來了？一個原本要活 100 年的人在 30 歲就回來了？一座要花 28 年才能建造的神殿，竟然在尚未完成時就崩塌了？好好的年輕人，怎麼會與灰白的頭髮、皺紋、彎曲的身體與死亡連繫在一起呢？

一朵花蕾在尚未完全綻放，尚未完全展現美感，就被狠心的破壞者摘掉了。難道這與她束腹、過度放縱或是追求時尚的生活有關嗎？

這是一位接受過教育與優雅的女性，死於肺部問題。人類為自己呼吸了不純的空氣，付出了多大的代價啊！大自然為人類提供了新鮮的空氣，但他們卻拒絕呼吸純淨的空氣，所以只能以縮短壽命作為代價了。人類可

以在缺水的情況下活一段時間，在沒有食物、衣服或是所謂的舒適物品時，能活得更久一些，他們在缺乏教育與教養的情況能活很久。但他們的肺部必須要呼吸新鮮的空氣，必須24小時呼吸新鮮空氣才能保持人體的健康。唉，他們遲早有一天會像我們一樣，發現不純的空氣與敗壞的道德乃至犯罪的傾向有著直接的關係。

這是一位被世人崇拜的兒子與熱愛子女的丈夫。他接受過教育，很有修養，在他人生的初始階段，未來是多麼的有前途啊！但是，魔鬼的代言人為他帶來的想像、智趣，賜給他演說的能力，讓他沉迷在白蘭地酒與「生命之水」的酒精，每杯只要10美分，但最後卻要了他的命。很多好朋友都規勸他不要這樣，但他就是不聽。這位可憐的傢伙後來就向酒保賒欠，他又得到了什麼呢？一顆變得冷漠的良心，一個破碎的家庭，無所依靠的孩子，失望的朋友，嘲笑他的敵人，終日的悔恨，午夜的遊蕩，沒人哭泣的床榻與沒有墓碑的墳墓。但我們只要想一下，他只是成千上萬人中的一個！「這些人真是蠢透了！」

難道他沒有看到，過分狂熱地追求名利，讓他過早地走向毀滅嗎？是的，他看到了，但已經太晚了。在他臨終時，雙手緊握著一張紙，這張紙上的字跡模糊，說明了當時他的緊張的神經：「妻子、孩子們，40,000美元都沒有了。都是我的錯。我只剩下最後一口氣了。在21歲時，我賺到了一筆錢，在35歲時卻一無所有。我讓美麗的妻子因為心碎而去世，是我害了她，因為我的忽視冷漠，導致孩子作奸犯科。當我手中的這枚錢花掉後，我不知道該怎樣才有下一餐。我應該會像個酒鬼那樣死去。這是我最後的錢，也是我人生最後的歷史。如果這張紙條被其他喝酒的人看到了，希望他能從我可悲的一生中汲取教訓。」

若是人能以理智去生活，而不是完全受制於衝動，那麼這樣的人將成

為人的典範。他死於 40 歲的老齡，頭髮灰白，雙眼深陷，神色黯淡，身體都是疾病的痕跡。造物主按照自身形象去塑造人類，賜予他們無限的潛能，但人類卻受限於衝動，罔顧自然發出的危險信號。要是某位船長在沒有給兒子任何要躲避礁石、岩石的航海知識，只讓他負責駕駛，一般的父母會這樣做嗎？難道他們不知道，永遠沉沒在大海裡的人，相比於那些因自身衝動而喪命的人來說，簡直不值一提嗎？很多時候，父母對兒子的一些行為保持沉默，這本身就是一種犯罪。你很難理解一點，即父母都關注孩子的教育、交友與成長，但卻對他們的身體沒有給予足夠的教育。要是母親對女兒，父親對兒子，在他們到了一定的年齡，給予適當的教育，這必將徹底改變人類的文明。

年輕的牧師想受人歡迎，結果過勞地死去了。學生因為想要在班上名列前茅，最後因為過度勞累，也死了。年輕的律師從自然給他的帳戶裡過分透支，最後中風癱瘓了。

商人在 35 歲時死於自己手上。他的一生都沒有感受到半點樂趣。他扼殺了自己感受幸福快樂的能力，在為日後能享受生活的過程中，埋葬了心靈的美好。喜歡社交的年輕人在 30 歲時死於無所事事與過分消沉放縱。

在我們眼裡，這些男女的人生實在是太可悲了。在造物主眼裡，時間是最寶貴的，祂不會讓時間提前降臨，每一秒過去後，下一秒才會來臨。但是，這些人卻揮霍著時間。讓很多天使覬覦的良機，他們卻是毫不在乎地放棄了。他們以失敗者的身分死去，因為他們一生都沒有機會。生命，對我們來說是如此寶貴，但在他們眼中卻像是沒有價值的東西。真正珍惜時間，用好每分每秒的人真是太罕見了。能真正以高齡回到這裡的人，就像是秋天的落葉那樣自然凋落於森林裡，實在是太少了。在這些人眼裡，難道生命太廉價了，以致他們如此隨意地拋棄？

第二章

習慣 —— 你的主人還是僕人？

若我們認真明智地培養習慣，它就會變成我們的第二天性。

——培根

習慣，就像鋼鐵般的肌肉，每天牢牢地引領著我們前進。

——拉馬爾丁

習慣的枷鎖會像一隻毒蛇那樣纏緊心靈，撕裂心靈，使人窒息。

——威廉・黑茲利特（William Hazlitt）

如果你習慣過著不真誠的生活，那麼無論在任何情況下，你都不可能憑藉某種單一的努力去改變自己。

——F・W・羅伯遜

在我們的本性裡，存在著一種有趣的心靈與道德的安排，即，如果我們不斷重複某種行為，這種行為就會變成習慣。遵循美德的習慣或是讓他人反感的習慣，都可能會像花環那樣牢牢套在我們的脖子上。

——帕克斯頓・胡德（Paxton Hood）

「我該從什麼時候去教育我的孩子呢？」年輕的母親詢問一位經驗豐富的醫師。

「孩子多大了？」醫師問。

「兩歲了。」

「這樣的話，你已經失去了兩年的教育時間了。」醫師嚴肅地說。

「你必須孩子的祖母開始進行教育，」奧利弗・溫德爾・霍姆斯（Oliver Wendell Holmes）在被人問到相似問題時這樣說。

比徹說：「在密西西比河的河口，誰能說出哪些水是從哪條支流流過

來的嗎？誰也不知道每滴水是來自哪條小溪或河流的。其中有的來自紅河、阿肯色州、俄亥俄州或是密蘇里州等河流，然後經過了從阿里蓋尼河流沖下的泥沙，流經洛基山脈。但無論怎麼說，要是沒有這些支流、小溪的彙聚，那麼密西西比河是不可能具有其『品格』的。」

「我們種下一個行為，收穫一個習慣，種下一個習慣，收穫一種品格。」

良好的習慣在很大程度上取決於我們的自律與自我克制。相反，壞習慣就像野草，若不及時剷除，就會迅速蔓延，像加拿大的薊草那樣將「美德」的植物遮蔽。若我們在一片開闊的草地上播下野草的種子，就可能收穫「一天的播種，十年的野草」。

在人們到達了 25 歲或 30 歲的年齡，再也很難改變他們的品性了。他們除了繼續在原先的性格上走的更遠，別無他法。對年輕人來說，值得欣慰的是，培養好習慣與壞習慣其實都是一樣容易的，從善與從惡其實都是一樣容易的。

人生的前 20 年是需要我們培養與發展的，因為接下來的 20 年時間你就可以順著良好的習慣前進了。

一位研究斯塔福德郡歷史的學者曾談到，一位居住在大鐘附近的傻子每當聽到鐘聲敲響了，就會開始數數，一分一秒地說出來，在沒有任何外在條件的幫助下，當他數完了 3,600 秒，時鐘準時地敲響了。只是有一次，時鐘出現了問題，所以未能在他數完 3,600 秒後如約敲響。

詹森博士養成了在街上走路，一定要用手觸摸燈柱的習慣。如果他遺落了一個，就會感到不安與惱怒，一定要走回去，觸摸一下那個燈柱再繼續走。

「這只是一個習慣而已。」

所謂傳統，不過是人的習慣傳給後代而已。

德國波恩大學的佩爾曼教授曾就遺傳性的酗酒行為進行了專業的研究，他研究了當代德國皇帝祖上的很多輩，最後製出了一個表格，發現當今德皇祖上前 100 代的人是最早酗酒的人。在佩爾曼研究的人中，有著名的弗勞・亞達・祖爾克，她出生於西元 1740 年，是一位酒鬼與小偷，在她人生的前 40 年裡，一直過著流浪的生活，最後死於 1800 年。她的後代人數有 834 人，其中有 709 人在當地都有從出生到死亡的紀錄。在這 709 人中，有 106 人是父母結婚後出生的。在這 709 人裡，有 144 位是乞丐，62 人靠救濟金生活。在 709 人中的女性部分，有 181 人過著可悲的生活，其中有 76 人犯過罪，7 人被控有謀殺罪。在 75 年間，這個家族的很多人都是在救濟院、監獄或是感化所裡度過的，一共花費政府 5,000,000 馬克，約等於 1,250,000 美元。

亞薩克・沃特斯習慣了說話也要做到押韻的習慣，父親對他這樣的行為感到厭煩，準備懲罰他。此時，沃特斯大聲哭喊著說：

「父親，求你不要打我，

以後我再也不這樣子喔。」

一位牧師養成了在布道演說時誇大的習慣，這嚴重影響了他演說的真實性。他的兄弟經常勸告他要改正這個習慣。他懷著極度謙卑的心說：「弟兄們，我一直為這個不良的習慣而自責，已經為此落下了一桶淚。」最後，其他人覺得他無可救藥了，就再也沒有理會他。

人會無意識地養成說話與舉止方面的習慣，最後這些習慣變得如此自然，以至於他們完全沒有感覺到，也不會覺得有什麼彆扭。菲爾普斯教授

曾對安杜弗學院的幾個正在玩遊戲的學生說，可以試試將相鄰單字的首個福音字母連在一起。他說：「但是，懲罰的想法占據了他的心靈。在某個早上，在其中一名學生在捐獻方面處於領先位置，他祈求上帝要『憐憫我們這些醜陋與畸形的罪者』」可見，這個習慣已經牢牢控制他了。

很多演說者都有在演說過程中表現出一些不良說話或手勢的習慣。一些人習慣將手放在臉上的某個位置，比如下巴、鬍鬚；一些人則用拇指與食指放在鼻子，還有一些人的習慣則可以這樣歸類：

「似乎面對著一盤不存在的水，

用無形的香皂在洗手。」

「我們會否認生活中存在某個一直重複的習慣，」比徹說，「對那些 40 或 50 歲的人來說，你說的某句話可能讓他覺得受傷。他這樣的反應可能說明他一直存在的某種性格缺陷，但直到現在依然對此一無所知。在過去的 40 或 50 年裡，他一直在欺騙自己，面對著一些好比鼻子就掛在臉上的簡單事實，都視而不見。」

若是我們能向天使請教的話，就會問到人在被創造時，是否一開始就有了某種原則，天使會說，一旦人第一次做了某事，那麼第二次就會變得容易。最後，就可以輕而易舉地做到。這是天生就有的一種本性。

記住，習慣是一種行為的安排，是人性的一個原則。我們必須要利用習慣去提升自己的效率，讓生活過得更加舒適。

「讓節制成為你的習慣，因為放縱過度是有害的。讓謹慎成為你的習慣，因為不假思索的揮霍與孩童時期的自然本性或成人的本性都是相悖的，就好比犯下了最殘暴的惡行。」

在對 100 名成功人士進行採訪，在被問到可能導致他們失敗的原因

時，幾乎每個人都說：「壞習慣。」

要想成為一事無成的人，是多麼簡單的事啊！世界上最簡單的事情，就是隨波逐流，與損友為伍，出入沙龍舞會，喝點小酒，賭點小博，與一群豬朋狗友混在一起，慢慢消磨點時間，然後迎接死亡的到來。

新奧爾良的海拔要比密西西比河最高的水位低 5～15 英尺。這座城市的唯一保護就是一條堤壩。西元 1883 年 5 月，有人看到堤壩出現了一條裂縫，水開始慢慢滲進去。當時，只要一個沙袋或是一堆泥就可以阻擋裂縫的擴大。但在接下來的幾個小時，沒人理會這個情況。最後，裂縫擴大，水勢迅速沖進來。此時在進行任何的補救已經為時已晚。當地政府為任何能夠阻擋堤壩崩潰的人提供 500,000 美元的獎勵，但一切已經為時已晚了，最後，新奧爾良被淹沒了。

要留心生活中的「小惡」與「善意的謊言」。

一位富於生活閱歷的人說：「人有四個好習慣 —— 準時、精確、持續與迅速。要是沒有第一個好習慣，時間就會被浪費掉。要是沒有第二個好習慣，錯誤就會損害我們的信用與利益，讓其他人受害。要是沒有第三個好習慣，任何事情都不好。要是沒有第四個習慣，大好的機會都會被浪費掉，再也無法挽回了。」

林肯透過不斷的訓練獲得了準確表達自己想法的習慣。溫德爾‧菲力浦斯透過不斷思考與認真的措詞，能以最好的詞語去表達自己。

「家庭習慣對這個世界有著巨大的影響。孩子都是從父母的懷中慢慢長大的，然後將自己養成的習慣帶到這個社會。這些都可以追溯到他們的家庭。」

「你要明白，所謂小事只是就事情本身來說的。但是，我們對待小事

的態度卻是極為重要的，因為正是在做小事時，我形成了自己的商業習慣。我知道自己一定不能漠視小事，即便這顯得微不足道。」

「一個行為習慣就像一棵彎曲的樹。你不能直接到果園看一眼，然後就擺正樹木生長的方向，說：『現在，給我長直了！』你該怎麼辦呢？你可以用一個樹樁架在樹上，使樹木稍微彎曲。在你每個月都使其彎曲一點時，經過幾個季節，樹木就會糾正原先的彎曲，漸漸長直了。你可以讓彎曲的樹木變直，但你無法使之立即變直，這需要 1 ～ 2 年的時間。」

喬治‧湯馬士‧斯當東（George Thomas Staunton）曾見過一位被控犯有謀殺罪的人。他不僅想要挽救這個犯人的生命，更重要的是，打破他那個時代的種姓制度，因為這位犯人就是因為身處低等的種姓就被判了重刑 —— 要他 7 年都睡在一張鋪滿了鐵釘的床上。喬治爵士在犯人服刑的第 5 年時看望他，他的皮膚已經像犀牛的表皮一樣堅硬了，已經能夠自如地睡在這樣的床上了。犯人說，7 年刑滿之後，他肯定要在這樣的床才能睡著。這是罪惡生活給人帶來惡劣習慣多麼生動的描述啊！罪惡一開始只是鋪滿釘子的床鋪，過了一段時間就會讓我們感到自如，最後完全泯滅道德感。

在尼亞加拉河上建造吊橋時，人們遇到的一大問題是，如何將電纜傳送到河對岸。後來，人們順風放起了一架風箏，飛到了河對岸。連接風箏這根不起眼的線到達了河對岸，然後就是繩索，接著就是更大的繩索，最後是電纜。最後，這座著名的吊橋完成了，將美國與加拿大連繫起來了。

「首先，我們用風箏的線先過去，
　跨越看似不可逾越的阻礙，
　然後習慣性的行為建成了大橋。」

約翰・B・高斯說：「快把小帆船放到尼亞加拉河上，這是一條寬闊、平順與充滿魅力的河。你可以順著河流一直往前行。突然，岸上有人說：『喂，年輕人，小心點！』『怎麼回事啊？』」

「你船下的水流速度很快！」「哈哈！我們知道水流很快，但我們又不是蠢人，肯定不會朝那邊過去的。如果我們船速過快，就可以透過掌舵的方式來到岸邊。孩子們，沒什麼好驚慌的，不存在什麼危險。」

「喂，年輕人，小心那裡啊！」「又什麼事啊？」「小心船底的水流！」「哈哈！年輕人只顧著大笑，喝著啤酒。沒必要為此擔心，誰也沒有見到有什麼急流。今天肯定是個好日子。我們應該及時行樂。我們還有充足的時間可輕易避開危險。」

「喂，年輕人！」「又怎麼了？」「小心啊！小心！船下的急流！」

「此時，年輕人終於看到了到處翻滾著水花，看看船速多麼快吧！馬上跑到船舵處，用力扭轉，用盡喝奶的力氣扭轉！快！快！為了你的生命！用力拉，直到鼻孔出血，直到眉毛上的細胞似乎被鞭繩抽打一樣。馬上將桅杆夾在狹槽裡！立即升帆！但是，但是，這一切都晚了！船撞擊礁石，無人生還。」

「每年都有成千上萬人面對這樣的急流，但他們因為習慣的，不斷地大喊：『要是發現有什麼危險，肯定會提前離開的！』」

我們經常對某些人的犯罪覺得不可思議。那個昨天還走在街上或在商店裡購物的人，沒有展現出任何今天會犯罪的徵兆。但是，此人今天的犯罪，不過是他昨天或前天行為的一個必然結果。這是他過去習慣累積起來的一個恐怖結果。

我聽說，一位畫家曾經對自己所畫的一位可愛孩子的畫像著迷，於

是，他把畫掛在畫室裡，讓自己時刻能夠看到。遇到悲傷或是衝動的時候，他總是望著這位孩子天使般的面容來平復心情。他決定畫一幅與此相反的畫，但他找不到最壞的人的臉孔，直到多年以後，他看到一個倒在監獄裡感到絕望的可憐之人。他畫下了那張恐怖的臉。後來，他驚訝地發現，原來這張恐怖的臉正是當年那位可愛孩子的臉。當年那位純真的孩子已經變成一位放蕩者，毀掉了自己的青春年華。欲望讓天使成為了惡魔，而身體容貌也隨著心靈發生改變。

意志力是可以培養的。我們可以讓思想專注於事物光明的一面，專注於任何能提升我們品格的東西。每個人都可以養成安樂與對人友善的習慣。

一名水手剛開始很不習慣在一艘艦艇的後甲板封閉的空間裡踱步，但過了一段時間，他就習慣了，覺得這樣也沒什麼。即便在艦艇靠岸後，他還是喜歡經常在後甲板上踱步。卡梅斯爵士講到一個人，他多年來一直做水手，後來回到鄉村生活，但他很不習慣，就自己製造了一個底板，底板的一端有一個地方，使之不僅形似後甲板，而大小形狀也很相似，然後他經常在上面上行走。在富蘭克林監督邊境上建造對抗印第安人的堡壘時，他每天晚上都裹著一張毛毯睡在硬地板上。當他回到「文明社會」後，竟然在一般的床難以入睡。羅斯船長與他的船員在常年的極地探險過程裡，習慣了躺在冰凍的雪地上或堅硬的岩石上。後來，他們覺得在捕鯨船上的睡眠條件實在是太舒適了。最後，羅斯船長提出用吊床換來一張椅子，然後坐在椅子上睡覺。

兩位正在喝酒的水手，將一架小船從大船上放下後，就划動槳櫓，卻始終無法讓船移動。接著，他們開始相互指責對方沒有用力划動。他們用力地搖著槳櫓，但經過一個小時的努力，小船依然沒有前進。此時，他們

已經相對清醒了，其中一名水手往一邊看，說：「湯姆，原來我們沒有將錨拉上來。」他們正是因為沒有意識到小船已經拋錨，所以無法划動。同理，很多人雖然很努力地工作，即便已經做到最好了，但依然未能有所成就，可能就是這個原因。

「年輕人應該有所思索。他們家庭未來的幸福可能就取決於某個機會或是一時的衝動。」羅斯金說。「年輕人應該有所想法，他的每個行為都在為未來奠定生與死的基礎！你可能在多年後變得無所思索，但絕對不是現在。只有一個地方是你不需要思考 —— 那就是你死亡的床上。只有死亡後，人才不用思考。」

詹姆斯・帕奇特爵士說，一位訓練有素的音樂家每秒可以在鋼琴上彈奏 24 個音符。每個音符都需要大腦向手指傳達指令，手指必須要在接受大腦的指令後才會彈奏。每個音符都需要手指的觸動，必須按下去，然後拿上來，至少要碰到鋼琴的側部。也就是說，在一秒內，手指要有 72 個動作，每個動作都需要大腦發出清晰的指示，而且能沒有絲毫錯誤地進行彈奏，還要有一定的速度、力量與指定的位置。

一些人能輕易做到這點，一邊彈奏一邊還能與人進行有趣的對話。因此，我們要遵循習慣的法則，不斷進行重複，直到這種習慣稱為我們的第二天性。我們可以透過不斷的訓練去練習這樣的技能，直到神經系統產生了反射條件，讓心靈能自由地給予指令。

在我們的一生裡，大腦都在不斷給身體的各個部位發出指令，透過習慣的力量，讓我們做出各種本能的行為。所以說，習慣能讓神經系統去給人生的工作提供各種指令。自然透過習慣的力量，為我們節約大量的能量，讓我們擺脫每個行為所感受到的負累感，自由地從事更高的工作。

人一生的事業是傑作還是垃圾，都與我們是培養良好的習慣或是粗心對待習慣有著莫大的關係。

據說，如果你邀請魔鬼的孩子進入你的家，那麼魔鬼其他的孩子都會隨之而來。所以，一個壞習慣似乎與其他的壞習慣有著極大的關係。比方說，一個人要是養成了散漫、敷衍的工作態度，就很容易讓其他習慣遭殃，直到你的整個品格都被壞習慣的「家族成員」全部占領。

一個人突然發現自己被人認為是騙子時，通常會覺得很不可思議。他從來都沒有想過自己會養成那樣的習慣。但是，之前可能為了實現某個權宜的目標做了一些行為，在他尚未意識到之前，就在神經系統裡與大腦裡留下了印記，直到他每次都養成了撒謊的習慣，但他卻全然不覺。這個撒謊的習慣會像鐵線那樣牢牢地纏繞著他，他只有透過艱難、認真與仔細的重複說真話的行為，憑藉意志力去注意說的每句話，才能對神經與大腦細胞形成一個相反的作用。那些一直被世人覺得正直與高尚的人突然做出了某個罪惡的行為，會讓他們覺得不可思議。但是如果他們仔細觀察那人的行為習慣或是日常的舉止，就會發現他們一開始養成的習慣導致了最後的結果。這可能是他之前一直重複的小行為慢慢累積的。所有關於知識與技術性的教育都是建立在這樣一種理論：即我們對習慣性的刺激行為越來越敏感，越來越容易地給予回饋。

我們經常忽視建立在行為上的習慣。每次重複的行為都會讓我們在下次更容易做這個行為，讓我們更容易發現不斷重複相同動作的神奇機制。我們的行為與重複的相似度成正比。最後，第一次的行為成為一種自然反應的行為。

對養成了壞習慣的人說，若是不明白塑造品格的科學過程，單憑意志

的力量是不可能改變的，這似乎有點殘酷。但是，我們今天的行為其實就是昨天重複過的行為。即便我們有決心，若是未能遵照科學的方法去做，那麼明天也還是會重複今天的行為。我們的母親、學校與大學不知道該如何教育孩子、學生養成良好習慣的科學知識，這真是十分不幸！與培養孩子良好習慣的教育相比，很多學科都顯得微不足道。

想要改變之前壞習慣的人可能知道，艱苦的道路就在前方，他必須要持之以恆，懷著祈禱之心，發揮意志的力量，打破過去的壞習慣，開闢一條全新的道路，指引他走向美德。但是，他們不知道，雖然他盡了很大努力，但在某個意志稍微鬆懈的時刻，緊繃的防線會出現漏洞，就會讓過去的習慣故態復萌，他就有可能屈服於他原本想要征服的壞習慣。

某位年長的士兵一手提著牛排，一手提著裝著雞蛋的籃子。此時某人大聲喊道：「立正，稍息！」老兵立即原地不動，雙手放直，手上的牛排與雞蛋都落在街上。這是因為老兵已經習慣了軍營訓練給他帶來的條件反射。

保羅顯然深諳習慣的力量。「我發現一條法則，那些想做善行的人，無時無刻不在面對的邪惡的誘惑。讓我欣慰的是，上帝的法則在於人的內心。但我卻在他人看到完全不同的法則，他們的想法與我背道而馳。我真是一個可悲的人！誰會將我置身於死去的屍體上呢？」保羅提到了古代的一個習慣，就是將謀殺犯的臉貼著被他謀殺的受害者的臉，直到他被受害者屍體腐爛發出的惡臭窒息而亡。

一位不幸之人說：「如果可以重來，我想成為一個好人。但在一天24小時裡，我卻被沉重的罪惡感所壓制，完全透不過氣來。」

「如何才能打破一個習慣呢？

就如你養成那個習慣一樣。

在得到一些東西時，必然會失去一些。

正如你之前屈服，現在拒絕。

一針一線，我們編織著網，

直到它將困住我們的脖子與手腕，

一針一線，耐心的手必然會解開它，

最後重獲自由。

正如我們一石一石地壘造城牆，

也可以一磚一磚地拆掉，

過程雖孤單，雖無助，

但牆終究會倒。」

第三章　香菸

我們習慣了別人吸菸時吞雲吐霧的景象，以致於完全無視與此相關的各種貿易其實都是有毒的菸草。雖然菸草在毒物學上有自己的分類，也有相應的解毒劑。

要是之前菸草不是被嚴令禁止，也不會導致菸草現在在全世界範圍內使用的如此廣泛。英國國王詹姆斯曾發動了著名的「禁菸行動」。在土耳其，無論男女都成為了菸草的「奴隸」。土耳其一開始是禁止吸食菸草的，如果誰吸菸被發現，就要遭受割耳朵、挖鼻子甚至是死刑。過去，幾乎每個國家都禁止菸管、各種形式的菸草流通販賣。現在，菸草最普遍的形式就是捲菸了。現在，禍害最嚴重的，就是一小盒的包裝售賣的廉價香菸了。很多還沒到青春期的孩子就可以自由地吸菸了。

美國製造的菸草似乎特別有害身體。據說，每根菸裡含有 5.5％的尼古丁物質，這是古巴製造的雪茄的兩倍，是土耳其香菸的 6 倍。

我不會就成年人吸菸這個問題進行討論。因為成年人有權利決定自己是否吸食對自己有害的香菸，他們願意讓有害的物質進入肺部，這是他們自願的，誰也沒有辦法。第一次抽菸會引起肺部的不適，有種噁心的感覺，這是肺部要抵抗這種有害物質的反應。成年人也可以自行決定，自己是否讓菸草消耗時間、健康、金錢或是未來。人們說的最多的一句話，就是那些菸癮者想要取得成功，他們肯定要戒掉菸。因為抽菸的習慣毒害著我們的身體，這與我們最大限度地發揮對成功至關重要的能量與機能都是不相符的。

我想對很多尚未成年的男孩說幾句，希望能讓他們知道吸菸對尚未完成成熟的心智帶來的惡劣影響。

發育時期的男孩抽菸的危害之處，在於這會實實在在地毒害身體。抽

根菸不會一下子把你殺死，這是因為香菸的有害物質劑量，身體也會慢慢適應香菸帶來的有毒物質。諸如士的寧、砷、鴉片或其他有害物質，都會慢性地毒害身體。但從長遠來說，香菸會漸漸損害我們的身體。抽菸會讓消化系統受損，讓心臟不堪重負，肝部與腸胃都會出現功能紊亂的情況。香菸對身體的危害是緩慢的，漸漸地讓身體受損，最終讓在身體的皮膚與面容上展現出來。任何想要這方面證據的人，都可從那些吸食菸草的人體內，找到尼古丁的蹤跡。

J‧J‧凱洛格博士說：「幾個月前，我從香菸裡提取出所有尼古丁物質，進行溶解，然後將一半的劑量注入一隻狐狸體內，結果狐狸立刻死了。剩下一半的劑量注射在另一隻同等大小的狐狸，也取得了一樣的結果。這兩隻狐狸都已發育成熟，體重適中。這個實驗的結果很明顯，就是一根香菸所含的尼古丁能夠殺死兩隻狐狸。一個每天抽 20 根香菸的男孩所吸入的尼古丁足以殺死 40 隻狐狸了。為什麼香菸沒有將他殺死呢？會的，它在慢慢殺死他。這個過程是慢性的，若不戒菸，香菸會遲早會讓他心臟功能衰弱，罹患腎炎或是其他現代科學家都認為是尼古丁慢性中毒引起的疾病。」

不久前，一位藥劑師將一根普通香菸的菸草取出來，用一茶匙量的水進行溶解，然後注射到一隻小貓身上。這隻小貓立即出現抽搐的狀況，15 分鐘後就死去了。微量的尼古丁也能殺死狗。

吸菸者抽一口菸的所含的有害物質，能讓一條毒蛇瞬間死去。

西部一位農民想在一間溫室裡養一群沒有母雞的小雞，但是小雞的生長發育情況卻很不理想。小雞基本上都不吃食物，皮膚變得乾癟與堅硬，羽毛顯得毛糙，總是來回走動，不時地喝水。沒過多久，這些小雞就全部

死掉了。溫室的氣候與生長環境似乎對這些小雞特別適宜。一位花匠決心發現其中的問題。經過對小雞的研究，他發現問題的根源是，農民為了殺死溫室裡的蒼蠅與有害的植物寄生蟲，燃燒了菸草。雖然在燃燒菸草時，小雞都被運到遠離溫室的地方，但是在燃燒過程中，菸草還是給土壤、空氣與植物的葉子中留下了痕跡，雖然人感覺不到，但會讓小雞處於半昏迷狀態。農民立即改變了這種做法，把小雞搬到其他地方，沒過多久，小雞就開始長肉。這說明過去的小雞是因為接受了尼古丁的影響而死去的。尼古丁對小雞的影響對年輕人來說也是如此，只不過這是一個慢性的過程。

即便是很有節制的年輕人，抽菸也會傷害身心的健康。菸癮者必然變得失去理智，最後死去。

不久前，明尼蘇達州一位年輕人在該州的研究院去世了。5 年前，他還是西部很有前途的一位醫生。一份報紙這樣報導：「他在 30 歲前就在神經研究領域做出了三項發現，這樣讓他成為了希望之星。但是，他是一個老菸槍。在很長一段時間裡，他都沒有注意到這個問題。事實上，直到最近他負責進行一個老菸槍的手術後，結果去世了。他才知道吸菸是那麼的有害，當時他愣住了。顯然，他最後也成了香菸的受害者。但是，此時的他已經抽菸抽到肺都黑了，心靈與身體都遭受了重大的傷害，最後幾天在神智不清中死去。」

不久前，一位深受香菸之苦的人被送到布魯克林醫院，他之前在鐵路部門當消防員，只有 21 歲。他說自己很小時就開始吸菸了。在他被送到醫院前，連續好幾晚都是在抽菸中度過的，沒有休息。當他進入醫院後，他感到痛苦萬分，叫每個見到他的人把他殺了。他頭朝牆壁上撞，想要自殺。最後，他被穿上拘束衣，送到了金郡醫院，不久死亡就結束了他的痛苦。

在我們國家的很多地方，每天都出現很多因為過度吸菸造成類似的結果。

「死於心臟衰竭」，這是很多人趴在桌子或倒在街上再也沒有站起來的重要原因。那些看似身強體壯的人難道不是因為過度吸菸，導致心臟出現問題，最後突然一命嗚呼了嗎？

過度吸菸會導致心臟活動的頻率加快，有時甚至會讓心臟每分鐘跳動的次數增加 25 ～ 30 次左右。想像一下，一天 24 小時下來，讓心臟承受了多大的額外壓力啊！心態加快不僅容易讓脈搏擴張，也會弱化功能，導致血液無法充分流通到身體各個部位，身體的組織無法因為強有力的血液循環而獲得更多的能量。

對菸草產生過分的依賴會影響我們的成長，影響身體的發育。在對過去 9 年進入耶魯大學讀書的學生進行的調查中，我們發現吸菸者無論在體重或是心肺功能上都要比不抽菸的學生差很多，雖然抽菸者普遍都大 15 個月。

據說，德國人普遍都有菸草依賴，這讓他們成為了「眼鏡民族」。菸草對視力也有影響，對視網膜產生嚴重的影響。過分喜歡抽菸的男孩的雙眼會顯得暗淡，缺乏神氣，面目表情都會展現出菸草帶來的潛在危害。抽菸的學生的臉顯得蒼白與憔悴，臉頰下限，皮膚粗糙，失去了正常的紅潤的臉色，他們的雙眼游移不定，動作顯得緊張與不安，所有這些都是身體最後出現大問題與失去自尊的前兆。吸菸會讓你過上悲慘與失敗的生活。

在我們身體機能出現下降時，我們的道德也會因為抽菸而逐漸墮落，不會再為良好的舉止而努力。抽菸在降低道德方面產生的危害影響，讓人震驚。撒謊、欺騙、咀咒、不純的血液、失去勇氣與為人氣概，完全降低

人生的標準，這在很多程度上都是因為沉迷於吸菸。

　　紐約市的克雷恩長官說：「在 10 ～ 17 歲這個年齡段裡，100 個男生中，有 99 個人都有抽菸的習慣，他們的手指被菸草染黃了。我並不是菸草方面的專家，也不會擺出一個改造犯過錯年輕人的專家的面孔，但在我看來，菸草對男生的影響要比酒精更大。在你的兒子因為過度抽菸，導致雙耳失聰；當你的孩子因為犯菸癮去偷他姐姐的錢，當他們因為吸菸而不願意去工作，你可能只懂得一味地責罵，可能沒有意識到其中到底出現了問題。但我覺得，這與致命的香菸有著直接的關係。香菸中的有害物質會影響男孩的身體系統，摧毀他們的道德感。」

　　克雷恩長官做了下面這個形象的比喻：首先是抽菸，然後就是啤酒與酒精了，第三就是參與賭博，第四就是喜歡賭馬，進行大規模的賭博，第五就是盜竊罪，第六刑事犯罪。

　　紐約另一位治安官說：「昨天，我又收留了 35 名少年犯。其中 33 名承認是菸癮者。今天，據一個可靠的資訊，我驚訝地發現，兩間最大的菸草製造商竟然將菸草泡在含有鴉片的溶液裡。事實上，在這 35 名少年犯中有 33 人是菸癮者，這似乎可以說明抽菸與犯罪存在著某種直接的連繫。最近，政府發表研究報告，稱菸癮者很容易會吸食鴉片，這也不難理解吧！鴉片就像威士忌 —— 能刺激人的感官欲望，讓我們的欲望膨脹。一個少年要是讓菸草與鴉片控制自己的感官，很快也會成癮於威士忌之類的酒精中。抽菸是很多男孩接觸酒精最容易的管道。一旦尚未完全發育成熟的少年吸食鴉片，那麼他們的抵抗疾病的能力就會下降，他們的身心與道德力量都會被嚴重削弱。」

　　我覺得，上面這位治安官對菸草製造商在香菸裡添加鴉片的話有點誇

張。但是，我們到處都可看到，很多天賦甚高、身處高位的人之所以失去原先強大的自制力，逐漸退化，不斷落後，失去原先的夢想、毅力與前進的動力，就是因為香菸產生的致命影響控制著他們。

你是否看見過一位吸菸者逐漸墮落，逐漸失去品格與為人氣概，模糊理想與失去品格的現象，然後以動物的獸性去替代原先的為人氣概，讓他從原先的人蛻變成野獸。

倘若我們進行一個研究，就會發現，很多人原先具有為人氣概、注重儀表、具有成功素養的人漸漸墮落的過程，這是很有趣的。我們可以看到，他身上的脫俗氣質被庸俗所替代，他開始淹沒在茫茫的平庸人群裡。

我們可以看到，從他做了一件很糟糕的工作，內心開始並不為此感到煩惱時，他就開始墮落了。

我們可以知道，他是從什麼時候開始失去對個人儀表的重視，什麼時候在早上上班時，開始不注重整理髮型。不會過多久，他的老闆與同事就會發現，他開始敷衍地對待自己的形象，開始穿褶皺的褲子，不擦亮的皮鞋、起皺的領帶與破爛的領結。但是，他已經不會為此感到煩惱了。

他不再像以前那樣認真對待工作了。他可以容忍工作上的半途而廢，上班時消磨時間，偷竊屬於老闆的時間，這樣做也不會再讓他內心感到不安。他寫的信件不再像以前那麼工整了，這也沒有影響到他的心情。他對自己的書寫不再那麼記掛在心了，對自己的措詞、書寫都不用心了。他不在乎自己在細節方面欺騙老闆。

庸俗的行為不再讓他感到不安。黃色笑話不再會讓他羞愧。他不會再像純真的過去那樣覺得女性是神聖的，他喜歡聽粗俗的笑話，喜歡跟豬朋狗友說些下流的話。而在之前，這些行為會讓他甚為反感的。

聖・文森特精神病院已故的醫生路易士・布雷默博士曾說：「據我過往在私人休養所與醫院工作的經驗，我可以寬泛地說，那些在 7 歲抽菸的男孩，在 14 歲時就會喝酒，在 21 歲時就會吸食嗎啡，在 30 歲就會吸食古柯鹼，最後一生都受控於藥物。」

菸草帶來最惡劣的影響是在心理層面上的。身體出現的機能下降也會在心理上出現同步的變化。威廉・漢密爾頓爵士說：「人是世上最偉大的，但對人來說，沒有比心智更重要的了。」菸癮者原本擁有人類神奇的能力，卻因此吸食菸草而讓自己失去這些能力。他「讓敵人透過嘴巴進入身體，最後失去了大腦」。

任何可能影響我們取得成功的資本，削弱成功的高度，在我們可以取得巨大成功時，最終卻只能收穫失敗，都是對自己的一種犯罪。任何會麻木感官，麻痺身體機能，讓心智變得遲鈍或是削弱我們能力的行為，都會我們致命的敵人。在這方面上，沒有比香菸產生更加致命的危害了。據說，在過去 50 年裡，在哈佛大學所有以優異成績畢業的人裡，沒有一個人是抽菸的。雖然一般的情況時，6 個人中就有 5 個人是抽菸的。

香菸對菸癮者產生的症狀與抽吸鴉片的人很相似。心智與道德功能都會逐漸被麻木，對事物的觀察能力變得越來越模糊，使我們的人生標準不斷下降，讓人生失去前進的動力，讓心智失去原先的掌控力。吸菸者沒有了之前那樣的精力與鬥志，更加隨便地對待工作與生活，總喜歡選擇走那條阻力最小的道路前進。他變得越來越沒有鬥志，失去了人生奮鬥的動力。他做夢的時間越來越多，行動的時間越來越少。他越來越厭煩艱苦的工作，直到最後工作對他來說，也是一種負累。

堪薩斯州農業大學的威廉・麥基弗教授在對「抽菸的男孩」進行了詳

盡的調查報告後，發表了一份讓我們震驚與印象深刻的報告：

「在過去 8 年裡，我一直追蹤那些抽菸男孩的人生軌跡，發現幾乎在所有例子裡，男孩一開始都是暗地裡抽菸的，沒有意識到抽菸的危害。而且很多父母還想當然覺得，自己的孩子是好孩子，不至於會抽菸。」

「我就調查的 2,500 名抽菸的男孩進行的研究製成了表格，在描述他們的體質時，我經常會用到這樣的詞語：憔悴、雙眼無神、個子矮小、聲音嘶啞、病怏怏的樣子、腦袋遲鈍還有神經緊張。在表格裡，你可在記錄 25 名抽菸者的一欄上看到，他們都是年輕的大學生，開始吸菸的年齡差不多都是在 13 歲，他們承認抽菸後，會有下述的結果：4 人出現咽喉腫痛，10 人出現視力模糊，8 人出現胸部疼痛的症狀，21 人出現氣短的情況，10 人出現胃部不適，9 人出現心臟疼痛。其中 10 人看起來很憔悴。第一次抽菸的年齡越早，出現的症狀就越危險。因為這些年輕人都是在吸食著香菸的有害物質。所以說，抽菸是最有害健康的行為。」

麥基弗教授還對上百名年輕的菸癮者的脈搏進行了記錄，他在討論這些紀錄時表示：

「菸草對男孩的心理功能也會產生嚴重的影響。在我手上有研究的 100 個例子，其中有好幾個都因為吸菸讓心智變得遲鈍。在 2,336 名上國中的學生裡，只有 6 名學生是可以說得上是『聰明的學生』，大約有 10 人是『普通』的，其他的都是『心智低下』或『遲鈍』。在堪薩斯州農業大學進行的測驗裡，50 名抽菸者與另外 50 名不抽菸的學生的成績對比，可以發現他們的成績差異高達 17.5%。這兩組資料在面向大一、大二、大三與大四學生測試時，也出現同樣的結果。」

舊金山一間學校就抽菸對學生產生的影響進行了詳細的調查。他們之

所以進行這項調查，是因為很多男生無論在心智還是道德上的表現都不及女生。

　　這個調查發現，接近 3/4 抽菸的男生都患有神經失調的症狀，而在不抽菸的學生當中，只有一人出現這樣的症狀。很多抽菸的學生都出現聽覺上的障礙，而只有一名不抽菸的學生出現這樣的情況。絕大部分抽菸的男生都會出現記憶力下降的情況，而在不抽菸的男生裡，只有一名學生出現這樣的情況。絕大部分抽菸的男生在行為舉止與道德上都表現得很差，而在不抽菸的男生裡，只有極少數人也會這樣。調查還指出，那些抽菸的學生在理解問題與解決問題的能力也不及不抽菸的學生。幾乎所有抽菸的學生都不大注重個人的形象，其中很多抽菸的學生還經常翹課。但在不抽菸的學生裡，只有一名學生出現過翹課的情況，而且在經過教育後，得到了改正。相比於不抽菸的學生來說，抽菸的學生在成績方面普遍落後不少。79％的抽菸學生無法考上大學，而不抽菸的學生通過大學考試的機率則很高。

　　在對 20 名抽菸的學生進行認真的觀察，調查者發現 19 名學生的成績都要低於平均成績，只有兩名不抽菸的學生的成績是低於平均成績的。在這 20 名抽菸的學生裡，有 17 名學生的日常表現都很差，似乎沒有能力繼續進行學業。

　　一所重點高中的校長威爾金森教授說：「我不會嘗試去教育那些染上菸癮的學生，因為這只是浪費時間。染上菸癮的學生的心智能力遭受了巨大的破壞。」

　　另一所高中的校長說：「那些養成抽菸習慣的學生幾乎都在成績處於末端。他們不注重自身的形象，舉止粗魯。這些學生很難管教，而且看起

來很遲鈍。」

顯然，抽菸的習慣會嚴重影響學生的心理能量，讓他們變得遲鈍，無法趕上其他學生。即便是那些天生比較笨一些的學生，都要比這些經過菸草摧殘的學生表現的更好。

菸草對人心靈、道德與身體的惡劣影響，已經逐漸被企業老闆們注意到了。現在，很多人之所以遲遲不能有所作為，就是因為他們被吸菸這個致命的習慣牢牢困住。

吸菸不單純是一個道德問題了。商界也開始將菸草視為阻擋進步與取得成就的絆腳石。美國大多數公司都明確規定，絕不允許員工抽菸。單是在底特律，就有 69 名商人同意不招聘吸菸者。在芝加哥，蒙哥馬利・沃德公司、希巴德、斯賓塞與巴特萊特聯合公司，還有其他幾間大企業都明確規定，絕不招聘在 18 歲前吸菸的人。馬歇爾・菲爾德公司與摩根與萊特・泰爾公司都有這樣一條規定：我們的員工絕不允許吸菸。在沃納梅克公司招聘員工的面試題目上，有這樣一道題：你是菸癮者嗎？

林德爾大街鐵路公司的主管聖・路易士說：「我是絕對不會招聘有菸癮的員工。因為抽菸的人就像一個喝醉酒的人駕駛電車一樣危險。事實上，抽菸的人更加危險，因為他的神經隨時都可能會崩潰。如果我發現一列車開的很差，我會立即調查這位司機是不是抽菸的。十之八九，這位司機都是抽菸者。所以就被永遠地解僱了。」

聯合太平洋鐵路系統的已故董事長愛德華・亨利・哈里曼（Edward Henry Harriman）曾說，他們要是將吸菸的人雇傭為員工，就會讓企業變成瘋人院。聯合太平洋鐵路公司絕對不允許員工中有吸菸的人。

紐約、紐哈芬、哈德福德、芝加哥、洛克島、泛太平洋鐵路公司、勒

海山谷鐵路公司、柏林頓鐵路公司，還有其他著名的鐵路公司都明文規定，絕不招聘任何吸菸的人。

不久前，25 名建造橋梁的技術工人被威斯康辛州鐵路公司駐西部的高級主管解僱了，原因就是他們都是菸癮者。皮特斯伯格與西部鐵路公司都是巴爾第摩與俄亥俄州鐵路系統的一部分，這間公司明令禁止員工在火車內抽菸，也要告誡顧客絕不能在列車上抽菸。

不久前，芝加哥郵政局就招聘信差服務的員工進行了考試，有 700 人報名競聘，只有最優秀的人才能入職，而且規定入職者絕對不能是菸癮者。其他的職位也有類似的要求。

如果某人送給你一個調校的極為精確的精密計時器 —— 1 年內的誤差不會達 1 秒 —— 你覺得會漠然對待它嗎？你會將這個計時器放在到處都是塵埃的地方，讓它日晒雨淋，用膠水與化學物質破壞其精密度，讓它永遠都無法保持精確的準度？你認為這樣做是明智的嗎？

但是，造物主就賜予你一架無與倫比的機器，這架機器是如此之精細與神奇，要花 25 年才能達到完美的狀態，達到最佳的成熟，但你卻不當這是一回事，做各種危害這架機器的行為，就好比你將計時器暴露在野外，任由風吹雨打。

鐘錶的主要目的就是定時。人的這架神奇機器的主要目標，就是要保持力量。如果時鐘不能報時，就毫無價值。如果人不能吃產生力量，也將一無是處。

只要我們稍加不注意，鐘錶就可能走的不準。但你卻覺得自己可以隨意地對待這架機器，可以做各種非理性的事情，然後還希望這架機器能產生力量 —— 或是始終走的準時。人的這架機器時刻保持敏感的印象與影

響，這是很重要的。大腦要時刻要保持清醒，這樣思想才能變得敏銳，讓心智具有掌控力，整個心智系統才能高效地運作。但是，你卻毫不猶豫地喝了這杯，還有下杯，用酒精來毒害大腦細胞，讓尼古丁來毒害肺部，讓心智雜草叢生。你希望自己能夠成就偉業，能始終保持自身的能力，但你卻無視香菸產生的麻痺你心智的影響。

那些受到別人誘惑，想要抽第一根菸的男孩或年輕人，請你捫心自問 —— 你能夠承擔這樣嚴重的後果嗎？我能染上這個毀掉成千上萬有前途的年輕人一生的惡習，能夠承受這傷害我健康、力量與未來的惡習嗎？

讓那些受此誘惑的年輕人說：「不！在我的身心完全發育成熟前，在我完全明白一個男人的含義前，我絕對不抽菸。過去的經驗證明，那些具有為人氣概的人幾乎不會讓抽菸的習慣犧牲自己的健康與幸福。」

很多年前，一位著名神經學專家深信一點，即抽菸的危害要比酗酒的危害更為持久與惡劣。抽菸除了對咽喉與嘴唇產生危害外，還會對吸菸者的生理產生影響，讓將這一習慣遺傳到下一代，讓剛出生的嬰兒就患有呼吸道的疾病。

這位醫生說，人類的希望就在於女性並不抽菸。如果連她們也養成了抽菸的習慣，那麼未來的人類將會逐漸墮落，因為喜歡抽菸的人無一例外都喜歡喝酒。

當前女性抽菸的人數也在逐步上升，這應該值得我們的警醒。因為人類的未來繫於女性身上。抽菸的習慣在時尚酒店與咖啡廳裡迅速流行，特別是很多女性都喜歡抽飯後菸。紐約一間著名酒店就增添了一條規定，女士及陪同者可以進去休息抽菸。我們經常在紐約的酒店與旅館看到很多女性抽菸。

不久前，一名作家受邀參加晚宴，讓他吃驚的是，桌上幾名女士嫻熟地點起菸，似乎這是世界上最自然的行為。

最近，我在一次宴會上見到當代美國最著名一位作家的祖母在抽菸。

看到造物主創造最高貴的人、最有教養的紳士應該都在吞雲吐霧，這真是極大的諷刺！我對自己說：「要是這位祖母的祖父看到她現在這個樣子，不知會有何感想？」

從倫敦到利物浦的一列火車上，有一個車廂特別為女性抽菸者準備的。據說，這個發明得益於三位美國女乘客。美國規模最大的一間鐵路公司的主管說，要是日後美國的火車像英國兄弟那樣特別開闢抽菸區，他一點都不覺得驚訝。

在很多情況下，吸菸這個習慣是會遺傳的，這也是有根據的。一個朋友跟我講，一位年輕美麗的女士就喜歡吸食菸草。在之前那個女士不能在公共場合抽菸的時代，她對菸草的需求極為強烈。她說自己的父親曾是教堂的執事，就是一位菸癮者。她對菸草的熱愛始於她幼年的記憶。每位女性都應該發揮自己的影響力，勸告其他女孩與男孩不要抽菸，讓他們抵禦菸草帶來的嚴重影響。

第四章　純潔的力量

心靈純潔之人真有福，因為他們能看到上帝。

—— 布道演說

我的力量可抵十個人，因為我的心靈是純潔的。

—— 丁尼生

單純是美德，就足以讓我們超越希望、恐懼與機遇。

—— 塞內加

即便是身體的純淨，也能讓心靈獲得祕密的力量。

—— 托馬森

純潔是一個語義寬泛、富含深意的詞語，它的意思不僅限於外在舉止與言行的純潔，還代表著心靈的純潔。「心靈決定著我們的人生。」心靈的源頭保持純淨，那麼流出來的水自然清澈與透明，讓心靈變得純淨，人生也會變得美好。

純潔的定義是「遠離任何傷害、汙染與軟化我們的東西」與純潔相反的就是不純，這會傷害與汙染我們的心靈，有損心靈與身體，傷及健康。不純的心靈不僅讓思想受害，還不可避免對人的行為產生惡劣影響。

純真是純潔的自然狀態。純真是亞當與夏娃在伊甸園時的狀態。在他們知道「自己赤身裸體」時，感到了自己的罪惡，從此失去了難以找回的純真。但是，純潔的心靈卻是我們可以找回的。正如骯髒的衣服可以洗乾淨，心靈也可以得到淨化，變得純潔。過去不純的記憶如鬼魂一樣縈繞著心靈，但我們可以厲聲譴責：「魔鬼，快點滾開！」，讓心靈的魔鬼遠離我們。不純的記憶就像一頭獅子，阻擋著班揚的朝聖之旅。這頭「獅子」可

能在那裡大聲咆哮，嚇唬我們，但如果我們無懼這種表像，牠們也是無能為力。那些全身心追尋純潔思想的人就像坐在一間受保護房子的沙發上。過去邪惡的記憶就像幽靈一樣在窗前扮鬼臉，對你胡言亂語，如果你不給牠們生長的空間，牠們對你無能為力的。如果你不打開心扉，牠們是無法進入你的心靈。

正如蓮花從汙泥生長，很多純潔與美好的人都可以從不堪回首的過去中掙脫出來，只要我們願意的話。

純潔代表著一種力量，而不純代表著無能、軟弱與墮落。很多人懷著不純的理想去工作，覺得自很安全，覺得自己的祕密沒人知道。但是不純的思想就像殺手，遲早會暴露出來的。一位著名的職業拳擊手在一場重要的比賽上被出其不意地擊倒了，很多人說這場比賽是作假，或是一場陰謀。但那些了解這名拳手的人則說，這是因為他的心靈不夠「純潔」，他多年來一直過著放蕩與低俗的生活，違背自然規律的生活已經嚴重影響了他的體能。可見，純潔代表著力量，不純代表著軟弱。

《聖經》上有一句話絕對代表著真理：「你要明白，你的罪惡遲早會找上門的。」請你記住這句話。不是你的罪惡會被人發現，而是你的罪惡會讓你自然暴露。罪惡會折磨著有罪的人，所有罪惡都會暴露出來，所有與純潔相悖的罪惡必然會遭到報應。

年輕人覺得聽別人說些黃色笑話或講些庸俗話語，沒什麼大不了。他們因為害怕同儕的嘲笑，在別人說這些話時，放聲大笑，即便這些話讓他們內心反感與憎恨，他們還是裝出很有趣的樣子。在這種情況下，要想找一位勇於表達自己反對意見的年輕人，真是太難了。想對人生有正確的認知，就要知道人生美好的一面，而不是醜陋的一面。沒人能夠透過了解骯髒

東西或罪惡的經驗來讓自己變得更加強大。

　　據說，心靈像一臺留聲機，能夠在我們臨死前重複一些不堪回首的故事。千萬不要聽一些下流與淫穢的話，一次也不行。因為你永遠也無法從人生中將這些記憶抹去。你的品格會受到這些話語的玷汙。不純的思想對年輕人特別有害，因為他們豐富的想像力與身體機能會進一步擴大這樣的暗示，影響他們健康的心靈。

　　法院記錄著許多犯罪案例，其中很多罪犯一開始都是從同伴身上染上了一些不純的思想，最後導致走上犯罪的道路。

　　記住，你永遠無法預測未來會遇到什麼，不知道是會獲得榮譽或晉升，所以你不能讓自己的人生出現不純的東西，否則這會在關鍵時刻讓你感到尷尬，無法前行。你現在看起來覺得很有趣的事情，日後可能阻擋著你的前進。你今天為了玩的開心而做的事情，可能多年後讓你停滯不前。

　　我認識很多身處高位、獲得大眾信任的人，他們經常說，要是能抹去年輕時的一些不良經歷，他們寧願付出任何代價。他們早年的歷史，可能連自己都忘記了，也不想再聽別人說起，卻在他們成為某位公職的候選人時，被世人重新提起。他們不知道，原來之前獲得的所謂樂趣，會成為他們日後難以逾越的障礙。

　　我認識一位很有錢的年輕人，他認為自己年輕時過得很開心 —— 他當年過得很風流快活 —— 他說，要是能抹去年輕時犯下的愚蠢錯誤，他願意放棄今天大部分財富。

　　人就是一種奇怪的動物，他們辛辛苦苦為獲得名氣奮鬥一輩子，最後卻因為品格上的弱點毀之一旦。在這個國家，不知有多少天賦甚高、具有專業知識的人，為了實現目標像奴隸那樣辛苦工作，在即將獲得世人讚譽

之際，卻被過去的某些不良行為毀掉了。

品格就是我們思想與行為的紀錄。我們思考最多的事情，就會在心靈中變成理想與動機，最後固化成品格。我們經常思索的事情，想要達到的目標，都會成為生活中永恆的一部分。

思想低俗與不純潔的人，很快就會在行為與品格上展現出來。

品格會對思想實話實說，無論這是高尚還是低俗的品格。在日常生活中不注重培養純淨與高尚品格的人，是不可能擁有高尚與純潔的品格。缺乏道德的人通常都是思想不端正的人 —— 心靈有怎樣的想法，身體就會自然流露出來。

在東方的一些國家裡，漢生病患者被人逼迫著對路人說：「不乾淨，不乾淨！」要是道德上的「漢生病人」能夠在純真的受害者接觸致命的感染時，大聲地喊出來「不純潔！不純潔！」，那麼這對人類將是一件多麼美好的事情啊！

地球上最骯髒的東西，就是人類的品格受到了不純思想的玷汙，導致他無論到哪裡，都像一條毒蛇那樣，留下蛇形的軌跡。

世上沒有比一位貧窮潦倒、心碎的讚美歌作者在他羞恥的時刻說：「主啊！為我創造一顆純潔的心靈吧！」的畫面，更讓人覺得美好與悲哀的了！「誰能攀登主的山峰，誰能站在祂神聖的宮殿前，誰就能擁有乾淨的雙手與純潔的心靈」。今天，成千上萬的人無法擺脫不純思想帶來的玷汙與枷鎖。

要是缺乏純潔的心，不可能取得長久的偉大！惡習會摧毀我們的身體力量，讓我們失去道德的力量。我們時常看到，一些身處高位的人突然陷入了毀滅之中。但是，道德的崩塌並不是一瞬間的事情，這是一個長達數

年的墮落過程。在榮譽、真理或誠實遭受嚴酷的考驗時，心智軟弱的人就會投降，這給他們帶來了商業與社會名譽上毀滅性的打擊。很多這些人最後都用手槍結束了自己的一生。

丁尼生的作品展現出朗斯洛對吉納維爾悔恨的愛，這樣的愛讓勇猛的武士失去了力量。他這種僭越的衝動間接導致了美麗的伊萊恩的死亡。有時，他像一個膽小的人，不敢拿長矛衝鋒。他偉大的一生就像被烙下了一個猩紅色的點，他曾滿懷悔恨之心地若有所思：

「我是誰？最偉大武士的榮譽有什麼用？

我曾為此奮鬥，擁有了這樣的名譽。

我有什麼樂趣嗎？沒有。只是感到痛苦。

現在，這個名譽成為我的一部分，但又有什麼用？

這是讓我的罪惡昭彰，變得更醜陋？

還是讓罪惡變得更小，讓罪者變得更偉大呢？」

後來，圓桌會議的騎士一起找尋聖杯 —— 那個遺失已久神聖的盤子時，

「那個杯子，那是我們的主，

在悲傷的晚餐上，祂最後一次喝下酒的杯子。」

朗斯洛被自己的罪惡控制，最後失敗的一塌糊塗。只有純潔的加拉哈特才能看到聖杯閃耀出來刺眼的光芒，看到其中的壯麗與美妙的形狀。

一旦某人接觸了不良的思想，就會產生一種罪惡感，他對自己的評價就再與之前不一樣了。他的自尊受到了傷害。他人生中的某些東西永遠失去了。他對自己良好的感覺受到了損害，再也無法像之前那樣懷著滿滿的自信去面對人生。他隱約感覺到，世人會知道他心靈的墮落，並按此對他

進行評價。

沒有比意識到自己的靈魂受到玷汙，更迅速影響我們的人生了。失去自尊與品格帶來的傷害，是永遠也無法修補的。

我們開始發現，一個人的思想與人生的絕對純潔度與他的健康、良好的思想及圓滿的工作之間存在親密的關係，還與道德功能及身體健康存在著緊密連繫。沒有比被玷汙的思想與人生，更耗盡精力與活力，模糊理想，讓我們失去過去的雄心壯志，讓大腦遲鈍，失去前進的動力了。不純的思想似乎損害著身體的所有機能，讓整個人變得墮落，降低人生的效率，讓人無法以之前那樣的權威說話了，統治者的氣質從他的舉止中消失不見了。他的思想再也不像之前那麼清澈了，行為再也不像之前那麼確定了，他逐漸失去了自我信念，因為自信是建構於自尊之上的，當他做了一些失去別人對他尊重的事情後，他的自尊也失去了，自信也自然不見了。

事實上，不純的思想帶來行為上的改變是潛移默化的，讓我們一下子很難看清楚。當一個人做了一些損害自身尊嚴的事情，他是很難充分尊重自己的。他再也不是之前的紳士了，無論別人是否知道這些事情。思想不純的人無論接觸什麼，都會傷害到這些事物。

我們的思想變得純潔、安全與美好，這是不夠的。我們還要在道德上變得純潔與安全，否則自尊必然受到損害。

純潔是一種力量，代表著正直的思想與誠實的行為。純潔代表著圓滿。思想不純的人很難擁有什麼力量，因為在他意識到自己的本性出現被腐化的情況時，他很難完全相信自己。思想不純的人做的工作就像酵母，會徹底影響到一個人。一旦我們意識到自己是在敷衍工作，就會失去力量。

除了道德上的問題，讓我們看看，不純的思想是如何讓我們失去能量，弱化我們的本性，降低我們的標準，模糊我們的理想，讓我們感到沮喪，降低我們的活力，最終阻擋我們取得成功的。

在我們對成功進行分析時，必然會發現一點，那就是取得成就的一個重要基礎，就是人的活力。因為要是身體活力不足以應對緊急情況，不能長時間保持健康的狀況，即便再大的理想也會變得無力。沒有比放縱與不純的生活更迅速消耗我們的人生活力了。

還有比「專注於肉慾的人，其實就是死人」這句話更加真實的嗎？如果一個人只有獸性的思想，那麼身體必然會與思想趨於一致，必然會表現出某種身體的不協調。

沒有比不純的思想與獸性的自我放縱更迅速摧毀活力的基礎了。我們的理想必須要時常砥礪，目標必須要明確。

純潔的思想意味著人不會違背健康法則，不會過著放縱的生活，這樣就不會讓大腦累積過多被消耗完的細胞，影響我們進行有益的思考。純潔的思想源於純淨的血液，純淨的血液源於理智與適度的生活。純潔意味著遠離動物獸性的影響，獲得自由，意味著理智、純淨與特質。

承受住時間考驗的偉大領袖與偉人一般都具有類似的品格，他們的行為都具有美德，始終保持純潔的思想。

「我看了一個很『精彩』的故事，想說給你們聽，」某天晚上，一名軍官在軍營裡以愉悅的口氣說，「我想這裡沒有女士吧？」

格蘭特將軍將頭抬起頭來，雙目圓睜，直視著這位軍官，然後語氣深長地說：「這裡沒有女士，但這裡有紳士！」

「格蘭特將軍的品格有一個很顯著的特點，」喬治·威廉·柴爾斯說，

「那就是他的純潔。我從未聽他說過一句不雅的話，或是以各種方式暗示一些低俗的話語。我從未見他在女性面前說過任何低俗的話。要是某位待提拔的軍官接受面試時，格蘭特發現此人思想不純，就絕對不會提拔他，無論他要為此承受多麼大的壓力。」

格蘭特將軍率領美國代表團到國外某個城市進行訪問，在參加某個宴會上，賓客的話題漸漸轉到一個可疑的話題上，此時，格蘭特突然站起來說：「先生們，請你們原諒，我要先暫避一下。」

言語乾淨、心靈純潔，是男人的光榮。思想從未產生過壞念頭，這是女人的光榮。

艾薩克・牛頓年輕時最親密的一位朋友，是一名義大利化學家。他們經常一起共事研究。直到某天這位化學家講了一個淫穢的故事，牛頓就再也沒有與他交往了。

「年輕人啊！在我率軍征服義大利時，」拿破崙說，「我要求軍隊一定要友善對待當地人，保持嚴格的道德感。這讓我獲得年齡比我大、經驗比我豐富的人的信任。我以最高的行為準則去要求自己，不能做任何過失的行為，希望自己的行為可以得到別人的仿效。只有保持道德上毫無瑕疵，我才能變得強大。我必須始終以這樣的道德去面對世人。我能獲得這樣的地位，是因為始終要求自己要比軍隊的其他士兵做的更加優秀。要是我屈服於人性的弱點，我就會失去力量。」

最後在滑鐵盧一戰擊敗拿破崙的威靈頓公爵，也是一位過著簡單生活與嚴格要求自己的人。在他去世後，被埋葬在聖保羅大教堂的地下室時，整個倫敦城萬人空巷，詩人在他的葬禮上寫下了頌歌，這樣讚美他：

「將他的一生放在陽光下審視，

他也不會感到半點羞愧。」

不純思想的危害在於它的毒害是潛伏的，讓人基本上察覺不到。只要你的思想被不純的話語玷汙，不經意看到了一張淫蕩的照片，或聽到了一個淫穢的故事，這可能是你心智開始腐敗的開始。

「正是魯特琴上一個小裂縫，

漸漸地，讓音樂消失了。

情人的魯特琴上的小裂縫，

或是收穫水果上的一個小斑點，

最後導致腐化。」

在班揚的「朝聖之旅」受到誘惑的攻擊時，他用手摀住雙耳，然後迅速逃離。富於尊嚴、重視身體健康與想要有所成就的年輕人明白，要遠離黃色的笑話，遠離任何可能會玷汙你思想的人。

每個人都有這樣的經歷：忘記過去的惡行，然後朝著美德的道路上前進。但在他最為神聖的時刻，過去的惡行就像一頭埋伏已久的獅子朝他衝過來。在他唱著和諧頌歌時，記憶的大門就會被打開，想起過去那些黃色的歌曲。過去他的惡行，過去的墮落行為，都會在他眼前浮現。這個不幸的受害者會捶胸頓足地說：「我真是可悲啊！我要跑到哪裡去呢？」自古以來，這是很多人痛苦的領悟，最後很多人都透過隱居來獲得內心的純淨。隱居在洞穴裡的聖人，住在地下室裡的僧侶，都無法擺脫過去可怕的記憶，無法泯滅過去罪惡的畫面浮現在腦海。

一個男孩曾將一本有不良內容與圖片的書給另一個人看，雖然此人只看了幾分鐘，但在他日後身居教堂高位時，對一個朋友說，他寧願放棄自

己已有的一半東西，以換取自己從來沒有看過那本書的經歷。因為書中那些不雅的圖片經常在最神聖的場合，湧上他的心頭。

醫生說，身體的每個細胞每隔幾年就更新一次。但任何化學藥物，無論是人造還是神造的，都無法將心靈中醜惡的畫面抹去。這就好比一幅畫埋葬在龐貝古城下面，即便過了幾千年，出土時還是依然如故，沒有削弱半分的顏色，看上起依然像是剛創作時的那樣子。

近朱者赤近墨者黑。常在河邊走，哪能腳不溼。與壞人交往久了，肯定會受他們感染。不純的思想對年輕人的影響特別大，因為年輕人的想像力豐富，不良的思想一旦進入，就很難被排解出去。

淫蕩或猥瑣的畫面與故事，對心靈產生的邪惡影響是難以磨滅的，就像惡魔一樣永遠長存心底。沒有比這樣的邪惡的影響更加影響我們人生的理想，降低我們的品格了。

很多作者的作品中沒有一個庸俗的字眼，卻使用一些有趣與暗示性的詞語去表達極為不純的思想。這些作者用軟語來模糊邪惡的行為，讓讀者看起來還感覺到一種美感 —— 但這樣的誘惑，難道不是將人從正道生生地拉向邪道嗎？

真正意識到病態的想像對美好的人生產生多麼毀滅性打擊的人，實在太少了。也許，失敗始於一點點的小錯誤。沒有比想像力更能祝福與毀滅人，更能讓人變得高尚或低俗，讓人過上幸福或是悲慘的生活了。

很多人失敗的一生就始於想像力被扭曲，然後被風乾。我們很難意識到道德的微妙變化，不斷重複的想像就像讓人編織一張龐大的掛毯，每一針每一線都會在我們的品格的顏色上呈現出來，要麼認同我們的行為，要麼譴責我們。

很多人不知道為啥，就是始終遭遇失敗，無法實現甚至接近他們預想中的目標。要是他們能坦誠地面對自己的心靈，認真搜尋隱藏的祕密，就會發現在心的玫瑰上，有一條蠕蟲，就是這條蟲破壞了所有讓我們人生變得高尚與美好的東西。

比徹說：「我認真勸告你們，一定要遠離任何病態的想像。想像功能是很忙碌，思索的內容也是千奇百怪，這是很多邪念誕生的地方。要是我們能控制想像力，就可以成為自己的主人 —— 可以不被內心邪惡的一面所控制。但現實並不是如此啊！很多人在做著仲夏的美夢，做著天荒夜談的美夢，幻想著海市蜃樓的東西，缺乏一個美好的目標 —— 他們被不純的精神所縈繞，這樣的狀態會迷惑他們，漸漸腐化他們。心中純潔之人真是有福！那些最受上帝青睞的人，你們有福啊！你們的思想純潔，想像力從未被汙濁的空氣所染，你們的道路追隨著純潔的蘆葦，朝向成功。」

保持內心的純潔，這是年輕人首先要做到的一條戒律。不要聽別人說：「有時，惡行是必要的。」任何錯誤，任何有損自尊的事情都絕對不是必要的。「所有的邪惡其實都是軟弱。」邪惡與力量之間不存任何共同點，純潔代表著力量、健康與能量。

不要覺得不純的思想是可以隱藏的！一個人可能放縱消沉，可能罹患了某種致命的疾病，看上去依然人模狗樣，雖然他的思想已經變得不純，但看上去還是很有氣概，很有靈魂。但你要記住，你的身體會顯露出你的品格。

「不，不，這些不是小事，」喬治‧惠特菲爾德（George Whitfield）在一位朋友問他為什麼要經常洗澡，為什麼總要穿的那麼整潔時說，「一位牧師必須要保持身體的乾淨，即便是衣服也要保持乾淨。」想要成為好人

的人，在注重心靈純潔方面，怎樣努力都不為過。

不純的思想會給我們帶來永恆的罪惡，一直跟隨我們進入墳墓。在《陌生的女人》這齣戲劇裡，各種無法名狀的疾病，猩紅熱帶來的後果，似乎都在深刻地表達著《聖經》上的一句話：「即便他們的骨頭化成塵埃，罪惡依然存在。」

我們可從一位行為舉止上流露出不純思想的年輕人身上，發現他已經走向邪路了。當他的自尊出現了「傷疤」或是汙點，那麼遲早都會暴露出來。這些汙點與「傷疤」是極為可怕的，很多人一輩子都在為擺脫不純思想帶給身體、道德與精神上的不良影響而努力。

化學家說，猩紅色是唯一一種不可能被漂白的顏色，至少已知的化學藥物無法做到。所以，猩紅布過去被用作吸墨水紙。在教會作家想要強調上帝寬恕的愛意時，他會寫道：「即便你的罪惡是猩紅色的，但他們要像羊毛那麼白！」要想在心靈中將不純的思想驅趕出去，這需要巨大的力量。世上只有神性的力量才能抹去品格中不純思想帶來的罪惡。

當某人意識到自己產生了不純的思想，那麼他是不可能對自己有很高評價的。當意識到自己擁有了絕對純潔的思想時，這會大大增強你的自尊與自信。

無論別人對你有怎樣的看法，要是你覺得自己敗絮其中，覺得自己是垃圾，那麼這會嚴重影響你的前進。即便我們邪惡的行為很隱蔽，也始終無法掩蓋這個事實。

不論我們有怎樣的思想或做過什麼，都會在行為舉止上展現出來。這就像一塊告示牌，將你的臉龐與行為展現給世人看。我們本能地感受到自己是真實流露出情感，表現出真正的自我，這通常會與我們的言行相悖。

　　糾正不純的思想只有一種解藥，那就是不斷專注於純潔與高尚的思想，因為這對我們過上純潔的生活是極為必要的。

　　一位年輕人的導師說：「要是我跟你們說，只有透過遠離人群才能獲得純潔的思想，那我就不是年輕人真正的老師。我們並不需要遠離塵世的神聖感。我們需要的是具有為人氣概的純潔，能讓我們在這個紛擾世界裡依然保持獨立，即便遭遇別人的貶低，也依然能保持心靈的純潔，正如百合花能抬起如聖杯一樣的白色花朵，絲毫沒有沾上汙泥，純潔而美麗地朝向天宇，雖然汙泥下面全是腐敗物。」

　　不純的思想會讓我們失去為人氣概，真正的人必須要保持心靈的純潔。詹姆斯甚至說，純潔的心靈就是宗教的本義。「要想感受到純粹的宗教，在上帝面前問心無愧，就要在這個世上保持純潔的心靈。」

　　每個真正的人都應該遠離不純的思想，因為他知道這代表著什麼。不純的思想讓你無法結交高尚的朋友，讓你無法感受到生活純真的樂趣與新鮮感，玷汙生活的美感。不純的思想會帶給我們如此嚴重的影響，是因為它讓人遠離上帝及祂的視野。思想不純的人無法接近最美好與最神聖的東西。不純的思想讓他無法欣賞純潔與高尚的事物，讓他的審美功能出現障礙，無法獲得只有純潔與高尚心靈所感受到的美感。

　　從來就沒有心靈不純的人還可以成為紳士的，因為不純與紳士之間是根本對立的。紳士必然是心靈純潔的人，他並不需要華麗的衣服，可能優點也不多，但他必然有著一顆純潔與清明的心。如果某人很注重外在形象，展現出很高的天賦，但內心不純潔，自稱是紳士，他實際上就是騙子，他的人生就是一場謊言。

　　哦，年輕人，守護你純潔的心靈吧！保持你的純真吧！永遠不要失去

純真的心，如果你失去了純真的心，那麼你失去了上帝賜給你最寶貴的禮物了！上帝賜給你第一次純潔的想像力、思想與情感，如果被玷汙的話，任何漂白劑都無法洗白。豎琴如果破了，工匠可能修好，如果火熄滅了，還可以再點燃，但如果一朵花被踩爛了，世上有什麼藝術能修復它？如果一陣香氣飄遠了，誰能將它收集起來呢？

很多時候，父母都要為孩子產生不純的思想負責任。很多父母出於一種要給孩子獨立自主的錯誤認知，讓孩子在心智處於塑造階段時，向與他們一樣無知的同儕理解相關的身體知識，於是對人身心發展產生了很多完全錯誤的觀念，嚴重影響了他們的人生。很多時候，父母的沉默危害巨大，即便不是一種犯罪，也通常是愚蠢的。

「我注意到，」威廉・埃克頓說，「所有的病人都向我坦誠他們做過錯事，埋怨父母在他們小時候沒有勸告過他們一些行為的後果。我之前一再要求父母、監護人、學校老師或其他有志於青少年教育的人強調一點，我們很有必要給予孩子一些勸告與警示，讓他們知道一些行為的危險性。我經常向父母與監護人提供真誠的建議，向他們耐心解釋，希望他們能為孩子擁有純潔的心靈做出努力。」世上還有比純潔的心靈更為堅強的胸甲嗎？

一位著名作家說：「如果年輕人在生活中養成惡習，就會危害身體，毒害心靈。經過徹底的改變後，他們很有可能獲得身體健康與早年純潔的心靈。」

在關乎純潔這個問題上，有一種觀念是絕對不可取的，也應該被我們永遠地摒棄，這種觀念是，純潔在男女身上有著不同的定義。

這樣的觀念會動搖純潔真正的定義，因為要是純潔在男女身上有著不

同的定義，即男性可以活得很瀟灑，即便違背道德後，也可以浪子回頭；
要是女性做了同樣的行為，就會一輩子玷汙她的純潔了。一個社會要想保
持純淨與充滿道德的環境，就要讓男女遵守同樣的美德，將所有影響心
靈、品格與良心的雜質都趕出心靈，不能讓這些東西進入心靈。

　　男性有什麼特權，允許自己的思想有骯髒齷齪的思想，卻不允許女性
也這樣嗎？難道這涉及到性別的原則嗎？難道男孩犯了錯可以改，女生犯
了錯就是一輩子嗎？如果對女性來說是高尚的行為，難道男性不也該這樣
做嗎？

　　男性因為在社交場合犯下一點小錯，就被別人排斥，這樣的情況極少
出現。更多的情況是，即便他的心靈爛透了，別人還是會尊重他。但如果
女性在社交場合走路的姿勢出現了問題，那麼她不僅會被排斥，還會受到
別人極大的鄙視。即便是男性讓女性出現了這樣的差錯，別人卻對男性予
以寬容。

　　讓我們不站在那麼高的角度說話，如果年輕人知道心中不純的思想對
他們造成的惡果，肯定會不寒而慄，對此甚為反感，這點我可以肯定。這
其實很容易發生 —— 通常也在現實中出現 —— 年輕人因為一步踏錯，心
靈被玷汙，整個人生都處在悲慘與難以言喻的痛苦中，不僅如此，這可能
還會對尚未出生的孩子產生影響。

　　在我們即將重回造物主的懷抱時，我們的人生變得滿目蒼夷，心靈已
被不純的思想腐蝕了，想像力填充著恐怖的畫面，品格早已被惡行侵蝕，
這是對造物主賜予我們充滿機會的人生最羞恥的回報。

　　一顆充滿甘霖雨露的心靈，會遠離任何不純的思想，也會拒絕別人不
純的暗示，似乎這是滔天的罪惡，彷彿會在純潔無暇的心靈烙下陰影。
「一旦心靈失去了節制，就再也不復返了。」

第五章　幸福的習慣

最大的幸福源於將自身最大的潛能挖掘出來。

當你從富於意義的工作中找到了幸福，那麼你將成為第一個發現幸福祕密的人。

如果你在人生的開始階段，認真審視一下自己，那麼你將發現，你能從世上很多事情及所處的環境中找到幸福。絕大多數人認為他們能夠從金錢中找到幸福快樂，覺得幸福能夠讓他們「購買」很多東西，帶給他們力量、影響力、舒適與奢華的生活。他們覺得能夠從婚姻生活中找尋幸福。但若他們真有錢後，就會發現事實並非如此，因為他們發現自己享受幸福生活的能力有限。幸福的生活必須源於內心，而不是取決於任何外在的事物。很多人認為他們能夠從書籍、旅遊、休閒中找到快樂的感覺，覺得這樣可以遠離生活與工作的各種煩惱與顧慮。一旦他們身處於原以為可以帶給他們自由快樂的狀態之中，卻發現想像中的快樂並沒有出現。當他們擁有金錢與休閒時間後，通常發現自己變得自私，這種自私導致了他們很難享受生活中的美好。每個有能力工作的人，要是讓自己處於懶散狀態，內心都會產生一種罪惡感，覺得沒有為這個世界作出應有的貢獻。當他看到辛勤、貧苦的人為他工作，就會意識到自己的卑鄙與無恥，感覺自己是一個廢物。懶惰的人生是不可能找到幸福的。懶惰的人生就像一潭死水。一旦水停止了流動，不再推動磨坊，細菌與有害的生物就會滋生。這潭水就會變得對人有害，散發出難聞的味道。同理，工作是讓每個人保持健康、圓滿與心靈純潔的唯一方法。懶惰的大腦很快就會滋生不純的思想。

婚後的男人很快會發現，家庭的幸福很大程度上取決於他能為家庭做出多少貢獻，他絕對不能只顧著從中索取，而不願意有所回報。因為，自私總是讓人變得卑鄙，無法有所收穫。只有慷慨大度才能讓你有所收穫。世上沒有比自私更矮化一個人，削弱他享受幸福的能力了。自私不餘遺力

地摧殘著我們的能力，摧殘著我們的夢想，讓人生活在失望的陰影之中。我們想有所收穫，就要首先有所給予。想享受人生的快樂，就要讓自己變得崇高起來，讓我們的動機、人生目標與理想都變得高尚起來。

壞人是不可能感受到真正的快樂，因為這違背了自然的根本原則，正如一個人睡在一張鋪滿蕁麻、刺痛著他的床上，是不可能感受到舒適的。在天底下，只有心地善良、心靈純潔、為人正道與真誠的人才能感受到真正的幸福。這並不意味著，一個人要是不抽菸、不喝酒、不賭博、不說髒話或不做壞事，就一定能感受到幸福。世上一些最醜惡、卑鄙與可恥的人可能都沒有做上面這些事情，但他們為人冷漠、妒忌別人，有強烈的報復心，喜歡在背後捅人刀子，中傷別人，欺騙別人。他們可能暗地裡耍詭計，卻在教會裡可能獲得了很高的地位。一個心地狹隘、思想頑固與心靈冷漠的人是不可能感受到真正的幸福。慷慨大度、待人友善，這些是構成真正幸福的基本要素。欺騙別人的人是不可能感到幸福的，他們甚至無法尊重自己，因為他們內心總是因為欺騙行為而鄙視自己。一個人必須保持開放的心態、為人真誠、簡樸，才可能獲得真正的幸福。一個總是在掩蓋某些祕密、總在試圖打壓與誤導別人，無法擺脫自我譴責的人，是絕對不可能感受到真正的幸福。

自私是幸福致命的敵人，因為人做了一件自私的事情，都會感覺自己很卑鄙，心靈都會對他的行為給予鄙視。我見過偷偷霸占車上好位置，而讓背著包袱或手抱著嬰兒的年邁老人站著的強壯年輕人，他們臉上出現的羞辱表情，似乎說明他們做了一件很卑鄙與自私的事情。我們的天性就是這樣：如果做了一件卑鄙或自私的事，心靈肯定會遭受譴責的。

騙子是絕對不可能感受到真正的幸福。他總是在防備別人，生怕別人揭發他的祕密。他始終感受不到真正的安全感。無論在人生的哪個階段，

不誠實的行為都無法讓我們感受到幸福，因為任何不誠實人都無法獲得心靈的認同。要是缺乏心靈的認同，人是不可能感受到幸福的。

我的朋友，要想感受到真正的幸福，那麼你在回首過去時，就要覺得過去的日子沒有白活，意識到自己過往的人生並不自私。如果你覺得過去的人生不堪回首，充滿了各種心酸的記憶，那麼你就會被這些陰影縈繞，摧毀你的幸福。如果你為人卑鄙自私、貪婪與不誠實，那麼在你囤積金錢的過程中所做的各種可怕事情，將會浮現在你的腦海，讓你無從感受到幸福。

換言之，幸福只是人生工作的一種結果而已。幸福源於你投入怎樣的動機到人生的事業中去。如果你的動機自私、貪婪與一味的索取，如果你的人生充滿了各種騙人的把戲與不誠實的做法，那麼你的幸福感也會隨之受到影響。

你不能埋怨自己感受不到幸福，因為這是你一手造成的，這是你的思想，你的行為帶來的。這些都是你在追求人生目標過程中各種動機帶來的影響。你有怎樣的思想動機，決定了你將有什麼程度的幸福感。

有趣、充實、無私、助人為樂、勤奮與充滿榮譽的人生帶給人幸福感，與你懷揣自私與貪婪的思想獲得的卑鄙滿足感，存在著天壤之別。

我們稱之為幸福的東西，不過是人生播下的種子、習慣性思想與行為結出來的果實。如果你播下自私、嫉妒、報復、仇恨、貪婪的種子，那我們就不可能期望，自己能夠像播下無私、有愛的種子那樣有金秋的豐收。

如果在我們的「收穫」裡只有浸滿嫉妒、羨慕、不誠實、殘忍的有毒「野草」，也只能怪自己，正是我們播下這樣的種子，最後的苦果也只能自己來承受。

有時候，某些人會對什麼是真正的幸福產生完全錯誤的觀念。他們似乎認為幸福是可以用金錢、影響力去購買的，覺得只要有錢，就能獲得他們稱之為幸福的美好與神祕的東西。

但是，幸福是我們播下種子的自然與必然結果。要是播下自私與貪婪的種子，就不可能收穫安樂與發自內心的滿足與樂趣，正如薊草的種子不可能成長為小麥與玉米。

要想讓你的生活樂趣與幸福處於一種正常的狀態，就要將你的人生動機連繫起來，與你工作的精神狀態及激發你前進的原則結合起來。

我以為，很多人不得不要面對人生的「原野」充滿了醜陋與有毒的「野草」這個現實，其實這正是他們播下的種子帶來的苦果。沒人能夠剝奪屬於我們應得的東西，或是去改變什麼。我們的每個念頭、每個行為、每個動機，不管是祕密的還是公開流露的，都是一顆播下的種子，世上沒有任何力量能夠阻擋它是變得美麗或醜陋，收穫榮耀還是恥辱。絕大多數人都認為，幸福是某種可以製造的東西。他們沒有意識到，幸福並不像小麥或玉米那樣可以生產的。幸福的種子必須要自己親手播種，才能獲得你期待中的收穫。

年輕人，你們要在人生事業的初始階段，下定決心，無論你在人生道路上遇到什麼，無論你是成功或是失敗，無論你擁有或缺乏某些東西，你都可以擁有一樣東西，那就是一顆快樂與安樂的心靈。你可以在人生的各個階段都保持這樣的心境。你不需要冒著在富有之後再去找尋幸福的風險，因為那時你可能已經太老了。

絕大多數人都在延遲享受人生的樂趣，直到他們失望地發現，自己享受人生樂趣的能力已經失去了，即便他們到時候擁有豐富的物質基礎，還

是已經無能為力了。很多事情如果年輕時不去培養，一旦過了就永遠的過了。千萬不要拿自己的幸福去冒險，也不要拿那種覺得有錢後在享受幸福的觀念去生活。無論你要冒怎樣的風險，都不要拿幸福去冒險。你要儘早養成每天都感受幸福與安樂的習慣，無論生活本身是否順心遂意。無論生活多麼沮喪或不順意，都要從所處的環境中感受到一絲的溫暖。

我認識一人，此人雖然過得清貧，卻能從艱苦與讓人沮喪的環境中感受到幸福。我從未見到任何人能像他這樣感受到生活的樂趣。我經常看見他在口袋的錢不足 1 美元，還要養活妻子的情況，依然保持著樂觀向上與積極的人生態度。他甚至會自嘲這樣尷尬的人生處境，從匱乏的生活中看到人生美好的一面。

世人對幸福是由很多部分構成的，存在著各種相悖的理念或眾多的想法。很多人認為幸福是可以用金錢購買的，但世上很多最為苦惱、不安與不幸福的人都是富人。他們擁有豐富的物質條件，原本應該可以購買他們想要的「幸福」，但卻始終無法做到。另一方面，世上一些窮人卻能感受到幸福。事實上，世上任何東西都不可能囤積或購買幸福，因為幸福是超越於金錢的。誠然，我們可用金錢購買一些生活用品，豐富物質生活，要是沒有錢，可能會讓我們感到痛苦。但是，很多繼承父輩遺產的人都因此受到了傷害，因為這通常讓他們失去了自我前進與自我獨立的動力，失去了人生奮鬥的目標。

當人有錢後，他們通常失去了繼續前進的動力，這是因為他們開始依賴金錢，而不是內在的潛能。

富人的揮霍放縱，讓他們比艱難度日的窮人遭受更大的痛苦。

很多富人死於肝腎疾病，這是他們暴飲暴食所致的。腎臟對酒精是十

分敏感的。如果富人想在飲食方面比窮人感受到更大的快樂，那麼他們很快就會自食其果。如果他們想透過休閒的旅行去感受幸福的話，就會發現讓大腦閒置是世界上最危險的一件事 —— 因為沒有比這樣的行為更讓大腦迅速退化了。心智的本性要求我們處於一種持續與強大的活動之中，進行系統與強有力的訓練。只有當我們的心靈被某種不可動搖的目標與高尚的人生理想控制時，才能讓心智做到這點。

要是一個人不持續、積極地鍛鍊心智，那麼他是難以保持真正的健康。如果在我們有能力去工作，卻選擇懶惰的生活，那我們是不可能找到幸福的。大自然為那些殘疾、患病或身體出現殘缺的人提供了一些補償。但大自然不會對那些有能力去工作，卻選擇懶惰的人提供任何補償。自然只賜予了我們某些天賦。「要麼使用，要麼失去。」這是她的銘言，當我們不再使用某種功能，那麼她就會逐漸讓我們失去這種功能，最後讓這種功能萎縮與凋零。

沒有比持續、堅持、認真與誠實地追尋一個高尚的目標，更能讓我們感受到真正的滿足感了。關於人的生理構造，科學家們已經掌握了充分的證據，說明人的神奇機能只有在行動、不斷鍛鍊中才能得到發揮。懶惰與停滯只能意味著退化與能力的凋零。任何懶惰的人必然會逐漸萎縮、功能逐漸退化，最後變成一事無成的人。因為，要想保持某種功能與力量，人就必須運用這種功能，除此之外，別無他法。大自然會讓懶惰之人逐漸墮落，讓他們失去力量。我們到處可見這些失去力量的人 —— 他們顯得軟弱、精神緊張、缺乏骨氣、無精打采、缺乏毅力。要是人停止工作，就會失去動力，只是行屍走肉了。要是不去工作，心靈的健康是不可能實現的。要是缺乏健康，圓滿的幸福是不可能獲得的。

有人說，幸福是人最難追尋的東西。但為什麼還有那麼多人在盲目地

追尋呢？

　　如果在大街上訪問 100 人，詢問他們到底哪些經歷讓他們最感到幸福，也許沒有人的答案會是一樣的。

　　要是給 100 人每人 1,000 美元，在不被他們察覺的情況下，追蹤他們是如何使用金錢，觀察他們對金錢的態度，這將是很有趣與很有教益的事情。

　　對一些貧窮、渴望知識卻又缺乏機會的年輕人來說，這筆錢可能意味著大學教育。另一人可能在這筆錢中看到了為年邁的父母創造一個舒適的家。對他人來說，這筆錢可能意味著他可以揮霍放縱一段時間。有些人則從這筆錢看到了書籍與用於自我提升的閒置時間，看到了國外旅行一趟，增廣見聞的可能。

　　我們都戴著不同的有色眼鏡，不可能對人生有著完全一致的看法。

　　一些人在低俗的放縱行為中感受到了眼前的快樂，另一些人則在一個安靜的角落裡，拿起一本書來閱讀，享受與作者對話的樂趣。一些人在從與朋友的交往與社交活動中感受到了愉悅，還有一些人在環遊世界的過程中感受到了人生的意義，期待著人生最美好的一頁還明天，在其他地方，在更遠處，在下一個房間，在明天或在另一個國家。

　　對很多人來說，幸福永遠不在此時此地，而在其他地方。

　　絕大多數人都沒有看到，幸福其實是一件很簡單的事情，他們將幸福看成是一件很複雜與龐大的事情。事實上，幸福是不與複雜相容的。簡樸就是幸福的本義。

　　最近，我與一位特別成功的年輕人就餐。這位年輕人一直想努力讓自己的生活變得更加幸福，但他卻將幸福看成是一件極其複雜的事情，弄得

幸福始終離他遠去。無論做什麼事情，他都是盡全力去追尋，他的生活變得複雜，所以他始終無法長時間過上幸福的生活，他也不知道個中原因。他有錢、身體健康，卻總是在追尋著渺遠的幸福，心不在焉地想著未來。我並不覺得他是一位真正感受到幸福的人。他的生活方式實在太複雜了，他似乎已經不知道該去哪裡找尋幸福了。顯然，他已經曲解了幸福的本義。他認為幸福是由賺取財富、擁有豐富的物質，去做很多吸引別人目光的事情組成的。但是，幸福在這樣的環境下可能被窒息與扼殺。幸福的真正本義是很簡單的，也是我們觸手可及的。

幸福是由一些很簡單的元素組成的，不可能與複雜的生活相容的。幸福會規避盛大的場面與表演，因為在最奢華的場面下，心靈會枯竭的。

簡單的樂趣與心靈的寶藏才能讓你感受到幸福。

幸福與物質並沒有太大的關係，只是一種心靈的狀態。真正持久的幸福不可能在一些權宜性的事情上找到的，因為它的根基沒有建立在一個永恆的原則上。

人類文明最悲哀的一點，就是很多男女滿世界地找尋幸福，似乎幸福能在心靈之外的地方找尋到。

很多人耗費多年時間與財富找尋幸福，卻忘記了原先的出發點，弄得自己飢腸轆轆，迷失了方向。滿世界找尋幸福是世界上最愚蠢的事情，因為你永遠不可能找到。因為幸福是世界上最簡單的事情，它可能出現在一個沒有家徒四壁的家裡。幸福與地位、權勢及財富關係不大，只需要你擁有一顆安樂及純潔的心。幸福無法在虛有其表製造存活，遠離任何偽裝，因為它只熱愛簡單的生活。幸福需要擁有健康的身體，自然地流露性情，憎恨一切偽裝的行為。

真正的幸福會遠離任何缺乏原則的東西，只能存在於原則與永恆之中。

我從未見過一位貪婪、只知道追逐金錢的人，不會對金錢帶給他的煩惱感到悔恨。

只有透過給予與幫助別人，我們才能找到真正的追求。我們到處可見很多人都處於一種失望、自責與震驚的狀態，不相信之前一直找尋的天使竟然是偽裝的惡魔。

世上所有的悲慘與犯罪，都是因為人們沒有意識到一條原則：即要是人無法與內心最美好、最神性的一面處於和諧狀態，要是不擺脫獸性的束縛，是絕對不可能獲得真正的幸福。受獸性驅動的人是不可能過上和諧幸福的生活。只有每個人心中的神性才能讓人感受到幸福。

真正的幸福是不可能透過任何低俗與骯髒的東西賄賂的。任何卑鄙或毫無價值的事物都不可能吸引幸福的到來，因為幸福與它們沒有任何交集。我們只有遵循原則，就如在計算數學問題時尊重數學原理，才能正確地找到讓自己快樂的答案。

在計算數學問題時，要想獲得正確的答案，只有一種方法，就是遵循數學公式。即便有一半的世人都覺得還有其他方法可以做到，但只有在你嚴格遵守法則時，才可能算出答案。

世上很多人都相信還有其他找尋幸福的方法，這又有什麼關係呢。事實上，那些展現出不滿情緒、急躁不安與不快樂的人，都在說明他們未能按照科學原理去解決問題。

我們都意識到，內心裡還有另一個自我，這個自我伴隨著我們一生，一直默默扮演著信使的角色，她會從我們本性的深處發出號令，對我們的

每個正確的行為給予肯定，譴責每個錯誤的行為。

人是建立在誠實、正直的神性計畫之上的。當人因不誠實、狡辯或耍把戲等行為扭曲本性，他當然不可能感到幸福。

幸福的本義就是誠實、真誠與信任。真正感受到幸福的人必然是心靈純潔、坦誠與真誠的人。一旦遠離了正確的道路，那麼幸福也就插翅遠飛了。

要是一個人一直以自私與貪婪為人生準則，他是不可能獲得正常和諧的心靈狀態，正如他想用刺耳與音色不準的樂器進行管弦樂表演。要想感覺到幸福，我們就要與內心的神性原則相一致，與更好的自我為伍，除此之外，沒有其他方法了。

沒有比我們意識到自己做了一件有價值的事情，更能給予我們激勵了。世界上沒有比無論在何時何地，都做到最好，將卓越的標誌烙在所做的每件事情上，將屬於你的商標刻在經過你手的事物上，更能讓你感到幸福了。

最近，有人問一位年輕的富人，為什麼不去工作。他回答說：「我沒有工作的必要啊！」正是這種「我沒有必要」的想法毀掉了美國很多優秀的年輕人。事實上，大自然不會為懶惰者提供任何東西。勤奮工作是人生的法則，拯救著我們的尊嚴，讓我們免於倒退的危險。為了實現最高的目標而努力，這是一個人的正常狀態。想要逃避工作的人必然會付出身體機能出現倒退、效率被削弱的代價。千萬不要想當然地認為，只有在你真正有用的時候，才會感受到真正的幸福。幸福與感覺到自己有用是一對雙胞胎，將它們分開會帶來致命的後果。

那些慣於懶惰的人是不可能感到幸福的，正如精密計時器一旦停止轉

動，是不可能處於正常狀態的。對人來說，最高層次的幸福源於意識到自己的圓滿，這種圓滿只能在你認真工作，充分發揮自身天賦，挖掘個人潛能去實現人生目標的基礎上才能感覺到。對人來說，要想實現人生的目標，就好比讓手錶始終保持準時。要是沒有行動，一切都毫無意義。

人天生就是要做事的。在人生裡，任何事情都無法占據事業的地位。在缺乏富有意義的成就的基礎上，想獲得真正的幸福，是難以想像的。世界上最高層次的一種情感滿足，就是覺得自己不斷獲得拓展、成長，不斷地前進。世上任何樂趣都無法與意識到自己無知地平線不斷被照亮，意識到自己可以在世界上出人頭地 —— 不但可以繼續前進，而且可以不斷提高 —— 的情感相比。

幸福與停滯不前是不相容的。一個人要麼感受到自身力量不斷拓展，朝著一個高尚的目標前進，要麼就失去生活的樂趣。

很多富人家庭產生紛爭、埋怨或出現離婚的情況，已經屢見不鮮了。很多富人為找尋幸福試過很多愚蠢的方法，最後都證明是失敗的。因為幸福並不能與低俗的理想、自私、懶惰與紛爭相容。幸福是和諧、美感、情感與簡樸的朋友。

很多人賺了不少錢，但卻在這個過程中謀殺了自己享受幸福的能力。我們經常聽到有人這樣說：「他有錢，但無福消受。」

一個人最大錯覺，就是認為可以將自己最美好的年華用於賺錢，忽視家庭，犧牲友情，放棄自我提升或任何有價值的東西，一心向錢看，夢想著最後能找到幸福。

工作的習慣、誠實守信的習慣都是養成幸福的習慣所必要的條件。

要是一個人身心沒有處在最佳狀態，誰也無法做到最好。幸福的狀態

是我們最基本的狀態，預示著健康、理智與和諧，與此相反的就是疾病與失常的症狀。

有很多證據可以說明，人的存在本來就是要獲得幸福的，幸福是我們的一種正常狀態。所有痛苦、不快樂或不滿，絕對不是我們的本來的屬性，必然是本性不正常的表現。

毋庸置疑，人生本來就應像一首美妙雄壯的歌曲。我們本來就是建構在和諧的基礎之上，任何一種不和諧的狀態都是不正常的。

當一個人的身心狀態處於極度和諧，感受到難以言喻的美感時，他是不可能感到不幸福或不知足的。

第六章
讓人生充滿美感

野蠻人占領希臘時，褻瀆了希臘神殿，摧毀了美麗的藝術品。這個過程中，即便是野蠻人也似乎被到處可見的藝術景象所感染。誠然，野蠻人摧毀了很多價值連城的藝術品，但希臘人追求美感的精神不會因此而消亡的，反而喚醒了這些野蠻人心中對美感的追求。在古希臘藝術逐漸凋落時，羅馬藝術復興了。「獨眼巨人在鍛造鋼鐵，是火與鍛冶之神所不能阻擋的，正如伯里克里斯奠定希臘文明一樣」。野蠻人摧毀的希臘雕像與藝術品，並不能泯滅菲迪亞斯與普拉克西蒂利這些人手中的鑿子創造出的藝術。

「什麼是最好的教育呢？」數千年前，有人這樣問柏拉圖。柏拉圖回答說：「最好的教育，能讓身體與心靈都追求能力所及的美感。」

人生要想過得圓滿、甜蜜，擁有理智，就必須對美感進行薰陶與陶冶，才可能達到。

缺乏欣賞美感的人，在看到一幅美麗圖畫或壯觀的日落，抑或大自然的美感時，無動於衷，其實失去了心靈的化妝品。

野蠻人沒有任何對美感的欣賞，即便對裝飾很有興趣，但他們的審美功能尚未得到發展，只是遵循內心的獸性與衝動罷了。

但是，隨著人類文明的進步，理想不斷提升，對心靈的需求也越來越高，對身體機能的發展也越來越充分，直到最大限度展現我們的文明狀態。我們發現，對美感的追求與摯愛，是人類心智發展的最高狀態。我們發現美感可以在人、家庭與環境中找到。

哈佛大學已故的教授查爾斯・艾略特・諾頓（Charles Eliot Norton）曾被視為他那個時代最優秀的思想家。他說，美感的培養對人最大限度發展潛能發揮極為關鍵的作用，人類文明可以透過建築、雕塑與繪畫得到

展現。

若從早年開始培養優秀特質，發展良好的情感，追求更純粹的趣味，讓情感更細膩一些，熱愛自然展現出的各種形式的美感，那麼這將帶給我們無限的滿足感。

沒有比培養美感的欣賞能力，更為划算的投資了。因為這能讓你的人生充滿彩虹的七彩顏色與持久的歡樂。這不僅能增強你感受幸福的能力，更能提高你的工作效率。

有關美感能對人產生提升與積極影響的最好例子，可以看看芝加哥一位老師的做法。他在教室創建一個「美的角落」，這個角落原先是一扇沾滿灰塵的窗戶，有一張鋪著毛毯的長沙發，還有幾幅圖畫與繪畫，其中一幅畫是〈西斯廷聖母〉，還有其他可以培養學生美感能力的小道具，很有序地擺放著。這就是「美的角落」的所有東西。學生們對這樣的改變充滿了興趣，特別是那扇窗戶現在變得很漂亮。漸漸地，學生們的行為舉止受到了「美的角落」的影響，這是一種潛移默化的影響。孩子們待人比以前更加有禮，說話更加文明，更為對方著想。特別是之前一位義大利裔的小學生，之前曾被老師覺得是「無藥可救」的，在創建「美的角落」後，在很短的時間內，改變了原先不聽話的行為，開始尊重老師，這讓老師感到很驚訝。一天，老師問他最近怎麼表現的這麼好時，這位義大利裔小男孩指著牆上掛著的〈西斯廷聖母〉的畫像，說：「在她注視著你時，你怎麼能做壞事呢？」

品格在很大程度是透過眼睛與耳朵培養起來的。大自然有成千上萬種聲音，有鳥叫，有昆蟲的鳴叫，有小溪的潺潺流水，風吹過樹林發出的颯颯聲，還有美麗的花朵與一望無際的牧場，大地與天空的時刻變幻，大海

的浩瀚與森林的蒼茫，大山的高峻與山丘的蜿蜒。大自然的這些景象與聲音，對教育一個真正的人來說，與學校教育是一樣重要的。如果你無法透過雙眼去感受這個世界的美感，刺激內心的審美功能，你的本性就會變得堅硬，缺乏活力與魅力。

美感是一種神性的品格。生活在美感之中，其實就與神性的生活相接近了。「我們從大自然、生活、人類、小孩、工作與休息，內在與外在的世界裡看到美感的存在，就能看到上帝的存在。」

《聖經・新約》裡有很多例子，說明耶穌是一位熱愛美感的人，特別是大自然的美感。祂不是曾說過：「思考一下田野上的百合花，它們沒有努力，也沒有旋轉，但即便所羅門所有的榮光都無法獲得那樣的美感。」

在百合花、玫瑰花、山川與任何讓我們魂牽夢縈的美麗景物背後，肯定存在著某種熱愛美感的東西，存在著美感的原則。天空每顆眨眼的星星，每朵花，都召喚著我們回到美感的源頭，感受大自然無與倫比的美感。

要想過上淡然從容的生活，對美感的熱愛扮演著很重要的角色。我們很少意識到自己受有魅力與的人或富於美感的事物的影響。我們可能經常看到這些東西，就覺得實在是太普通了，所以無法吸引我們的注意力。但是，每幅漂亮的圖畫，每次日落與山川的景色，每個美麗的臉龐與花朵，還有任何形式的美感，無論何時遇到，都會提升我們的品格，讓我們趨於高尚。

讓靈魂與心智對美感給予回饋，這是很重要的。這能讓我們精神煥發，恢復身體能量，賜予我們人生動力，擁有健康的身體。

美國人繁忙的生活很容易扼殺掉這些細膩的情感，摧殘著我們的魅力

與優雅，無法真正享受到美感的樂趣。美國人過分強調物質的價值，低估了事物所具有的審美價值。在很多不是金錢至上的國家裡，我們可以看到那裡的人民都有很高的審美能力。

只要我們堅持將身體的能力與精力投入到賺錢上去，讓社交功能、審美功能或其他高尚與美好的機能處於沉睡甚至消亡的狀態，那麼我們肯定無法期望過上圓滿與從容的生活。因為要是我們賺錢的機能得到發展，其他功能始終得不到運用的話，這些功能就會逐漸萎縮。如果一個人良好的本能與高尚的品格始終得不到充分發展，那麼心靈中低俗的獸性功能就會過度發展，人就要為這種獸性發出代價，因為他失去了對生活所有美好事物的欣賞能力。

「心靈所持的視野，心中重要的理想 —— 這些都是你人生的方向，是你希望達到的目標。」要想成為真正意義上的人，取決於我們的心靈與理想的品格，而不是看我們所擁有的物質。

培養審美功能與心靈功能，與培養智力是一樣重要的。人們終將意識到，無論孩子是在家裡還是在學校接受教育，都要將審美功能當成孩子一種重要的天賦去培養。我們必須讓孩子保持純潔的心靈，讓他們感受生活的美好，並將審美教育視為神性的教育。

沒有比培養更加高尚的自我，增強對所有美麗、壯麗與真實事物的欣賞能力，讓你獲得更多的回報了。要是我們一心只想著賺錢，就會扼殺掉這些審美功能。

無論是我們的生理或心理，都有很多證據說明，人本來就應該擁有欣賞美感的功能，感受友好與美麗的思想，而不只是追逐一些庸俗的東西。

沒有比培養心靈中最美好、最真實與最優雅的品格，以便讓我們無論

到那裡都能欣賞到美感，能從任何事物中欣賞到美好的一面，更讓我們有所回報的了。

無論到哪裡，我們都能發現很多可以給予我們教益的東西。每次日落、壯美的山川、高峻的山脈、蜿蜒的山丘，還有茂密的森林都有很多魅力與美感的祕密等待著我們。無論是一塊草地或麥地，一片葉子或一朵花，經過訓練的雙眼都能從中看到美感，即便是天使也會對你感到嫉妒。經過美感訓練的雙耳能聽到森林與田野的和諧的聲音，聽到小溪潺潺的流水，覺得大自然在唱一首帶給你無限樂趣的歌曲。

無論你從事什麼職業，都要下定決心，絕對不能為了賺錢而扼殺心靈中最高貴最美好的功能。相反，我們應該抓住每個機會去感受人生的美感。

你對美感的追求程度，也決定了你的魅力與優雅的程度。美麗的心靈，充滿美感的理想，都會自然在你的臉龐與舉止上流露出來。如果你熱愛美感，那麼你就是某方面的專家了。你的工作會讓你覺得充滿美感與感到甜蜜，否則你只是在為了錢而工作。但是，無論你從事什麼工作，如果你熱愛美感，這會讓你的品味得到淨化，不斷提升你的心靈，讓你變成一名藝術家，而不是單純的工匠。

毋庸置疑，人類對美感的進一步挖掘，將對人類的文明產生深遠的影響。現在，這個世界已經變得越來越商業化了。我們遇到的問題是，在美國這片充滿機遇的土地上，人們都受到太多的誘惑了，以致忘記了要讓自己成為更為高級的人。我們很多人都只是遵循著本性中的獸性去生活，受到貪欲的牢牢控制。絕大多數人依然無法擺脫低俗本性的控制。只是偶爾有時候，一些人從畫室裡看到了美感，一些人擺脫了低俗的本性，從生活

中看到了美感，找尋到了富於價值的人生。

世上沒有比散發出甜蜜與陽光的美感，更能滿足我們內心的渴望了。

一位老人在談到某次旅行時說，在他乘火車前往西部旅行時，旁邊坐著一位年邁的女士，她不時把身子靠向打開的車窗，似乎向外面灑下一些類似於鹽的物質 —— 她是從一個瓶子裡拿出來的。當她將一瓶子的東西都撒完了，再從提袋裡裝滿。

這位老人的朋友聽他說了這個故事後，說自己認識這位女士。他說，這位女士非常喜歡花朵，也是這句話的忠實實踐者：「無論你到哪裡，都要播下花朵，因為你可能再也無法走上同一條路了。」他說，這位女士為她所走過的鐵路兩旁增添了許多美麗的花朵。很多鐵路因此變得很美麗。這一切都是因為這位女士對美感的熱愛，無論到哪裡，都要傳播美感。

若是我們都能培養對美感的熱愛，在人生中傳播美感，那麼這個世界將會變得多麼美好啊！

對我們來說，假期到鄉村走一趟，讓美感駐進我們的心靈，培養大多數人都尚未擁有的審美功能，這是多麼好的一個機會！對一些人來說，到鄉村走一趟，就像到上帝充滿魅力與美感的畫廊裡欣賞。他們能從壯美的山川、幽深的峽谷、高峻的大山、一望無際的原野、長滿青草的草地、美麗的花朵、蜿蜒的河流與潺潺的小溪上，找到多少金錢都買不到的美感，美感也會讓天使魂牽夢繞。但是，這樣的美感與榮光是不可能用任何物質去購買的，它們只屬於那些懂得欣賞他們的人 —— 屬於那些能夠讀懂大自然的資訊，並對此予以回應的人。

難道你從未感受到大自然美感所具有的能量嗎？如果你沒有，你已經錯過了生活中最為精緻的樂趣。我曾到約塞米蒂國家公園的峽谷遊玩。在

馬車翻越了高山的小路，走了 50 多公里路後，我已經筋疲力盡了，根本不想在繼續坐在位置上了，因為還有 5 公里路才能到達目的地。但是，當我從山頂不經意往下看的時候，我看見了著名的約塞米蒂峽谷與周圍的景色，正在此時，陽光從雲層上瀉下來，展現出一幅充滿無限美感、多姿多彩的畫面，讓我的疲憊、大腦困乏及肌肉酸痛在一瞬間都不見了。我的整個心靈沉浸在這種莊嚴、壯美與充滿美感的神性思想之中。我之前從來沒有過這樣的感覺，也永遠無法忘記這樣的畫面。我感到了精神上的一種提升，不覺間眼睛有淚滑過。

任何對大自然美感有過深沉思考的人，都不會懷疑一點，即造物者在創造人類時，必然是按照自己的形象與行為去塑造的，讓人類也同樣擁有美感。

品格的美感、舉止的魅力、言語的優雅與得體，神性般的氣質，這些都是我們與生俱來的權利。但是，看看我們吧！很多人的面貌變得醜陋、僵硬與粗野！誰也不能承擔藐視自身形象與容貌的後果。

但如果我們想要美化外在形象，就首先要美化內在的心靈，因為每個思想與行為都會微妙地影響我們的面容是醜陋還是美麗。不和諧與毀滅性的心靈態度會扭曲與抹黑很多人美麗的容貌。

莎士比亞曾說：「上帝賜給你一張臉，你讓自己換了一張臉。」所謂相由心生，心靈能改變我們的容貌，決定我們是美麗還是醜陋。

高尚與美好的性情對感受最高層次的美感是絕對必要的。這樣的性情已經改變了很多張普通的臉。暴躁的脾氣、嫉妒、心腸歹毒等性情，都會毀掉上帝製造的最美麗的臉龐。畢竟，世上沒有比擁有可愛品格的人更具美感了。即便是整容、按摩或藥物，都無法改變因為錯誤的思想習慣導致

的成見、自私、嫉妒、不安與心靈的猶豫帶給容貌的影響。

美感源於心靈。如果每個人都能培養高尚的心靈，那麼他不僅能展現出藝術上的美感，展現出自己的優越，更能讓他獲得一種超越身體本身的美感。

我們見到過很多長相平平的女人，但她們因為自身富於魅力的個性，讓我們覺得特別有氣質，給我們留下了深刻的印象。美好的心靈能夠改變我們的容貌。善良的心地能讓最普通的女孩都變得漂亮。

有人在談到芬尼·坎布林時說：「雖然她身體胖，個子矮小，臉蛋總顯得很紅，但她卻給我一種充滿神性品格的印象。我從未見到過一位女性能有如此讓人尊敬的品格。任何徒有美貌的女性在她身邊都會失色。」

安東尼·貝里爾有句話說的很對，他說：「世上沒有醜陋的女人，只有不懂得如何讓自己變得漂亮的女人。」

最高形式的美麗 —— 要比單純的容貌與身材更加美麗的美感 —— 都是每個人都可以找尋的。即便是長相最普通的女人，也可以透過讓心靈永葆美感的思想，而不是迷戀於膚淺的美感去實現容貌上的改變。培養友善、樂觀與無私的心態，可以讓心靈充滿善良，靈魂得到淨化。

個人真正獲得美感的基礎是友善與助人的舉止，讓我們無論到哪裡，都能撒播陽光與歡樂。善良的心靈能改變我們的容貌，讓我們變得美麗。努力讓品格充滿美感，就絕對不會讓我們的人生失去美感，因為外在的形象不過是內在心靈的一種流露，是我們習慣性思想與內心主要動機的展現。我們的臉龐、行為舉止乃至氣質都是遵循內心的思想，讓我們富於魅力。如果你能始終保持美的思想與愛的思想，在心底不斷堅持這樣的念頭，無論你到哪裡，都會給人留下和諧與甜美的印象，沒人會注意你普通

的相貌或是身體某方面的缺陷。

有很多女生陷入了一個思考的死角，覺得自己天生容貌不佳，在心靈中不斷誇大這個事實，造成心靈失衡。其實，她們並沒有所想的那麼難看。要不是她們過度敏感，對這方面的自我意識太強的話，別人根本不會注意到這點。事實上，如果她們能夠擺脫內心的敏感，展現出自然的一面，就能透過持續的努力，獲得積極的思想，讓舉止更加得體，豐富她們的智識，樂於幫助人，彌補她們之前缺失的漂亮的臉蛋所帶來的不足。

我們都會欣賞美麗的臉龐與修長的身材，但我們更喜歡那些散發出靈魂之美的人。我們之所以更喜歡後者，是因為這代表著完美的男女，也代表著造物者對人類的理想模型。

真正喚起我們的愛意與敬意的，並不是我們最親愛朋友的外在形象，而是彼此的友情。最高層次的美感並不存在於外在的形象。只有人或事物所代表或象徵的意義，才能給我們帶來愉悅。

每個人都應該努力讓自己變得美麗與富於魅力，盡可能成為更圓滿的人。在我們追尋最高層次的美感時，絕對不能有一絲的虛榮心。

那些將對美的熱愛僅限於外在形式的人，錯過了美感最深沉的意義。形式、顏色、光線、陰影、聲音等美感，都能讓我們的世界變得更加美好。但是，扭曲的心靈是無法看到最高層次的美感。只有我們內心強大的精神，理想的靈魂，才能讓我們變得美好，不斷提升我們。

我們喜歡外在的美感，因為我們希求完美。我們情不自禁讚嘆那些代表著人類完美理想的人。

但是，具有良好品格的人能從最平淡的環境中找尋美感，讓最黑暗的家充滿陽光，在最惡劣的環境裡找尋美感與優雅。

要是我們美好的心靈不能實現神性的生活，不能持續地創作詩歌、音樂，挖掘大自然的美感與和諧，那我們會變成怎樣的人呢？

　　要是這個世界缺乏創造美感的人，失去了這些給我們帶來激勵的人，沒有了這些能在任何地方給我們帶來美好與積極影響的人，那我們的人生將會變得多麼慘澹與平庸。

　　對人來說，任何成功、強大、心靈的特質都不能與欣賞美感給我們帶來更深沉的滿足感，對我們的健康產生更加有益的影響。很多人就是因為從小接受了審美教育，才讓他們的一生遠離了歧途，避免走上犯罪的道路！對真正美感的熱愛會讓孩子遠離任何玷汙與抹黑他們品格的事物。美感的教育會保護他們遠離世上的各種誘惑。

　　父母都沒有花足夠的精力去培養孩子熱愛與欣賞美感的能力。他們沒有意識到，在孩子處於品格塑造的青春期，家庭的環境，即便是在牆上掛一幅畫，一張報紙，都可能影響處於成長過程中孩子的品格。父母不應該錯過每一個讓孩子感受與欣賞美好藝術品，聆聽美妙音樂的機會。他們應該讓孩子培養閱讀優秀詩歌的習慣，或閱讀著名作家的優秀作品的習慣，這能讓孩子的心靈充滿美感的思想，讓他們敞開心扉，感受神性思想的湧動，讓神性的愛意覆蓋他們。這樣的影響會決定年輕人的品格，決定他們日後能否取得成功或是感受到幸福。

　　每個靈魂天生都會對美感給予回饋，但對美感的本能的愛必須要讓雙眼與心靈接受培訓，否則這種本能就會枯萎。對美感的熱愛是普遍存在的，無論你是生長在貧民窟裡，還是含著金鑰匙出生。雅各布・奧古斯特・里斯（Jacob August Riis）說：「窮人對溫飽的渴望，對吃東西的追求，並不是那麼強烈，也不像他們對審美功能的追求，對美感的追求那麼強

烈。」

　　裡斯經常從位於長島的家到桑樹大街，為住在紐約桑樹大街的窮孩子帶去花朵。「但孩子們從來沒有到過長島，」裡斯說，「在我下船剛走了半個街區的路，孩子們就湧過來，央求我給他們花朵，直到我給了他們每人一朵，才讓我走。當他們拿到花朵後，立即跑開了，小心翼翼地保護著花朵，似乎這是他們可以炫耀的財寶。他們抱來了幾個肥嘟嘟的嬰兒，拿來幾朵快要凋謝的花朵，一起分享。只見嬰兒的眼睛看到了這朵來自原野的花朵，睜得圓圓的，似乎他們從來沒有見過這樣的東西似的。年齡越小、家境貧窮的孩子見到花朵的表情就越為欣喜，所以我的花朵都送給他們了。我不能對他們的要求說不。」

　　「我發現，我之前所知道的東西只是冰山一角。世上還有一種比要吃飯與登上報紙更為強烈的願望，那就是對美感的追求。所有孩子都喜歡美麗漂亮的東西，這是他們神性天賦的自然驅動。要是滿足了這種願望，他們自然會成長。孩子們吵著要花朵，這是他們以唯一一種方式告訴我們，雖然生在貧民窟可能讓他們的理想受阻，可能讓他們面對很多醜陋與可惡的東西，但他們還是欣賞生長在汙泥上，依然綻放的花朵。很多人都在讓對我們很重要的機能處於飢餓狀態，卻一無所知。一個人可以在沒有靈魂的情況下長得很強壯，但身為一個公民，身為一個母親，他或她卻對這個社會沒有一點貢獻，只會給他們所在的貧民窟留下更為黑暗的汙點。」

　　「所以，後來，我們離開了那個貧民窟，幫助很多人建起了房子，告訴母親該如何讓家變得更美麗一些。當孩子到幼稚園或小學讀書，記得要在牆壁上掛幾幅圖畫。在我們建立全新美麗的校舍或公共建築時，記得要採光，多種些植物與花朵，讓鳥在這裡築巢。在我們教育孩子如何跳舞與如何過得開心時，要記住，這是在逐漸抹去他們心靈中原先的陰影，讓他

們不再受原先一些不良環境的影響。因為孩子心靈的成長是極為重要的，對他們日後能否成為真正的公民，為國家作出貢獻，都有直接的關係。所以，這樣的事情我們不能等。我們正在彌補過去因疏忽而犯下的錯，否則我們無法進步。」

百萬富翁們，紐約貧民窟的很多窮孩子可以在你們的畫室的帆布上欣賞到美感，從你豪華的裝飾品中看到美麗，而你卻對此無動於衷。因為你的審美功能與細膩的心思已經因為早年過度追求金錢而被扼殺了。

這個世界充滿了美好的事物。但多數人卻未能訓練自己的雙眼，所以無法發現這些美感。我們無法看到身邊周圍的美感，因為我們的雙眼從未接受過這樣的培訓，審美功能從未獲得過鍛鍊。我們就像那位站在著名藝術家特納身邊的那位女士，在面對他創作的一幅名畫前大聲地說：「特納先生，為什麼我無法欣賞你畫中的景象呢？」

「女士，難道你不希望自己能夠欣賞嗎？」特納回答。

只需想一下，狂熱、自私與失去理智地追求金錢，讓我們失去了生活中多少美好的東西！難道你不希望自己能夠像特納那樣欣賞壯美的風景，不希望像羅斯金那樣欣賞壯觀的日落嗎？難道不想讓你的人生多一些美感，而不是像現在這樣讓你的本性變得冷漠，讓你的審美功能因為追求低俗的東西而逐漸萎縮，乃至泯滅？難道你想放任獸性不斷地發展，讓你為了多賺一點錢而擠壓別人，為了取代別人的位置而犧牲欣賞美感的能力嗎？

從小接受過審美教育的人真的很幸運。他們擁有了一種命運都無法剝奪的財富。但是，這樣的財富是任何人都可以獲得的，只要他們早年願意下功夫去培養心靈的美好特質，訓練雙眼觀察事物的能力與拓展心靈的視

野。「我熱愛所有未經玷汙與永恆的美感,」愛默生說,「哦,世界啊!你所展現的畫面是多麼和諧啊!」

　　一位著名科學家說,在造物主眼中,宇宙中任何自然存在的物體,都是具有無限意義的,具有其存在的功能與目的,所以都具有一種美感。美感是上帝的本質。即便是乍看最醜陋的東西,若是我們有足夠的能力,透過放大鏡去看,也會發現之前從未想到過的美感。同理,即便是罪惡劣與艱難的環境,要是在經過訓練與富於自律的人看來,也能找到美感與具有希望的東西來。經過適當訓練的人能從所有事物中看到美好的一面,從自然的世界中找尋到美感。

　　身處在一個充滿美感與莊嚴的世界,我們沒有權利為追求一個自私的目的,囤積財富或金錢,浪費了全部的精力與人生活力。我們有責任將人生視為一種光榮,而不是一種負累或純粹的金錢交易,也不是只為了維持生計的苦活。無論你身處何地,都要讓人生充滿美感。

第七章
用心接受教育

有人建議約翰・沃納梅克對一項發掘半世紀前沉沒在海底、裝滿金幣的西班牙輪船進行打撈的計畫時，他回答說：

「年輕人啊！我知道還有比這更好的項目，就在此時此地。在你的腳下就蘊藏著數不盡的財富。只要你肯認真去研究與努力的話，就一定能找到。」

「我們不要滿足於開採現有的煤礦，不滿足於現有馬力最足的火車頭，不滿足於數量已經非常多的地毯吧！但是，在挖掘煤炭、錘子敲擊、織布機發出的噠噠聲、機械發出的轟鳴聲中，記得上帝親手賜予我們永恆的『機械』結構 ── 我們的心智 ── 必須要得到最為充分的訓練，給予世界最為高級與高尚的服務。」

沒有接受過教育的人始終處在劣勢的位置。無論一個人擁有多麼優秀的天賦，如果他缺乏教育，依然會顯得那麼無知，無法成就大事。擁有能力本身是不夠的，我們還必須要有心智的自律。

在這片盲人、瘖啞人，甚至是身心障礙者、體弱者都能獲得良好教育的國度裡，我們應該對自己的無知感到無地自容。

很多年輕人拋棄了每一個接受自我教養的小小機會，因為他們覺得這樣的機會太小了，微不足道，他們要等待足夠大的機會。他們讓歲月的年輪就這樣悄無聲息地溜走，卻始終沒有努力讓自己得以提升。當他們人到中年或是更遲的時候，就會感到非常震驚，因為他們猛然驚醒，原來他們對一些自己本該知道的東西卻是一無所知。

無論在哪裡，我們都能看到很多男男女女，特別是那些年齡在 25 ～ 40 歲左右的人，他們都因為早年沒有接受良好的教育而影響了日後自身的發展，寸步難行。我經常收到這些人的來信，他們都在信中向我請教，現

在該如何去學習呢。當然，亡羊補牢，為時未晚。現在這個時代，有很多函授學校可供他們去選擇，比如肖托夸村[01]這一夏季教育性集會中心，還有很多夜校、講座、書籍、圖書館或是期刊，都是他們可以選擇的。只要他們真的下定決心要去提升自己的話，還是有很多機會可以做到的。

在你一味抱怨自己缺乏早年的教育，覺得現在才開始學習已經很晚的時候，你幾乎可以肯定，身邊不遠處的很多年輕男女們此時正在如飢似渴地吸收著知識的養分，不斷提升自己的素養，雖然他們可能還沒有得到像你這麼好的學習機會。

我們要做的第一件事，就是要狠下決心，一定要讓自己成為一個接受過教育的人，你不能忍受渾渾噩噩度過自己一生的悲劇，也不能背負無知的恥辱。如果你早年因為種種原因無法得到更好的教育，你還是可以彌補早年的損失。下定決心，再也不能讓缺乏教育讓你處處受限，你一定能夠想辦法彌補這樣的缺陷。

你會發現，當你改變了自己的態度，整個世界就會對你改變原先的模樣。你會驚訝地發現，在你狠下決心這樣做的時候，自己的心智能夠在短時間內就得到迅速的提升。記住，你要以你賺錢或是學習一門手藝那樣的堅定決心，去接受教育，去不斷學習。每個正常人都有一種神性的渴盼，那就是自我拓展，不斷追求更為寬廣的自我。記住不要抑制這樣一種對自我拓展的渴望。

人生來就是要成長的。成長是我們的目標，也是我們自身存在的一種解釋。我們每天都要有一種不斷成長，不斷拓寬自身的願望，不斷將無知的地平線推遠，掌握越來越豐富的知識，變得越來越睿智，更具有一個真

---

[01]　美國 19 世紀的一份期刊的名字。

正男人的氣質 —— 這才是我們值得追求的目標。所謂教育，並不是一概指代在學校裡學習幾年的生活。學識最為淵博的人都是那些不斷學習，不斷從各種資源或是機會中學習與吸收知識的人。

我認識很多年輕人都接受過良好的教育，也有良好的教養，還有很強的觀察能力，他們口袋裡時常有一本小書，利用一些零碎的時間去閱讀，或是到夜校那裡上課。他們雖然沒有接受過正規的教育，但也是能獲取知識的。年輕人在接受全新觀點的時候都是非常迅速的，並且願意與那些具有淵博學識的人在一起交流，這讓他們不僅能夠感受到別人的個人魅力，更能在很大程度上發展他們的心智。

這個世界就是一所偉大的大學。從搖籃一直到墳墓，我們都是身處在上帝所創造的這所偉大的「幼稚園」裡，所有事物都似乎在教會我們一種東西，向我們展現它們所蘊含的偉大祕密。一些人人總是在不斷地學習，吸收著各種寶貴的知識。任何事情對他們都是有一定教益的。這一切都取決於我們能否用雙眼去觀察，用心智去感受。

真正懂得運用雙眼去觀察的人少之又少。很多人一生都只能看到事物的表面，他們的雙眼似乎「近視」了，只能看到事物模糊的表面，很多細節都看不清，無法留下深刻的印象。但是，眼睛原本應該是我們接受教育的一個巨大的工具。我們的大腦就像一個「犯人」，始終無法感受到外面的世界。很多時候，我們需要五官去感知這個世界的物質。在很大程度上，我們是透過眼睛來完成這種感知的。真正掌握了如何觀察事物的人，其實都是用心靈去感知的。

我認識一位父親，他正在訓練自己的兒子鍛鍊觀察的能力。他讓兒子走在一條陌生的大街，走一段時間，然後在兒子回來後問他觀察到了多少

東西。他讓兒子經過商店的櫥窗、博物館或是其他公共場合，看看兒子回家後還能記住多少，還能描繪出多少。這位父親說，這樣的鍛鍊讓兒子養成了一種認真觀察事物的習慣，而不是泛泛地路過身邊的事物。

一位新來的學生去找哈佛大學的教授阿加西 —— 這位著名的自然學家時，阿加西給他一條魚，讓這位學生觀察半個小時或 1 個小時，然後描述出他所見到的東西。在這位學生覺得自己已經將這條魚的所有一切都描繪出來後，「你還沒有真正地觀察這條魚呢。再觀察久一點，然後告訴我你所看到的。」他讓這位學生反覆地做了幾次，直到這位學生培養了一種優秀的觀察能力。

如果我們在日常的生活裡能夠像在審訊某樣東西那樣，對事物保持著一種敏銳的視覺與探尋的心態，就能收穫非常重要的心靈財富，這些智慧是超越所有物質財富的。

羅斯金的心智就是透過對鳥類、昆蟲、野獸、樹木、河流、高山、日落與山川的景象、甚至是憑藉雲雀的歌聲與小溪潺潺的流水聲的記憶得到增強的。他大腦裡儲存著數以千計的畫面 —— 有名畫、建築、雕塑等許多讓他時常感到快樂的畫面。任何事物都能給予我們一種啟發，給予我們一種祕密，只要我們有心去探尋的話。

培養一種從任何事情吸收資訊的習慣，具有無限的價值。一個人軟弱與無力的程度，與他遠離同類的程度成正比。在我們與別人進行交流的時候，始終有一股能量在湧動，在川流不息，雙方對知識的探尋會讓這種交流更趨有趣。我們在與別人交流的時候，其實是始終處在一個不斷給予與吸收的過程。今天那些有所成就的人的身邊一定會有很多朋友時常與他們進行交流，他一定要把自己的手指放在當今這個忙碌世界的脈搏上，感覺

充滿活力的生活。他一定要成為這個世界的一部分，否則他的人生就會有所缺陷。

要是某人只有一種才能，倘若能夠最大限度發揮的話，也要比 10 個天賦超群但無知的人強得多。教育本身就意味著吸收的知識，成為了本人思想的一部分。正是那種表達自身力量的能力，說出自己所知道的東西，才是真正衡量我們效率與成就的標杆。被壓抑的知識是毫無用處的。

那些感覺自己缺乏教育，並且願意為接受教育付出努力的人，能在 1 年之內透過接受導師的培訓，學習不同方面的知識，獲得迅速的提升。

想要努力接受教育的人所面臨的一個危險，就是他們可能在學習的時候，出現散漫，不連貫或是毫無目的的學習，這樣的學習就無法得到一開始就明確以自我提升為目標的教育的效果。那些打算在家裡自學的人最好應該讓那些有能力、受過教育的人幫他們制定計畫。這只有在建議者知道你的職業、你的品味或是你的需求時，才能最好地制定你的學習計畫。任何想要接受教育的人，無論是生活在鄉村還是城市，至少都能找到一個指引自己學習的人，這些人可以是老師、牧師、律師或是其他在城鎮裡有學問的人。

自我學習有一個特別的優勢 —— 你能按照自己特殊的學習需求去學習一些知識，這不像你在學校或是大學的時候必須進行通識教育。每一個人到中年卻沒有接受過教育的人首先都應該學習與自己職業相關的知識，然後盡可能地向其他方面進行拓展，不斷拓展自己的知識面。

人們可以學習很多門學科，包括歷史、英語文學、修辭學、圖畫、數學等，這些你都可以自學，你也可以在老師的指導下，掌握一門外語。

在日常的生活裡，你要注重搜集寶貴的知識為日後的生活所用，閱讀

一些鼓勵或是激發你不斷努力的書籍，不斷努力提升自己的素養，改善自己在世上的處境。對年輕人來說，這要比他們在銀行的存款更為重要。

這個國家不知有多少女生因為自己沒有上大學而感覺在這個世界上寸步難行。但是，她們有時間與物質條件去讓得到良好的教育，但她們卻在無聊的娛樂或是一些對她們品格塑造毫無意義的事情上浪費才智與機會。

在家裡透過自學來學習大學的主要課程，這雖然不是非常正規，但至少也是一種比較好的方法。在家裡自學的時候，要是我們全身心地投入到學習中去，這其實與我們在大學裡學習是一樣有益的。

每一個注重秩序的家庭都應該為那些想要學習的人留下時間。漫長冬夜的每天晚上，最好安排出一個固定的時間，當然這個時間是需要家人的同意。在這段安靜的時間裡，家人可以用來鍛鍊心靈的專注度，用於富於價值的心靈自律鍛鍊。記住，這些安靜的時間不要讓盜竊你時間的拜訪者所打擾。

在很多的家庭裡，很多家人都關注對方的利益，他們可以不斷給予對方鼓勵，幫助他們一起前進。要想讓所有人坐下來閱讀、學習或是進行各種自我提升的鍛鍊，這是不大現實的。也許，某人缺乏關愛別人的念頭，總是打擾別人集中精神；或是與你的目標或是認真努力的人生沒有任何交集的人，整晚只想著在無聊的閒談中度過。他們在維持生計或是娛樂的問題之外，沒有其他更為高遠的理想，這些人還不知道到底是什麼在阻擋著他們取得成功。

每天晚上，我們都會遇到引誘我們浪費時間的事情，因此，這需要你擁有一顆堅定的心去暫時遠離喜歡開玩笑、親切與友愛的家庭圈子，或是一些心地善良的年輕拜訪者。這樣做能讓你從一群毫無目標的人群中脫穎

而出，遠離那些除了知道自己工，。而對其他事情一無所知的人。

養成強迫自己立下堅定的決心，系統安排學習，即便一次只能持續幾分鐘，這樣的學習本身也是富於價值的。這樣的習慣有助於更好地利用零碎時間，這對大多數人來說都是被隨意浪費掉的，因為他們從未培養在中斷的間隙專注精力的習慣。

對閒暇時間所具有的潛能擁有良好的認知，這是我們成功的重要資產。

不斷努力提升自己，抓住每個機會去讓自己做的更好，凡事都以認真的態度去做，下定決心要在這個世界上出人頭地，有所成就，這將給予我們無限的幫助。所有人都欣賞那些不斷努力奮鬥的自助者。人們都會不斷給予這些人一些機會。這樣的名聲就是每個年輕人踏上社會最寶貴的資產。

很多聰明之人遇到的一個問題，就是他們意識到自身接受的教育還不夠，感覺到無法最為充分地利用閒暇時間。就像很多男孩從來都不節省幾分錢或是幾毛錢，因為他們覺得這些小錢不足掛齒，因為他們沒有看到如果將這些錢累積起來，最終也會得到一筆大數目。他們沒有看到透過利用每天一些零碎時間去學習，最終能彌補未能接受大學教育的遺憾。

我認識一位年輕人，雖然他從未上過高中，但他透過自學，成功獲得了一所大學的教授職位。他的大部分知識都是他利用工作之餘的零碎時間去學習的。零碎時間對他來說意味著財富。

函授學校在引導數以萬計的人們 —— 包括職員、磨坊工人、從事不同工作的員工 —— 獲得教育方面發揮了重要作用。函授學校不僅可以給這些人提供相應的課程，也能讓他們利用好閒暇時間，否則，這些時間都

會白白被浪費掉。我們經常聽說某些人迅速獲得提拔的例子，這些人不少都是提供函授學校的學習來不斷提升自己的知識水準。很多學生從他們對教育的投資中獲得了數 10 倍的受益。這樣的學習讓他們免於長久以來的負累，縮短了他們走向成功的道路。

對那些不願意為接受教育而自我犧牲，不願意刻苦努力的人，智慧的大門是不會敞開的。智慧女神的「珠寶」太寶貴了，不能隨便散落在那些懶散與毫無目標的人身邊。

無論付出怎樣的代價，都要讓自己遠離無知的堅定決心，這是我們獲取教育的第一步。

查爾斯‧瓦格納（Charles Wagner）曾給美國寫過一封信，內容是關於他的小兒子。「希望他懂得時間的價值。上帝保佑那些凡事盡全力、從不浪費上帝賜予的寶貴時間的孩子。」

在漫長的冬夜與人生的零碎時間裡，蘊藏著巨大的財富。一個偉大的機會正在等著你，你會怎樣做呢？

第八章
心理暗示的力量

　　在平板玻璃剛被使用時，詩人羅傑斯在一個裝有平板玻璃的晚餐室裡就餐，他覺得窗戶的位置沒有東西遮攔，覺得冷風會吹進來，結果罹患了重感冒。其實，這只是他臆想出來的，但是他又不敢讓主人將窗戶關上。

　　我們很少意識到，心理暗示對自身的健康產生多大的影響。在很多例子裡，我們可以看到，一些人身患重病，有時甚至是致命的疾病時，就是因為別人說他的臉色很難堪，或是暗示他可能遺傳了某種致命的疾病而得來的。

　　紐約一位著名商人跟我說了一次他的經歷。一次，幾位身強體壯的年輕人去拜訪他。這幾位朋友事先約好從早上見到他起，每個人就在他開始工作時說他的臉色很難看，看上去不是很有精神，並問他到底遇到了什麼問題。這些朋友在這樣做的時候沒有引起他的懷疑，而是記錄下他的表情變化。在下午 1 點時，這位原先精力充沛的年輕人已經受到這種心理暗示的影響，說自己必須要回家，因為他覺得自己生病了。

　　在巴黎的一些醫院，臨床醫生對病人進行了許多有趣的催眠實驗，結果證明了心理暗示會給人帶來傷害。比如，在醫生將一個冰冷的火鉗放在病人四肢的旁邊，然後告訴他們這是一塊燒得熾熱的鐵，沒過多久，病人的皮膚就會出現燙傷的跡象。

　　我認識幾位病人，他們在手術室裡見到手術器材時，心理防線就立即崩潰了。我聽他們說，在被打麻藥之前，他們彷彿就聽到手術刀在割他們了。

　　病人在注射鹽水時，通常會進入昏迷的狀態，這是因為他們覺得注射到體內的是嗎啡。每一位有經驗的醫生都知道，他對病人的心理暗示可以減輕或是加重病人的痛苦。

很多醫生讓病人到某些著名的景點去休養，並不是為了遊山玩水，也不是要呼吸新鮮空氣，而是靠轉變病人的思想，達到治療的效果。

即便是江湖醫生或是喜歡吹牛的醫生，也能透過給病人一些積極的心理暗示，讓病人有所好轉。

護士對病人的心理態度與病人的康復有著直接的關係。如果她不斷向病人暗示，傳遞他即將康復的資訊，或是持續地肯定病人能夠痊癒，這將給病人的健康有積極意義。相反，要是護士覺得病人必死無疑，那麼她的行為也會傳達出這樣的資訊，這會讓病人感到極度壓抑。

在每個清醒的時刻，我們都受到心理暗示的影響。我們所見、所聽、所感覺的東西，都會給我們傳遞一種暗示，讓我們的本性去與之相符。心理暗示是一種微妙的能力，似乎能夠影響生活的源頭。

積極的心理暗示對那些想要聽到好消息的人來說，能產生一種神奇的效果。一個身體殘疾的人，覺得自己的夢想破碎了，覺得自己失去了人生的希望，並要為此忍受多年的痛苦，要是聽到某種全新的藥物可以緩解他的疾病，就會覺得人生的希望重燃了起來。他會處於一種期望的心態，為了獲得這種神奇的藥物，他願意做出任何犧牲。當他獲得了這樣的藥物，就會以一種積極的心態去接受，並認為這種藥物對自己能夠起到效果。

醫生的信念會對病人產生一種神奇的暗示作用。很多病人，特別是那些無知的人，覺得醫生掌握著自己生死的權利。他們深信醫生說的每句話。所以，醫生對病人身體健康有著重要的影響。

病人相信自己能夠康復的堅強信念，能夠給體內增添治癒的力量，這樣的力量是非常神奇的。很多經驗豐富的醫生都會時常向病人肯定一點，即他的病情很快就會康復的，告訴他有一種神奇的治癒力量在治療著他。

那麼，這會給病人帶來積極的心理暗示，讓他相信在睡眠時能夠讓傷口慢慢癒合。

要是其他人不斷地提醒病人他的病情多麼嚴重，那麼他是不可能康復起來的。他的意志力與體內康復的力量是不可能抵擋心理不斷重複的消極暗示所帶來的影響。

很多病房都顯得比較恐怖，彌漫著一種壓抑的氣氛。很多病人都感受不到陽光、歡樂與鼓勵，這通常讓他們的心靈感到灰暗，因為陽光無法照射進來。醫院的通風系統很差，每個人看上去都一臉不安的憂傷，醫用瓶子與手術器具到處亂放，所有這一切景象都會讓病人產生消極的心理暗示，無法讓他們感受到健康與希望。這樣的醫院足以讓一個完全健康的人患病了。

人們需要的是鼓勵、提升與希望。每個人的自然免疫力都應該得到增強與鍛鍊。你不應該跟一位正深陷困難、絕望或是痛苦的人說你很遺憾，相反你應該努力將他拉出自憐的泥潭，喚醒他沉睡的治癒力量，讓他的心靈充滿恢復的力量。你要跟他說，他就是上帝的影子，他擁有更加優秀的自我，因為這是屬於一個永恆不變的原則，這個原則是你永遠不會患病，也不會出現不和諧的狀態，永遠不會出現紛爭或是痛苦的情況。

積極的心理暗示能讓絕大多數人避免離婚情況的發生。在多數例子裡，我們對另一方的迷戀被心理暗示所左右。很多女人因此擺脫了對不成器的男人的迷戀，正如一些女人擺脫了對閨蜜的丈夫的迷戀一樣。很多犯過錯的女性都找到了正確的道路，透過心理暗示找回了更加美好與神性的自我。

具有富於美感、魅力品格的人所散發出來的心理暗示，是極具傳染性

的，有時甚至能改變左鄰右舍。我們都知道英雄行為、良好的紀錄所傳遞出的心靈暗示，這喚醒了很多人的夢想，激發了很多人的潛能。很多人的一生就是在某個談話場合，聽到了別人的一句鼓勵的話語，或是從一本勵志書籍感受到了積極的心理暗示，從而完全實現了改變。

那些在人類歷史留下痕跡，將人類文明提升到一個更好層次的人，他們之所以能夠有所成就，就是因為他們的理想被心理暗示所激發。這種激發的導火線可以是一本書，或是某人告訴了他們所具有的潛能，讓他們第一次能夠感受到內心的顫抖。

自我貶低的暗示是最難克服的一個障礙。誰能估量自我貶低的心理暗示對人類與生活造成的重大災難呢？我認識很多人，他們的一生就是因為從小被灌輸了一種自己一輩子都無所成就的心理暗示，導致他們平庸地過一生。

這種自我貶低的心理暗示讓人變得羞澀與靦腆，缺乏足夠的勇氣去肯定自己的個性。

我認識一位大學生，他的天賦足以讓他獲得世人的認可，但他的人生卻幾乎被這種自我貶低的心理暗示所摧毀。他聽到一些同學說他比一隻鵝更沒有尊嚴，形象看上去總是那麼糟糕，無論在任何情況下，都不可能選他擔任班上的演說者，因為他的形象會給聽眾留下不良的形象。他擁有超凡的能力，但他極度的冷漠、羞澀與靦腆讓他看上的顯得笨拙，有時甚至是很愚蠢 —— 要是他沒有聽到同學對他的批評，可能也不會將這些性情發展到一種畸形的地步吧！他覺得，同學那樣說自己，就代表著他的心智低人一等，正是這樣的心理暗示導致他始終無法前進。

人的聲音所傳遞出來的心理暗示，具有多麼強大的力量啊！抑揚頓挫

的聲音能夠激發起我們許多情感！我們大笑或大哭的方式，都會可能讓我們變得憤怒或是產生一種報復的心態，聲音能讓我們的情感從一個極端走到另一個極端，這取決於我們所聽到的聲音是充滿熱情或是充滿愛意。當著名的演說家在講臺上控制臺下聽眾的情感時，我們會坐的紋絲不動，呼吸也似乎變得緊促。當音樂家在舞臺上演奏豎琴時，能讓我們時而飆淚，時而微笑，此刻感到哀婉，下一刻即感到憤怒！言語就像一幅畫，能給人留下深刻的印象。成千上萬的聽眾都會對演說者的心理暗示給予回饋。

聲音能充分表現我們的情感。在我們對朋友表達祝福之情時，聲音自然是溫和的。而在商場上與別人砍價時，我們的聲音又變得冷漠、自私，缺乏半點的憐憫之心。

我們是多麼容易被溫柔的聲音所吸引，又是多麼厭惡刺耳的聲音啊！我們都知道，即便是狗與馬，都對人說話的聲調很敏感。牠們知道人說話時的口氣說明了他們的情感，所以也會據此來給予不同的回饋。一旦牠們聽到主人粗暴的話語，也會因為恐懼而瑟瑟發抖。

一些人天生就容易受到某些聲音的影響。在聽到了美妙的音樂後，他們能迅速忘記原先最讓人感到絕望的憂鬱中抽出來，沉浸其中。除此之外，其他的聲音都無法打動他們。他們能感受到音樂中的節奏，這種節奏能喚醒他們沉睡的腦細胞，改變他們整個人的心態。

音樂對動脈的血液與呼吸系統都會產生很重要的影響。我們都知道音樂能舒緩人緊張的情緒，讓人精神煥然一新，即便是之前趕到疲憊不堪與憂慮，都會精神為之一震。當甜美和諧的音樂填充他們的心靈時，所有的憂慮、煩惱與不安都瞬間不見蹤影。

喬治‧艾略特在他的《絲線的磨坊》裡，說出了很多讓一些人感到神

奇力量的話語。他說：「音樂的某種旋律會以莫名的方式影響著我，每當我聽到這樣的音樂，心靈就會為之一震。如果這樣的影響能夠持續的話，那我將能成就一些英雄的偉業。」

休‧拉蒂默（Hugh Latimer）、利德里還有很多人都懷著愉悅的心情來到樹樁，旁人都驚訝於他們臉上發自內心的微笑。他們的一旁燃燒著柴薪燃起的火焰，唱著頌歌與說著感恩的話語，享受美好的時光。

「不，我們不會生病的，」一名演員說，「因為我們不能生病。帕蒂與其他幾位明星還有生病的資格，但我們很多人都沒有資格去生病。因為我們必須要謀生啊！雖然有時回到家，一身疲憊，內心對生活的苦悶到了極點，但我還是選擇積極向上的心態，努力去與生活的匱乏作鬥爭。意志力是我們最好的朋友，這並不是亂說的。很多戲劇演員都知道，必須要隨時保持良好的狀態。」

一位走鋼絲的表演者某天生病了，覺得腰部很痛，甚至到了無法走路的程度。但他已經簽署了廣告合約，必須盡全力在鋼絲上，推著獨輪車走上幾個來回。當他完成了表演後，他被人抬到床上時，身體「已經僵硬到像一隻凍僵的狐狸」。

最近，我讀到一個故事，將一位窮小子準備上吊時，無意中發現繩索裡裝著錢，他立即拿開繫在脖子上的繩索，立即跑回家，藏起這些錢。當他每次感到失意時，就用這條繩子去上吊。可見，成功能激發我們，失敗則讓我們感到壓抑。

一般來說，成功地實現我們心中所願，有助於我們的健康與獲得幸福。總的來說，我們不僅能從心靈中找到寶藏，也能從健康裡找到。那些之前不重視健康的人，即便是身心障礙者，過著缺乏精力與決心的生活，

難道他們能突然間透過獲得某種神奇的力量或是強壯的身體，去實現重要的成功嗎？當然，有時候，一些健康不佳的人突然因為父母或親戚的去世，抑或是突然失去了財產，被推到了重要的位置，不得不要去做他們之前從未想過的事情。

接受教育有助於健康。很多父母或是他們的朋友都認為小孩身體脆弱，不應該承擔過重的負擔，但孩子卻經常在學校或是大學裡獲得了健康的身體。在其他條件都相等的情況下，那些接受過教育、擁有教養與才識的人，一般能獲得最佳的健康。同理，健康與道德也存在著一樣親密的連繫。一間分裂的房子是不可能長久的。不節制的行為，違背純潔的法則以及各種不和諧的想法都會摧毀人生的和諧。身體只是心靈的僕人。一個心智平衡、擁有教養與自律的人能對身體產生重要的影響，會讓他們的人生變得和諧。另一方面，心智軟弱，做事猶豫不決，無法縱覽全域與無知的人，最終都會讓身體與想法趨於一致。每個純潔與積極的想法，每個追求美好與真理的念頭，心靈對更高更美好生活的追求，每個高尚的目標與無私的努力，都會作用於身體，讓我們變得更加強大，讓心靈更加和諧，讓人生更加美好。

「一個人有怎樣的想法，他就是怎樣的人。」身體是按照心靈的想法去塑造的。如果一個年輕女人想要讓自己變得更加漂亮，她就絕對不能去思考任何醜陋的東西，也不能沉湎於惡習帶來的影響。因為，醜陋的畫面會在她的臉上與行為上呈現出來。她也不能想著透過嘗試改變笨拙的行為去讓自己變得優雅。要是我們的思想出現了疾病，那我們就不可能獲得健康，正如沉湎於不完美的想法，就不可能獲得完美，或是腦海裡都是紛爭的念頭，就不可能讓心靈趨於和諧。

我們都應該讓心靈對健康與和諧保持一個很高的理想。我們應該與所

有不和諧的念頭作鬥爭，彷彿我們在與犯罪的行為一樣。你的思想永遠不要肯定或重複任何對你健康不利的想法。不要沉湎於疾病之中，也不要去研究疾病的症狀。永遠不要覺得你不是自己的主人。你要堅定一點，即你的身體能夠戰勝疾病，絕不承認自己是某種卑劣力量的奴隸。

顯然，心靈有能力去保持身體的活力與美感，讓身體變得強壯與健康，讓人生充滿活力，延遲衰老，讓我們比現在多活幾年。一般來說，最長壽的男女都是那些心智與道德獲得最充分發展的人。他們活在更高境界來，超脫了各種會弱化與縮短壽命的紛爭、不滿與疾病。

很多患有神經疾病的人都能透過音樂去緩解疾病，最後達到痊癒的效果，而一些人則因為神經的疾病而始終無法前進。任何能讓心靈免於煩憂的事情，都能讓我們的身心處於一種和諧的狀態。

養成良好的生活習慣，在專業領域獲得名聲，始終保持積極向上的思想，遠離任何低俗的觀念，始終懷揣著美好的思想，遠離任何邪惡的思想，始終對任何事情保持樂觀的態度，這讓你不斷取得進步。

「讓你的心靈充滿純潔的愛意與快樂的思想，那麼美好的祝福自然會流到你手上。遠離任何仇恨、不純與不快樂的思想，否則，詛咒就會像雨點那樣打在你身上，恐懼與不安就會伴著你入夢。」

在今天的商界裡，沒有比心理暗示這個原則更被濫用的了。在我們這個國家裡，到處可見很多可悲的失敗者，他們就是受到自身軟弱心靈的控制，導致無法取得成功。很多人都被精明的銷售員或是推銷者用近乎催眠的方式迷惑了，導致他們遭受了損失。

如果某人偷竊了別人的財產，他就要被投入監獄。但如果他憑藉自身訓練有素的思想去迷惑那些純真、心智從未受過訓練的人，那麼後者就會

失去原先的主見，讓他自願地購買他不想要的東西，甚至會讓他的家庭與家人多年來一直忍受著貧苦的生活。但是，誰又能阻止這些精明的推銷員呢？誰又能將他們繩之以法呢？與那些闖入別人家裡偷東西的小偷來說，這些人透過控制窮人的心智，讓他們購買一些商品或是簽訂一張他們沒有權利簽署或是沒有能力購買的合約，難道這不算是犯罪嗎？

推銷員通常能獲得很高的薪水，因為他們出色的個人魅力與說服技巧。人們終將認知到，這些頭腦精明、到處兜售商品，憑藉著訓練有素的心智去迷惑顧客的「神奇說服者」，搶走了很多人辛辛苦苦賺來的錢。這些人的行為應該被視為犯罪。

另一方面，心理暗示在商界活動中，也可以取得良好的作用。

現在，很多大企業一般都會讓員工閱讀勵志的書籍，或是從雜誌與期刊上摘錄一部分內容，做成小冊子，鼓勵員工不斷努力工作，喚醒員工沉睡的心靈，讓他們有更大的勇氣去追求更高的目標。訓練銷售員的學校正教育心理暗示的作用，以刺激銷售員能以更高的效率去工作。

與時俱進的商人會透過櫥窗展示與貨物的展示給顧客帶來一種積極的心理暗示，吸引他們去購買商品。

酒店的管理者知道，色香味俱全的食物能給食客帶來更好的胃口。我們經常看到，酒店的窗邊擺放著各種美味的食物，這能給人的大腦帶來一種神奇的暗示，吸引他們進去就餐。

一個過慣了富裕生活的人到波維裡的一間餐館就餐，看見餐館內的員工衣冠不整，一片混亂的景象，這會讓他完全失去胃口。但是，如果同樣的食物放在百老匯大街的一間高檔酒店，並用精美的瓷盤端上來，服務生穿著乾淨整潔的制服，再加上一點美妙的音樂，那麼整個情況就大不一樣

了。這種全新的心理暗示會完全改變他的心理與身體狀態。

法國國民在德弗萊斯受審期間所表現出的惡意，完全控制了他的心智，讓他失去了自主性，淹沒了原本無辜的他。他整個人表現出來的行為就好像自己真是罪犯一樣，所以他的很多朋友都相信他真的犯罪了。在審判之後，很多人聚集在一起，觀看他如何在公共場合下受辱。當他衣服的扣子與軍人勳章被人扯開，當他的佩劍被人拔出來，折斷的時候，人們發出了嘲笑與謾罵的聲音，不斷詛咒著他，這讓他徹底覺得自己真是罪犯了。數百萬人說他是罪犯，這樣的暗示影響到了他，他的個性被摧毀了，雖然他是無辜的，他的形象與舉止都讓人覺得他真的犯了叛國罪。

世上沒有比不純的思想給我們帶來更加致命與有害的暗示了。不知有多少人成為了這種邪惡、微妙與致命毒藥的受害者。

當一個心靈完全純潔、從未受到汙染的人被不道德與不純潔的思想所影響，誰能描述這樣的悲劇呢？這些邪惡而微妙的思想進入了思想系統，讓接下來的邪惡思想進入變得越來越容易，直到人的整個心靈都充滿這樣邪惡的思想。

那些有聖傷痕跡標記的人的經歷，可以向我們生動地展現出心靈暗示的力量是多麼強大。很多僧侶多年來一直努力要過上耶穌那樣的生活，感受祂所遭遇的痛苦，將心智的能量完全專注於耶穌所遭受的痛苦上，心靈中生動地想像著他們的傷口，導致他們的思想真的改變身體組織的化學成分，最後發現他們的手腳都出現了釘子的痕跡，還有一個像耶穌基督被釘在十字架上的長矛傷口。

這些僧侶將他們的一生都投入到感受被釘在十字架上的那種痛苦。長時間將心靈專注於手腳的傷口，因為這樣的想像過於生動，過於專注，最

後他們的肉體上竟然真的出現了傷口的痕跡。除了心靈的想像之外，他們不斷在耶穌被釘在十字架上的畫像前冥想，讓他們的心靈圖像越來越生動與專注。宗教神迷的力量是如此之專注，他們感覺自己真的在體驗耶穌被釘在十字架上的感受，最後這樣的感覺就真的呈現在肉體上。

第九章　憂慮的詛咒

憂慮這個惡魔從我們出生一直尾隨到死亡，讓我們無法感到每個神性的時刻，始終活在它的陰影之中。憂慮會在婚禮或是葬禮上不期闖入心扉。在每次招待會、晚宴上，都會在每張桌前占據一個位置。

無論人們有多麼高的智慧，都無法估量憂慮給世人帶來罄竹難書的罪惡與毀滅！憂慮讓天才只能在平庸的位置上打滾，讓很多原本可以成功的人加入了失敗大軍，造成更多的人心碎，摧毀了更多美好的希望。可以說，從人類文明的曙光出現後，就沒有比憂慮給人類帶來更大的災難了。

你是否在那些深受憂慮折磨的人口中，聽到任何積極的話語呢？憂慮的思想是否幫助過人們改善過所處的環境呢？無論在何時何地 —— 難道憂慮不總是在做著與此相反的事情 —— 損害我們的健康，耗盡我們的體力，削弱我們的效率嗎？

在憂慮的重壓下，人類還有什麼事情不能做呢？他們投身到各種邪惡的行為中去，成為了酒鬼，染上了毒癮，為了躲避憂慮這個惡魔，用力地出賣自己的靈魂。

想像一下，憂慮的思想讓多少家庭支離破碎，摧毀了多少人的雄心，讓多少人失去了希望與美好的前景呢！想像一下，憂慮讓多少人走上了自殺的道路！如果這個世上還存在著什麼邪惡的話，那麼憂慮及尾隨它而來的罪惡難道不是嗎？

雖然憂慮給我們帶來了如此之多的悲劇，但若是從另一個星球上的人來到地球上，就會獲得這樣的印象，即憂慮是我們最親密的朋友，也是我們最友善的朋友，我們離不開憂慮，乃至於與它分開時，都感覺很失落。

很多人都非常清楚，成功與幸福都取決於他們保持最佳的狀態，最大限度地發揮自身的潛力，但他們卻在心靈中擁抱成功與幸福的敵人，這難

道不是讓人難以理解嗎？很多人培養了一種習慣，覺得邪惡的思想絕對不會到來，因為他們知道，不安與憂慮不僅會讓他們失去心靈的平和、力量與工作的能力，更讓他們浪費寶貴的青春年華，但他們卻偏偏要讓這些思考進入心靈，這難道不是很奇怪嗎？

那些將大腦能量消耗在毫無意義的憂慮中的人，是不可能發揮自身正常的能力。世上沒有比憂慮的習慣更能消磨我們的活力，摧毀我們的理想，或是讓我們偏離原先真正的目標了。

工作從來不會殺死人，真正殺死人的是憂慮。真正傷害我們的，不是工作本身，而是害怕工作的心態——在腦海裡不斷重複這樣的恐懼，事先就害怕工作中出現的困難。

很多人都是都是以這樣的心態去面對讓自己覺得不快的工作，正如跑步者在開始長跑時，就想到了可能遇到的溝渠或是小溪——這些考驗他身體靈活性的障礙——最後他已經感到筋疲力盡，無法跨越。

憂慮不僅會消磨人的活力，浪費我們的能量，更會嚴重我們工作的品質，削弱我們的能力。當一個人的心智被憂慮困擾時，是不可能實現最大的效率。心智慧力要想得到限度的發揮，就必須獲得最大的自由。受憂慮困擾的心靈是不可能進行清晰、縝密與富於邏輯的思想。當大腦細胞被憂慮所毒害，是不可能如大腦細胞獲得純淨的血液補充能量時，發揮那樣的能量。習慣性的憂慮者的血液都被有毒的化學物質與消耗完的細胞所毒害。據艾爾梅爾·蓋茨教授及其他著名科學家的研究，他們發現不受控制的情感與損害身心的情緒能夠造成分泌系統出現改變，在體內催生對健康成長與行為有害的物質。

憂慮的最糟糕的一種形式，就是為失敗而慨嘆。這樣的憂慮摧毀我們

的夢想，冷卻內心的火焰，摧毀憂慮者視野內的目標。

　　一些人養成了為過去人生慨嘆的不幸習慣，因為自身的不足與錯誤去責備自己，直到他們整個人的視野都往後退，無法正視未來。他們以一種扭曲的心態看待所有事情，因為他們只能看到陰影的部分。

　　這種不幸的畫面在心靈中存在的時間越長，就會對心智帶來越大的影響，讓我們的心靈都彌漫這樣的情緒，也就越難擺脫這樣的想法。

　　難道我們不相信，在宇宙中有一種超越自身控制的力量在掌控著一切嗎？每當憂慮讓我們遠離成功的資本，那麼失敗的機率就變得越大。每次不安憂慮的想法都會在身體留下痕跡，破壞身心的和諧，虛弱我們的工作效率。難道這樣的狀態不是與我們最大的努力牴觸嗎？

　　很多人時刻讓憂慮的想法、不安與毫無必要的煩惱進入心靈，讓它們以一種近乎恐怖的速度將我們老化，讓我們人到中年就雙鬢白髮，這難道不是很奇怪嗎？看看那些剛到 30 歲就已經心智萎縮，似乎進入老年的女人吧！這並不是因為她們所做的工作多麼辛苦，或是她們真正遇到多大的困難，而是因為她們習慣性的憂慮，慢慢地折磨著她們，給家庭帶來了紛爭與不幸。

　　我曾看到一個故事，講一位憂慮的女人將生活中可能摧毀她幸福與成功的不幸事情列出一個清單。後來，她的這個清單不見了。當她找到了這張清單，驚訝地發現，清單上不幸的事情竟然沒有一件在她的生活中出現。

　　難道這不是對憂慮者一個良好的心理暗示嗎？寫下任何你覺得可能變糟糕的事情，然後將清單放在一邊。過一段時間，你會驚訝地發現，你之前所憂慮的事情發生的機率是多麼渺茫！

看到很多精力充沛、擁有極高天賦與神性的男女，整天一副愁眉苦臉的樣子，內心充滿了各種恐懼與不安，擔心著昨天、今天與明天出現的事情，這真是讓人覺得遺憾！—— 擔心著任何想像中

「恐懼就像一根殘缺的線，由始至終編織著人生這張網。」霍爾庫姆說，「我們一出生就處在這樣恐懼與憂慮的環境下，養育我們的母親在我們出生前的幾個星期、幾個月裡，也是處於這樣的情緒。我們害怕父母，害怕老師，害怕同伴，害怕鬼魂，害怕規則與制度，害怕懲罰，害怕醫生、牙醫與手術醫生。我們成年的生活就是在這種憂慮中度過的，這種憂慮還是恐懼相對中度的表現。我們害怕商業的失敗，害怕遭遇失望與錯誤，害怕公開與暗中的敵人，害怕貧窮，害怕大眾對我們的態度，害怕遭遇事故，害怕生病，害怕死亡與死後的各種不幸。人就像一個從出生到死亡都遭受憂慮控制的動物，是真實或臆想出來的恐懼的受害者。不單純是他的憂慮，更有從過去到現在的迷信、自我欺騙、感官的幻覺、錯誤的信念與具體的錯誤所影響。」

絕大多數人都是愚蠢的孩子，害怕自己的陰影。這樣的恐懼心理以成千上萬種形式困擾著我們，讓我們無法以高效的狀態投入到人生的工作中去。

一個內心裝滿著恐懼思想的人不是真正的男人。他不過是傀儡、侏儒與人類的恥辱。

遠離對任何可能永遠都不會發生事情的恐懼，正如遠離可能造成你痛苦的不良行為。讓你的心靈充盈著勇氣、希望與自信吧！

不要讓恐懼思想在你的心底與想像裡扎下根，你才能開始做出改變。千萬不要沉湎於恐懼的思想中不能自拔。你要立即服用「解藥」，那麼這

些思想的「敵人」自然就會遠離你。心靈中無論多麼根深蒂固的恐懼思想，都是可以憑藉積極與勇敢的思想去抵消的。正面積極的心理暗示會將恐懼的心理扼殺掉。

某日，查爾莫斯博士坐在一輛馬車上，旁邊就是馬夫約翰。他注意到約翰不時用馬鞭抽打馬匹。他問約翰為什麼要這樣做，約翰說：「遠處有一塊白色的大石頭。我用鞭子抽牠，馬匹感受到腿部的疼痛，就會忽視前方的障礙。」查爾莫斯博士回家後，立即記錄下了這個思想，寫下了「情感具有全新的驅逐力量」。你必須要讓全新的觀念進入心靈，才能將恐懼驅逐出去。

任何形式的恐懼，諸如憂慮與不安，在你的思想充盈著勇敢、無畏、希望與自信時，是可能停留半刻的。所謂恐懼，就是意識到自身的軟弱。只有當你對自己是否有能力克服前路上可能出現的問題感到疑惑時，恐懼才會出現。對疾病的恐懼，是因為你意識到自己沒有能力成功地康復。

在可怕的流行性疾病蔓延時，人們因為聽到別人談論疾病帶來的可怕後果，透過閱讀報紙看到疾病的可怕症狀，導致他們內心充滿了恐慌。比如在黃熱病蔓延時，人們心中充滿了感染疾病後的可怕症狀 —— 想像著黑色嘔吐、精神錯亂 —— 接著就是死亡、哀悼與葬禮的情景。

如果你的人生沒有什麼大的成就，也要記得擺脫恐懼。沒有比不安與憂慮的思想更能破壞心靈的和諧了。難道一隻蒼蠅不是比搬運貨物更讓馬匹感到負累嗎？難道馬夫的嘮叨，時刻用鞭子抽牠或是勒緊馬頭，不會讓馬覺得這比搬運貨物或是拉馬車更加疲憊嗎？

相比於我們在現實生活中真正遇到的煩惱，日常生活中的小煩惱、小憂慮更能影響我們的舒適與幸福感，消耗我們更多的能量。正是某個焦慮

的男女，不時地責備或是吹毛求疵，導致很多家庭的和諧與快樂完全被破壞了。

讓人類消耗寶貴精力最可悲的方式，就是養成的時刻想著邪惡在未來的某個時刻等待著自己的致命習慣。無論在任何情況，憂慮與恐懼都不可能在現實中找到根據，因為這基本上都是我們臆想出來的，完全缺乏現實的基礎。

我們所恐懼的事情，一般都不會發生的。因為恐懼的事情並不存在，因此也是不現實的。如果你真在遭受著讓你恐懼的疾病，那麼恐懼也只會加劇你的病情，更有可能讓你無法康復。

恐懼的習慣會縮短人的壽命，因為這會對人的生理造成傷害。恐懼心理產生的威力，可從它確實改變了體內分泌器官分泌物質的化學成分得要驗證。恐懼的受害者不僅會未老先衰，更會英年早逝。一個人要是懷著恐懼的心理去工作，那麼他的工作也必然是缺乏效率的。恐懼會扼殺人的創造力，讓人失去勇敢與直面困難的勇氣。在我們對即將面臨的危險充滿了恐懼時，是不可能有所成就的。恐懼預示著軟弱與懦弱。恐懼是歲月的殺手，是幸福與理想的摧毀者，更是很多有志成功之人的夢魘。《聖經》上說道：「破碎的精神讓骨頭變碎。」人們都知道，心靈的壓抑演變成憂鬱──最後實在地影響到身體的腺體分泌，讓體內的組織缺乏足夠的營養供給。

恐懼壓抑著人們的正常心理活動，讓人無法以正常的狀態去面對緊急情況。因為，當人受制於恐懼時，誰也不可能進行縝密的思考與明智的選擇。

當一個人變得憂鬱，對事情感到沮喪，當他的內心充滿了對未來失敗

的恐懼，被貧窮與遭受痛苦的家庭的夢魘所縈繞，在他真正落到這樣的田地前，他的思想就已經吸引了這樣的想法，最後必然會讓他失敗的一塌糊塗。但是，這一切的失敗，都根源於他的心理認為自己會失敗。

如果人能夠放棄內心的恐懼，堅持讓心靈充滿積極向上的思想，採取一種充滿希望與樂觀的心態，以有序、經濟與富於遠見的方式去做事，那麼他在現實生活裡失敗的可能性就很低。當一個人變得沮喪，失去了原先的鬥志，就會變得恐慌，成為憂慮的受害者。這會讓他無法處在一個取得勝利的位置，因為他的能力都會處於萎縮的狀態。

憂慮及其任何衍生物都沒有任何讓人獲得救贖的特質。無論在哪裡，憂慮都是一種邪惡的詛咒。雖然憂慮的背後是缺乏現實基礎，沒有任何可以支撐的事實，但我們還是到處可見被人們稱為思想魔鬼的奴隸。

第十章
讓愉悅的思想伴你入夢

　　當你停止工作時，就要讓你的心靈遠離工作的狀態。當你晚上關上辦公室或工廠的大門，就不要將工作的勞累帶回家裡，影響你的睡眠狀態。

　　你絕對不能讓影響心靈平和與幸福的敵人在你意識裡刻下越來越深刻的黑色印記。

　　很多人就像沙漠中的駱駝，在晚上入睡時背負著沉重的負擔。他們似乎不知道該如何卸下肩上的重擔，在晚上依然耗費大部分時間思慮著工作。如果你在晚上依然思考著工作，讓心靈始終處於緊繃的狀態，那麼你最好記住，在你的頭貼在枕頭上，記得放鬆緊繃的神經，提醒自己，這樣可以讓你恢復心靈的彈性。印第安人知道何時該放鬆拉緊的箭，等他下次使用時，弓弦就不會失去彈性。

　　如果有人白天已經工作了整天，還要耗費晚上大部分的時間去工作，過度地使用著大腦，那麼他第二天起來時就會覺得疲憊不堪，覺得心情煩憂。他會覺得自己缺乏讓他專注心智慧力的強大大腦，他對工作的標準自然會降低。正如一匹隔天就要比賽的賽馬，前一天晚上還在拚命的練習，牠獲勝的機率是多少呢？像拿破崙這樣擁有強大意志力的人，是絕對不會懷抱著這樣的想法入睡的。

　　對我們來說，晚上停止過度用腦，避免給大腦裝滿過多的資訊，以避免消耗寶貴的生命與寶貴的精力，這是極為重要的。

　　很多人都成為夜晚憂慮的受害者。他們養成了在忙完工作後，依然努力思考的習慣 —— 特別是沉思他們所遇到的困難與挫折 —— 這個習慣是很難打破的。

　　要想保持健康的身體，最基本的一點，就是給自己訂下一條規則：晚上下班後，絕對不討論工作上的事情或是任何讓你煩心的事情。因為在入

睡前，心靈中占據主要影響的思想會在長夜裡繼續給你的神經系統造成壓力。

對一些人來說，相比於白天的工作時間，晚上的休閒時間讓他們老的更快。事實上，如果他們晚上習慣了憂慮事情，那麼不去憂慮這些事情似乎就是最好的選擇。在他們白天忙於工作時，沒有時間去思考他們的不足、商業上遇到的問題或是遇到的不幸。但在他們忙完了一天的工作，整個人的心靈就會為煩惱的思想所控制，憂慮的鬼魂縈繞著他們的心間。他們無法透過晚上的休息時間變得越發年輕，相反變得越加蒼老。要是他們晚上能有充足與健康的睡眠，就會感到整個人又重生了。

心靈的紛爭會消耗我們的活力，削弱我們的勇氣，縮短我們的壽命。放縱暴躁的脾氣、腐蝕心靈的思想或是任何形式的心靈不滿，都不可能讓我們有所回報。生命太短了，太寶貴了，根本不可能將時間浪費在這樣毫無意義、消耗心靈與摧毀健康的活動裡。想像力在晚上特別活躍，湧上來的不悅、煩惱的事情也似乎要比白天更多，因為在寂靜與黑暗的夜晚，想像力會將任何事情都放大。在我們入睡後，都會做過夢境：也許這是一首歌的副歌，或是一齣戲劇中某個有張力的場景，在我們的腦海裡不斷重複。這說明了印象產生的影響是多麼強大，也說明了永遠不要在暴怒或任何形式醜陋與不悅的性情後入睡，是多麼的重要。我們應該讓心靈處於一種和諧狀態，應該在休息前保持安靜與淡然的心態。如果可以的話，盡可能在睡前保持微笑，無論你要花多長時間才能做到這點。永遠不要皺著眉頭入睡，也不要帶著滿腹疑狐、惱怒的心態入睡。撫平臉上的皺紋，驅趕心靈中所有影響你心態平和的敵人，永遠不要讓批評別人、殘酷與嫉妒的心靈伴著你入睡。

當你身處別人挑釁或暴怒時，對別人充滿敵意，這已經是很糟糕的事

情了。但你絕對不能在挑釁結束後繼續保持這樣的心態。這會給你的神經系統帶來沉重的負擔，嚴重影響你的健康。

很多思想反覆、性情乖戾或是容易暴怒的人，會經常發現要友善對待別人不是一件那麼容易的事情。但至少在我們獨處時，可以遠離讓我們感到惱怒的人，忘記別人帶給我們的傷害，堅持不讓心酸的念頭或是冷漠的情感占據心頭。

養成在入睡前忘記與寬恕別人，清除心靈中所有幸福與成功的敵人的習慣，這是極為重要的。如果我們白天在對待別人時，表現的衝動、愚蠢或是邪惡，如果我們始終對別人懷揣著不良、醜陋、報復與嫉妒的態度，那麼你是時候打掃一下心靈的石板，重新開始了。實踐聖保羅在以弗所書裡的規勸「不要讓你的憤怒遮蔽太陽」，將會給你帶來積極的影響。

如果你想第二天醒來感到精力充沛與煥然一新，那麼你只要晚上入睡前保持愉快、寬恕與樂觀的心態。如果你懷著不滿的心態，感到憂慮與沮喪，那麼你醒來時就會感到疲憊、筋疲力盡，覺得大腦失去了彈性與精神的活力，因為憂慮與不和諧的性情毒害著血液，讓大腦得不到充分的營養。

如果你對別人有所怨恨，忘記吧！將它徹底地清除掉，在你入睡前，讓慈愛的思想、友善大度的思想填充你的心靈。如果你養成了每個晚上入睡前清除所有心靈敵人，那麼你的睡眠就不會被夢魘所打擾，你第二天醒來時將感覺到神清氣爽。

在你入睡前，先將心靈的「大屋」打掃乾淨。扔掉任何引起你痛苦的事情，遠離任何讓你感到不悅或是不滿的事情，拋棄所有憤怒、仇恨、嫉妒、自私與殘忍等不良思想。不要讓它們在你的心靈中烙下黑色的醜陋印

象。當你將這些垃圾思想都打掃乾淨後，你的心靈就能最大限度地感受愉悅、甜美、幸福、樂觀與鼓勵的思想。

每個家庭都應該進行一次心靈幸福的「洗浴」。對每位家庭成員而言，這樣心靈淨化的「洗浴」要比沐浴本身更加重要。

我們應盡可能懷著愉悅幸福的心態入睡。我們的心靈應該填充著高尚的思想 —— 充盈著愛與助人為樂的思想 —— 任何能給予我們持續前進動力與幫助的思想，讓我們的心靈在第二天早上醒來時，感到無比清新，身體處於迎接新的一天的最佳狀態。

如果你在驅逐心靈中讓人反感或折磨人的情緒時存在困難，那就強迫自己閱讀幾本勵志的書籍 —— 這能撫平你額頭上皺紋，讓你處於一種平和的心態，看到人生真正的美感與壯麗，讓你為心靈中存在的狹隘、惡毒的思想感到羞恥。

經過一段時間的訓練，你會驚訝地發現，這將完全改變整個人的心態，可以懷著積極愉悅的心態入睡。

你同樣會驚訝地發現，當你第二天醒來時，覺得整個人煥然一新，充滿活力，覺得從事今天的工作很容易，你臉上的微笑也不會被整天的工作所抹去。在你晚上懷著暴怒、憂慮的性情或是狹隘與殘忍的思想入睡時，第二天醒來時就不會有這樣的感覺。

除非在你入睡前，能讓心靈處於和諧狀態，否則你的神經系統始終會處於一種緊繃狀態。即便你在懷揣著困擾的心靈入睡，大腦依然沒有停止工作，讓你醒來後感到疲憊不堪。

我們應該下大功夫去清除白天所有讓人感到不幸的記憶，掃除所有家庭瑣事或工作煩惱帶來的困擾，讓你可以在入睡前保持樂觀、和諧的心

態。這不僅是為了我們第二天醒來時可以感到精神愉悅與充滿活力，更是因為我們的性情與品格會受到睡眠時心靈所處的狀態的影響。心靈的紛爭不僅會影響我們充足的睡眠，也會讓我們的血液因為出現化學變化，而讓大腦的活動變得遲鈍與消極。

很多商人在晚上都忍受著心靈帶來的更大折磨，導致他們害怕睡覺，因為夜晚單調與枯燥的時間讓他們感到恐懼。他們在晚上特別容易誇大遇到的商業問題，即便是很多樂觀的人都或多或少受到這樣思想的影響。

商人應該知道在他們大腦不再思考工作時，如何轉變大腦的功能。他們在晚上關上辦公室或工廠的大門後，並沒有讓大腦停止去思考工作上的事情。要是他們沒有讓心靈處於休息的狀態，又怎麼可能擁有良好的睡眠呢？當我們的大腦不再需要工作時，就要讓大腦停止去思考工作上的事情，這對我們的健康來說極為重要。

當你做完了白天日常的工作，為什麼還要讓心靈中小小的憂慮去消耗你寶貴的精力呢？為什麼要將工作帶回家，伴著你一起入睡，在低效的思考中浪費寶貴的精力呢？為什麼要讓心靈出現如此之大的漏洞，白白消耗你的精力呢？你必須要學會在你停止工作時關掉心靈的閥門。

相比於白天繁忙的工作，很多人在晚上的焦慮中消耗了更多的心靈能量。

透過玩耍與讓人愉悅的消遣活動，能讓你充滿活力，整個人煥然一新。玩時也要認真地玩，玩的開心盡興，這樣你就能擁有充足的睡眠，讓你多餘的身體能量與精神狀態得以保存，讓你第二天能以更好的狀態投入到工作中去。

無論你感到多麼疲倦或是繁忙，或是下班時多麼晚，你都要給自己訂

下一條規則，在清除心靈中所有不良的印象、閱歷、每個不友善的思想或是任何嫉妒、羨慕與自私的思想前，絕對不入睡。只要想像一下諸如「和諧」、「愉悅」與「每個人都要有良好的心願」等字眼掛在你的臥室裡，這會對你的心靈產生很大的影響。

懂得如何在睡前保持和諧心態，不懷抱嫉妒、仇恨、羨慕或任何對人惡意的想法，這將有助於提供我們的睡眠品質，讓我們保持更長的年輕狀態，擁有更加高效的工作狀態。那些在入睡前總是回想白天遇到的不佳印象與思考所有困難挫折的人，則會嚴重影響睡眠品質，第二天感到疲憊不堪。

給自己訂下一條規則：入睡前一定要讓心靈處於和諧狀態，保持善意的心態。你會驚訝地發現，你會感到自己更加年輕、強大與充滿活力，也會覺得自己更加健康。

我認識不少人，他們的生活就是因為在入睡前保持和諧的心態，獲得了徹底的改變。之前，他們習慣帶著不良的情緒入睡，對未來不可見的不幸感到憂慮與不安。他們對工作感到不安，對自身所處的位置感到不滿，對自己犯過的錯誤感到愧疚，然後與妻子進行討論，導致他們都以不良的心態入睡。這些憂鬱、黑暗與醜陋的畫面在他們睡眠時得到了一種誇大渲染的展現，導致這些畫面在他們腦海裡越刻越深。第二天醒來時，他們覺得疲憊與困乏，感覺不到自己像換了一個人，充滿力量與旺盛的精力。

在入睡前，養成了喚醒神性心靈的習慣。你要在心靈留下所有積極向上、自我進步與自我拓展的思想，雖然你盼望這些思想，但你不知道該如何去獲取。你要把這個呼喚與追求更高級更高尚的思想投入你的潛意識裡，這會像酵母一樣影響著晚上的你，不用過多久，你體內的力量將幫助

你專注於目標，幫助你實現目標。

在入睡前，盡可能讓心靈充分想像我們能成為怎樣的人，能夠獲得怎樣的成就，並給予自己足夠的肯定，這將會給我們的健康、成功與幸福帶來巨大的能量。你會驚訝地發現，這會在短時間內改變你主觀的想法，讓你想法循著積極的方向前進。這種偉大的內在創造性、恢復性力量就存在於人生的祕密之中。那些找到這個祕密的人，是有福之人。

第十一章　征服貧窮

若是某人真覺得自己一輩子只能生活在貧窮中，那麼他就不可能過上富足的生活。我們會變成心中希望的樣子。無所期望，也無所收穫。

當你所走的每一步都是走上失敗的，那你又怎能實現成功的目標呢？

富足始於心靈。要是我們的心態對富足懷有敵意，就不可能過上富足的生活。為某個目標努力，卻想著收穫其他東西，這樣的心態是致命的，因為所有事情都必須首先要在心底萌芽，才能在現實生活逐漸實現這個目標。

多數人都沒有以正確的方式面對生活。他們大部分的努力都白白浪費了，因為他們的心態並沒有與他們的努力相符。在他們為某個目標奮鬥時，心底裡卻想獲得另一個結果。他們懷揣著錯誤的心理態度，驅逐了自身想要追求的東西。他們沒有懷著勝利者的心態投入到工作中去，沒有投入力量、不可戰勝的決心與自信去實現目標。

你想要追求富足，心底卻覺得自己只能一輩子過著貧窮的生活，總是在懷疑自己實現心之所願的能力，這樣的做法無疑是南轅北轍。當一個人懷疑自身的能力，覺得自己必然失敗時，他是不可能獲得勝利的，因為這不符合自然規律。

想要成功的人必須要思考著成功，思考著自己能不斷取得進步。他的想法必須要積極向上，富於創造性、建設性。除此之外，最重要的，就是要有樂觀的想法。

你會朝著你面對的方向前進。如果你朝著貧窮、匱乏的道路前進，你就會真的朝那條道路前進。若是你能直面現實，拒絕任何與貧窮有關的想法，思考任何積極與富足的東西，你將取得進步，朝著你的目標前進。

只要你的心靈感到疑惑與沮喪，那麼你只能成為失敗者。如果你想要

遠離貧窮，就要讓心靈處於創造與積極的狀態。要想做到這點，你要擁抱自信、樂觀與積極的思想。我們心靈的想法必然會在現實中得到反映。你首先要看到一個全新的世界，才能真正活在這個世界裡。

如果那些在世上落魄、走入歧途的人，認為自己永遠失去了機會，覺得自己不可能東山再起了。那麼只有他們完全轉變這樣的思想，才可以擁有全新的開始。

如果你想吸引好運，那麼你必須要擺脫自我懷疑的思想。若是這樣的思想使者擋在你與你的理想之間，那麼這個障礙是你必須要跨越的。你必須要相信自己。若是某人不相信自己，那麼他是不可能有所成就的。「我做不到」的哲學不知摧毀了多少人的事業。自信就像一把神奇的鑰匙，能夠打開富足的大門。

我見過的成功人士，沒有一人會談論自己生意遇到的困難。那種凡事想到壞的一面，貶低自己的人是不可能取得進步的。

造物主呼喚每個人都要仰望星空，而不是卑躬屈膝。祂希望人類能夠朝上攀登，而不匍匐前進。世上沒有任何天意是注定讓人處於貧窮、痛苦或是壓抑狀態的。

造物主的本意從來不是讓地球上大部分人活在匱乏與艱難之中，似乎祂沒有為人類提供豐富的資源那樣。人類為之奮鬥與努力的事情，若是有益於人類的進步，那麼就肯定有足夠的資源夠每個人使用。

以我們最需要的食物為例。我們在美國這片土地上，尚未完全挖掘土地的資源。

僅僅是德克薩斯一個州，就足以為整個美國的所有家庭、男人女人，小孩老人提供充足的食物。至於衣服，我們也有足夠原材料可以製造漂亮

的衣服。我們尚未完全挖掘衣服與製衣的潛能。在生活必需品與奢飾品等方面，也是如此。我們依然處在物質豐富的表層，處在每個人都能擁有豐富物質的邊緣。

紐貝德福德港口與其他港口的捕鯨船已經被閒置多年了，因為鯨魚已經接近滅絕了。美國人感到驚慌，深怕我們的未來處在一片黑暗之中。但是，我們發現了大量油田的儲備。當我們憂慮石油終有一天會用完時，科學家們又發現了電力。

世界上擁有豐富的物質，足以讓地球上的每個人建造比范德比爾特或是羅斯柴爾德更加豪華的宮殿。大自然的本意是讓我們過上富足與快樂的生活，讓我們擁有心中所盼望得到的美好事物。活在世上，我們應該意識到，世上有足夠的物質支撐著我們我們，可以從中獲取大量為我們所用的物質。

當上帝的子民活的像羔羊被一群野狼追趕時，那必然是出現了什麼問題。當那些原本應該擁有豐富物質的人憂慮一天三餐，被恐懼與不安的心情所控制，讓他們失去心靈的平和，那必然是出現了什麼問題。當他們人生的目的變成與匱乏作鬥爭，深陷憂慮的溝壑之中，無法擺脫時，必然是出現了什麼問題。當人們都在憂慮自己是否能養活自己，不是為了追尋人生的意義時，那麼我們必然是出現了某些問題。

我們天生就要享受快樂，展現出我們的愉悅與快樂，過上富足的生活。很多人遇到的問題是，我們並不相信上帝賜予我們足夠豐富物質的法則，緊閉內心的本性，讓富足的理念無法湧入心扉。換言之，我們並沒有遵循吸引的法則。我們讓自己的心智變得狹隘，讓信念變得渺小，扼殺了富足的思想。富足的理念遵循著法則，就如數學的法則那樣嚴謹。如果我

們能遵循富足法則，就能感受到富足的流水。如果我們違背了這個法則，源流就會被切斷。我們遇到的問題不是物質是否豐富，而是豐富的物質等待著我們去挖掘。

富足始於意念。若是我們持著與富足相反的念頭，是不可能過上富足的生活。若是我們內心彌漫著貧窮匱乏的心態，就會驅趕我們所得的東西，無法吸引我們想要的事物。為某個目標奮鬥，卻想著獲得其他東西，這樣的態度是致命的。無論我們多麼期望過上富足的生活，若是我們懷揣著悲慘、貧窮的心態，那麼也是無法實現的。因為心靈編織的網必然會在人生中呈現出來。富足與充盈是不可能透過貧窮與失敗的想法去獲取的。要想獲得它們，首先要在心靈中產生這樣的念頭。我們必須要思考富足，然後才能實現富足。

很多人理所當然地認為，世界很多美好的東西都是屬於別人的，舒適的生活、奢侈的物品、豪華的住宅、漂亮的衣服、旅行的機會、休閒的時光都是屬於別人的，而不是他們的！他們內心感到，這些東西不屬於他們，而是屬於那些處在不同階層的人。

但是，為什麼你會處在與這些人不同的一個階層呢？這完全是因為你覺得自己低人一等，覺得自己比不上別人。這是你為自己設限的表現。你在自己與富足的生活之間設限了。你自己主動遠離了富足生活，讓富足的法則對你無法適用，因為你的心靈已經關閉了富足的思想。如果你不相信自己能夠過上富足的生活，世上又有什麼法則可以讓你獲得呢？當你深信美好的東西不屬於自己，那麼你又怎麼可能獲得這些東西呢？

世上最邪惡的詛咒，就是相信自己一輩子只能過著貧窮的生活。大多數人都相信一點，即這個世界肯定有些人是注定貧窮的，而他們就是這些

人之中的一員。但是，在造物主對人類的計畫裡，沒有人是應該貧窮的。祂覺得，這個地球上沒有一個人應該過著貧窮的生活。這個地球上擁有充足的資源，只是我們尚未挖掘而已，這完全是自我限制思想的影響。

我們現在發現，思想即是人生的一部分，思想能影響人生，成為品格的一部分，如果我們懷揣著恐懼、匱乏的思想，如果我們害怕貧窮與匱乏，那麼這種恐懼與匱乏的思想就會融入我們的生活，讓我們吸引更多的貧窮。

造物主的本意絕對不是讓我們過著艱難的生活，活著只是為了吃飽三餐，無法感受到舒適的人生，只能將所有的時間都投入到糊口上。相反，造物主的本意是讓我們過上富足、充實、自由與美好的生活。

讓我們的人生擁抱全新的思想，對富足與美好的生活有全新的概念。難道我們之前不是已經「膜拜」了上帝關於貧窮、匱乏與艱難生活夠久了嗎？讓我們深信一點，即造物主為我們提供了充足的物質，只要我們能擺正心態，與祂處於和諧狀態，就能感受到祂的偉大，發現所有富足與美好的東西都會朝我們湧來，富足的程度讓我們無法想像。

人類所最缺乏的，當屬對造物主賜予的充足物質這一清晰無誤的理念的信任。我們與造物主的關係，應該像孩子對母親一樣。孩子不會說：「我不敢吃這些食物，因為害怕以後就沒得吃了。」我們要始終深信，即我們的需求都能得到滿足，因為這些物質是充盈的。

我們對自身的潛能缺乏足夠高的評價，對自己的要求也不夠高。我們未能充分挖掘自身潛能，導致我們只能收穫狹隘與渺小。我們不要求獲得屬於自身的富足，因此生活就過得貧窮，出現匱乏與不足。我們未能按照本心去要求自己。我們安於所得的一部分物質。但是，造物主的本意是讓

我們過上富足的生活，讓我們獲得許多對自身有益的物質。沒有人應該過著貧窮與悲慘的生活。任何事物的匱乏都是人類所應該面對的現實，因為這是違背自然的。

消除你心靈中所有的陰影、疑惑、恐懼及貧窮與失敗的心理暗示。在你成為自己思想的主人，學會如何控制自己的心靈後，你就會發現事情開始朝著你希望的方向前進。沮喪、恐懼、自我懷疑與缺乏自信都是扼殺成千上萬人過上富足與幸福生活的根本原因。

每個人都要追求他們的理想。如果你想要獲得成功，就必須要喚醒成功的思想。如果你想要過上富足的生活，就必須要思想富足。你的這個念頭不能被弱化，而要非常強大。你一定要思想富足，感受富足，展現出你富足的一面。你的舉止必然要展現出自信。你必須要給人留下自信的印象，讓你覺得自己有能力圓滿地實現目標。假設世上最偉大的演員扮演一齣特別為他寫的戲劇，他在戲中扮演一位正努力奮鬥創造財富的角色 —— 這是一個散發出積極向上與堅強品格的角色，最後征服了他所處的環境。假設這位演員在扮演角色時，穿著不像是成功人士的衣服，以懶惰、敷衍的姿態走在舞臺上，似乎他沒有理想，缺乏人生的能量，不相信自己能夠取得商業上的成功。假設他以這樣萎縮、低俗的姿態出現在舞臺上，似乎在說：「現在，我不相信自己能夠成功，因為這超過了我的能力。其他人能夠做到，但我從未覺得能過上富足的生活。不知為什麼，好事都不是屬於我，我只是一個普通人，我缺乏豐富的經驗與不夠自信。讓我覺得自己能夠成為一個富人或是有影響的人物，這似乎不大現實。」這會給臺下的觀眾留下怎樣的印象呢？他這樣的形象能給人帶來自信，能散發出力量與魄力嗎？能讓臺下的觀眾相信他這麼軟弱的人創造財富，能夠克服逆境，創造金錢嗎？難道人們不會說，這樣的人就是失敗者嗎？難道他們

不會嘲笑他說自己能征服一切的話嗎？

　　貧窮本身都不能與貧窮的思想相比。相信自己天生是窮人的想法，才是最致命的。這樣的心態是毀滅性的，讓我們永遠都身處在貧窮的泥沼，讓我們無法以勇往直前的決心去為擺脫貧窮去努力。

　　如果我們能夠克服心靈中的貧窮，很快就能改變現實生活中的貧窮。因為當我們改變了心態，身體也會隨之發生改變。

　　心底始終堅持著貧窮的思想，讓自己始終身處貧窮與製造貧窮的環境裡，時刻思考著貧窮，談論著貧窮，活在貧窮裡，讓我們的心靈變得貧瘠。這是貧窮最惡劣的表現形式。

　　只有在我們的心靈朝向富足，才可能走上通往富足的道路。只要我們朝著絕望的道路前進，就永遠不可能通往愉悅的港口。

　　那些讓始終堅守貧窮思想或總是覺得自己時運不濟，無法取得成功的人，是絕對不可能獲得與此相反的結果，無法過上富足的生活。

　　這個國家裡有很多貧窮的人，他們對貧窮的生活也感到滿足，從沒有想過要與此做絕望的鬥爭，讓自己擺脫貧窮的生活。他們可能很勤奮地工作，但他們失去了人生的希望，從未想過要過上自立與富足的生活。

　　很多人就是因為懼怕貧窮，讓自己沉浸在匱乏的思想裡，允許自己沉湎在貧窮的環境裡，最後導致他們始終過著貧窮的生活。

　　當你下定決心要永遠擺脫貧窮的生活，永遠不與貧窮扯上關係，那麼你就要從衣服、外在形象，行為舉止、談話、行動及你的家庭開始。你要向這個世界展現出你的真本事，你不是之前那個失敗的人，你能夠勇敢地追求美好的事物 —— 展現你的競爭力，獲得生活的獨立 —— 地球上任何事情都不能動搖你的決心。那麼你會驚訝地發現，自己擁有了神奇的力

量，你的自信、信念與自尊都得到了大大的增強。

　　你要全身心相信一點，既然這個世界為每個人都準備了美好的東西，那麼你也應該在不傷害別人或阻擋別人的前提下，獲得屬於你的部分。你本來就應該過上富足的生活，這是你天生的權利。你本來就應該是成功的人，也應該是快樂幸福的人。你應該下定決心去實現這個屬於你的神性目標。

第十二章
教育孩子的新方法

「一種思想，就能達到言語與筆所無法達到的效果。

但這個思想像一條金線貫穿人生，讓人生結出碩果。」

不久前，在紐約的一次馬匹展覽會上，一匹處於「青春」期的馬匹能夠做出很多神奇的動作。但馴養此匹馬的人說，五年前，這匹馬的脾性非常暴烈，稍微碰一下就發怒，用腳用力地蹬人，還會咬人呢。現在，這匹馬之前剛烈的性情已經不見了，取而代之的是溫順的脾性，對主人也很有感情。現在，這匹馬能夠讀懂主人給出的數字，還能聽懂主人說的話，知道這些話的意思。

事實上，這匹馬似乎有能力學習任何東西。主人五年付出的善意已經完全改變了之前這匹只有一歲大的小馬。牠如今會遵從主人發出的命令，但若是用皮鞭抽牠或是責罵牠，牠會無動於衷。主人說他在過去五年裡，只用鞭子抽打過一次。

我認識一位養育多名孩子的母親，她只罵過孩子們一次，而且只有一次。

當她的第一個孩子出生時，人們說她對孩子那麼好，可能會寵壞孩子，因為她很少會改正孩子的錯誤，也不讓孩子學會自律，只是全身心地愛孩子。但她的愛是一塊有巨大磁性的「磁鐵」，讓整個家庭都處於一種和諧的狀態。她沒有一個孩子長大後是走入歧途的。他們都成為具有氣概的男女。母親的愛意讓他們的本性獲得最大限度的發展。對母親的愛意已經成為他們前進的最大動力了。今天，這些孩子都將母親視為世界上最偉大的人。她將孩子們身上最大的潛能都挖掘出來了，因為她能看到孩子身上的潛能。其實，孩子展現出來的不良行為並不需要母親去改正或是壓抑，因為他們對母親的強大愛意會驅趕他們內心這種不良的傾向。若是缺

乏母親的愛意，他們可能就永遠無法喚醒內心沉睡的潛能，無法展現出真正的自我。

愛具有治癒的力量，為人生提供能量，讓我們受傷時可以找尋撫慰。《聖經》有很多段落都是說明愛具有治癒與延長壽命的力量。「我滿足汝希求長壽的願望」，聖歌作者說，「因為祂將生命賜給汝。」

我們什麼時候才能明白，真正具有治癒的原則是愛，愛讓我們獲得痊癒，因為愛就代表著和諧呢？有愛的地方，沒有紛爭。愛代表著淡然、和諧與快樂。

愛是一位偉大的自律者，也是最高的和諧者與真正和平的製造者。愛能給所有失去快樂與感到不滿的人送去暖意，清除所有惡意、報復與殘忍的傾向。殘忍會在善意中消融，邪惡的衝動也會在甜美的善意與友愛的憐憫中找到解藥。

母親是人類命運最高的塑造者。

很多母親對孩子的愛意，讓她們遠離了致命疾病的侵襲。她們深信孩子需要的愛意與陪伴，這樣的信念讓她們能夠長時間地對抗疾病，並最後取得勝利。

我認識的一位母親，她似乎有一種神奇的能力，可以透過愛意治癒孩子所患的疾病。如果家裡有人遇到了不好的事情，受傷了，感到痛苦或是覺得不幸，他們都會立即跑到母親的懷抱，感受母親的愛意，這能讓他們戰勝所有遇到的困難。

母親總是有辦法將深陷煩惱中的孩子領出來，讓他們的心靈處於一種和諧的狀態。如果孩子受到嫉妒、仇恨或是憤怒等情緒的侵襲，她就能用愛這種自然的藥物去消融孩子的這種衝動。她知道在孩子感到憤怒時責備

他們，就好比添油加醋，會讓孩子失去理智。

孤兒院的現狀就生動地說明了一點，即孩子的心靈在缺乏母愛的滋養與關懷下，多麼容易過早地成年，失去童真。母親的憐憫心，父母的保護與家庭的影響是多麼的重要啊！

眾所周知，失去父母的孩子一般都是他們的祖父母所養，生活在鄉村裡，他們缺乏機會與其他孩子交往，整天身處大人們的環境下，學會了成年人說話的口氣。因為孩子具有很強的模仿能力，在他們年齡尚小的時，已經過早地成為了小男人或小女人了。

試想一下，若是一個孩子從小在貧民窟那樣骯髒的環境下成長，身處每個角落都散發出庸俗與骯髒氣息的地方，這會對孩子的成長造成多大的影響啊！想像一下，若是孩子的心靈從小就接觸這種褻瀆、淫穢或是其他不堪入耳的話語，這會對他們的心靈造成多大的傷害！這些孩子要是長大後成為社會的渣滓，這又有什麼好奇怪的呢？

若是孩子在與上面相反的環境裡成長，從小在一個有教養、純潔的氛圍裡成長，那麼他的心靈就會充滿高尚積極的念頭，會對真善美產生追求的動力。這兩個孩子的未來將會發生多麼巨大的改變啊！這種改變又是那麼的不知不覺，潛移默化！一個孩子心靈要是不向上發展，朝著光明，那麼心靈會越來越墮落，走向黑暗。

當孩子在處於品格塑造階段時期，整天接觸邪惡的思想，所見所聞都是嫉妒、仇恨、報復、爭吵或是任何低俗東西，那麼他過上高尚生活的機率是多高呢？

孩子從小接觸真善美的東西，感受美感與品格的重要性，這是多麼的重要啊！

我們應該積極幫助那些從小生活在邪惡、犯罪與思想不純的環境下成長的人。

　　孩子的心靈就像攝像機的感光片，記錄下他們所接觸的每個思想與心靈暗示。早年的這些印象會構成他們的品格，決定他們未來的潛能。

　　如果你鼓勵孩子，並幫助他們最大限度的挖掘自己，給他們灌輸積極樂觀、充滿希望、無私與助人為樂的思想，激勵他們前進，讓他們明白自信與無私意味未來的成長、成功與幸福；狹隘、自私與不純的思想則會讓他走上失敗與感到痛苦。

　　培養孩子擁有正確、自信、樂觀與積極的思想，這要比給孩子留下遺產還要重要。只要孩子擁有這樣的思想，經過社會實踐，就一定不會成為失敗的人，也不可能成為不快樂的人。但前提是，他的早年一定要培養這樣的思想。

　　讓孩子的心靈充滿和諧、真理的思想，那麼他們的心靈就沒有紛爭與錯誤存在的空間了。

　　不時告訴孩子他們身上存在的缺點或是不足，這是很殘忍的一件事。敏感的孩子經常受此嚴重影響，導致這種缺點在他們心中被放大化了，這可能讓他們永遠都無法克服。父母以指責的方式去教育孩子，根本收不到什麼效果，遠遠比不上讓孩子的心靈充滿真善美的思想更好。父母要不時給予孩子愛的思想、純潔的思想或是高尚的思想，讓他們的心靈充滿了這些思想，這樣心靈就不會吸引與此相反的思想了。孩子的心靈就會充滿陽光、美感與愛意，那麼其他不純的思想就不可能在他們的心靈中扎根了。

　　父母應該盡可能地鼓勵孩子要有自信。我們並不是要教孩子過分高估自身的能力與潛能，而是讓他知道自己上帝的子女，是造物主的繼承者，

擁有無限的潛能。我們應該將這樣的思想灌輸到孩子的心靈中去。

很多男孩，特別是生性敏感、害羞與靦腆的男孩，他們經常會覺得自己缺乏別人所具有的能力。這些男孩子最典型的性格，就是不相信自身的能力，很容易受到外界的干擾，稍微遇到不順心的事情就感到沮喪。動搖或摧毀孩子的自信，讓他們覺得自己始終無所成就，這是一種犯罪。這些打擊孩子的話語，就像刻在小樹上的字母，隨著歲月的流逝，逐漸增大，直到在他們的心靈中留下永遠的傷疤。

絕大多數的父母都沒有意識到，在孩子性格處於塑造時期，是多麼容易受到沮喪的情緒或別人的嘲笑所影響。孩子們需要父母與大人們的許多讚美、鼓勵與支持。只有這樣，他們才能健康成長，這樣的鼓勵對他們具有積極作用。另一方面，若是孩子總是被父母責罵、批評與貶低，那麼他們的心靈很快就會枯萎。因為他們敏感的性情無法承受這樣的打擊。父母最糟糕的做法，就是不時責罵數落孩子，給孩子一種他們成不了大器或是有所缺陷的感覺，或是覺得他們愚蠢與遲鈍，必將在這個世界無所成就。這樣的行為是殘忍的，甚至可以說是一種犯罪。

父母與老師要想摧毀孩子富於創造性的能力是多麼容易啊！將孩子原本積極與具有獨創性的思考模式變成消極與缺乏創造力的思想有所多麼容易啊！只要澆滅他們的熱情，不時給孩子尚處於塑造階段的心智灌輸他們天生就是愚蠢、懶惰與無所成就的思想，讓他們覺得努力奮鬥是愚蠢的，讓他們覺得自己缺乏那樣的能力或充沛的身體活力去取得成功，這樣就夠了。這樣的教育方法能夠扼殺天資最聰穎的孩子。

我認識一位天性極為敏感與羞澀的孩子，他擁有很高的天賦，但這種天賦卻幾乎沒有得到充分的發展。他的未來完全被他的老師與父母所毀

滅，因為他們經常說，他是愚蠢與遲鈍的，永遠也不會有什麼成就。一點點鼓勵，一句激勵的話，都可以讓這個男孩成為優秀的人，因為他有成才的資質。但是，他最後相信自己缺乏常人所具有的心智慧力，深信自己的智力不夠。這樣的信念最後扼殺了他的人生。

我們開始發現，引導孩子要比恐嚇孩子取得更好的效果。讚揚與鼓勵要比威脅與懲罰取得更好的效果。溫暖的陽光要比寒冷的雨雪更有助於花蕾成長，開花結果。因為後者影響著事物渴望陽光的根本願望。

我們都知道，孩子在鼓勵與讚美的刺激下，能培養堅忍不拔的特質。很多父母與老師都知道若是採取恐嚇與威脅的方法，會收穫多麼致命的後果。不幸的是，絕大多數父母與老師都尚未意識到讚美與鼓勵所帶來的神奇效果。

若是老師始終能夠友善、認真地對待學生，並且相信學生的能力，那麼學生會心悅誠服地對老師言聽計從。但一位性情暴烈、喜歡嘮叨的老師就會引起學生的反感，這通常會阻擋學生取得進步。學生與老師之間必須沒有阻隔與惡意，才能取得最佳的效果。

很多父母對孩子表現出的怪異行為感到焦慮，但是孩子的這些行為更多的是展現想像力的方式，而非真正的表現形式。孩子們的惡作劇與無心之舉都只不過是他們充滿活力精神的展現，因為他們的活力必須要有發洩的途徑。若是孩子身上的這些活力被壓抑的話，就會影響他們的健康成長。孩子們充滿了活力與能量，是很難不讓他們發洩出來的。他們必須要做某些事情。這樣他們最原始的能量才能得到消耗。愛是唯一一種能夠控制與引導他們的力量。

不要試圖讓你的男孩或女孩成為男人或女人，因為這是不符合自然規

律的。你要做的是，就是愛他們。盡可能讓家變成一個充滿快樂的地方，給予孩子自由的空間。鼓勵他們去遊戲，因為他們正處在遊戲玩耍的階段。很多父母壓抑孩子的本能，摧毀了他們的童年，不准他們去玩耍，想把他們培養成大人，這會徹底地摧毀孩子的健康與成長。在美國人的生活裡，沒有比剝奪孩子的童年更讓人覺得悲傷的了。

孩子就像小動物，有時顯得很自私，經常會表現出動物般的殘忍，這是因為他們大腦的某部分功能要比其他功能發育的快，所以導致心智出現臨時的不平衡，有時甚至會表現出殘忍或犯罪的傾向。但在心智趨於逐漸成熟，那麼這些不良的傾向就會逐漸消失。他們的道德感與責任感要比其他功能更晚才成熟。當然，他們可能會做錯事，但若是一味地壓抑孩子，那麼這就是致命的。孩子們體內多餘的能量必須要以某種方式發洩出來。要鼓勵孩子盡情地玩耍，並與他們一起玩耍。這能讓你保持年輕，也會讓孩子緊緊圍繞在你的周圍。不要害怕在這個過程中失去你的尊嚴。如果你能讓家庭成為對孩子最快樂最幸福的地方，如果你能足夠地愛他們，那麼孩子就不可能會變壞。

很多父母對孩子太過嚴厲了，經常責罵與批評他們，讓孩子的性情變得敏感與壓抑，失去了原先純真與透明的性情，讓他們不願意待在家裡，寧願到外面閒蕩。

一個人應該將他童年時生活的家庭視為人生的伊甸園，感覺到愛意的存在，而不是覺得家庭是一個冷漠與緊張的地方，不是一個讓他壓抑情感與失去樂趣的地方。

每一位母親，無論她們是否意識到這點，其實都在現實生活裡使用著暗示的方法去教育孩子，幫助孩子遠離各種傷害。她們會親吻孩子身上的

腫塊或是擦傷地方，跟孩子說他們會很快好起來的。母親的行為不僅讓孩子的心靈感到安慰，也真的相信母親的親吻與愛撫能夠神奇讓他好起來。母親給予孩子的心理暗示能夠消除孩子心中的恐懼，讓她的愛意消除孩子內心不良的思想。

透過心理暗示具有的力量，我們可以讓孩子獲得健康、感受到快樂，取得成功。大多數人都深知一點，我們的效率取決於自身的狀態、具有的勇氣與所持的希望。如果孩子樂觀與積極向上的心態在童年時獲得挖掘，那麼這將完全改變孩子的心靈面貌。我們也將不會被三心二意、沮喪與失意所困擾，我們的前進腳步也不會因為恐懼、不安與失望而停滯不前。

我們身體差的一個原因，就是我們從小就被灌輸了健康不佳的思想。我們的腦海裡充斥著痛苦、身體受罪或是疾病的思想，覺得這是人生的一部分，也是我們無法避免的邪惡。我們從小到大都被灌輸這樣的思想，即擁有健康的身體是很難的，我們只能像接受命運那樣接受身體的健康不佳。

孩子們從小就聽到大人說的很多有關疾病的話，時刻被父母提醒要遠離各種疾病，所以孩子在成長過程中，就深信身體不適、疼痛、痛苦或是各種不舒服的狀態，都是人生必不可少的一部分，認為疾病隨時都可能侵襲他，摧毀他人生的幸福與事業。

試想一下，若是我們向孩子灌輸相反的思想，讓他們知道健康才是人生的常態，疾病只不過是身體出現失調時的表現！若是孩子從小被教育要相信自己擁有健康的身體，旺盛的精力，而不是飽受疾病困擾的思想，知道控制自身命運，而不是任由命運擺布，這是我們天生的權利，那麼孩子將會展現出多大的潛能啊！想像一下，若是孩子在成長過程中，被父母灌

輸積極樂觀的思想，擺脫任何疾病的思想或是要遠離疾病的想法，那麼他將擁有美好的未來。

孩子們應該從小被灌輸這樣的思想，即上帝從來沒有製造疾病，也沒有讓我們遭受痛苦。我們天生就是要擁有健康的身體與獲得幸福快樂的，去享受人生的樂趣而不是感受痛苦的。我們天生就是要感受幸福的，而不是感受苦難的，天生要展現出和諧的一面，而不是紛爭。

小孩很容易聽信大人們的話。他們會相信大人們說的每一句話，特別是護士、父親母親、哥哥姐姐等人說的話。即便別人是跟他們開玩笑，他們還是會很認真地對待。他們的想像力很豐富，幼小的心靈尚處於塑造階段，所以會將別人說的話渲染擴大。他們經常因為說假話而受到懲罰，其實這是因為他們想像活動太過積極造成的。

很多無知與欠缺思慮的父母與保姆經常使用嚇唬的手段去管教孩子。她們讓孩子的心靈充滿各種恐怖故事與醜陋的畫面，這可能會影響孩子的一生。她們經常會買緩解精神緊張的糖漿或其他有助於睡眠的東西給孩子吃，避免孩子晚上影響他們的休息，或是讓孩子在某個時刻處於安靜或避免打擾他們的狀態。但是，這樣的做法很可能會影響孩子大腦的發育。

即便孩子沒有被大人們的嚇唬嚴重影響，但嚇唬他們本身的做法就是邪惡的，因為欺騙孩子是不對的。如果說世上有什麼對父母或老師來說更加神聖的東西，那就是孩子對他們毫無疑問的信任。

我以為，很多人墮落的開始，都可以追溯到父母與老師讓孩子失去尊嚴與自信上。我們從過往的經驗可知，一旦孩子對父母與老師的信任動搖了，就永遠不可能恢復了。即便當我們寬恕了這樣的行為，但我們也是很難忘卻，不信任的猜疑始終在我們心頭烙下痕跡。孩子與父母及老師之間

的關係，絕不應該留下任何陰影。大人們應該總是以坦誠、率真與真誠的態度去對待孩子。對父母來說，孩子對你的尊重是極為重要的。父母絕對不該做任何可能激發孩子去違背或是動搖這種尊重的行為。父母應該將之視為很神聖的一件事，也是他們最珍貴的財富。

在小孩長大後，發現之前他篤信的人或是那些被他視為上帝的人，其實都在以各種方式在欺騙著他。試想一下，他所感到的震驚吧！

我聽到很多母親都說，她們害怕孩子長大後發現她們說的謊話，害怕孩子發現她們曾經使用恐懼、迷信或是其他手段欺騙他們，以達到管教他們的目的。

當你想第二次欺騙孩子時，記住孩子終究會發現的。當他驚訝地發現，曾經被他深信無疑的人竟然欺騙了他，心靈肯定會感到極大的震驚。

父母應該明白一點，即他們給孩子講的每一個恐怖故事或是血腥的故事抑或任何涉及迷信的恐懼，都會進入孩子年幼的心靈，讓他們的心靈承受重壓。這些不良影響就像留聲機一樣在心靈中不斷重複，在他們日後的生活裡得到爆發。

無論你做什麼，永遠不要在孩子忍受著恐懼帶來的痛苦時去懲罰他們。很多母親與老師懲罰孩子的方式都是殘忍的。在孩子已經因為極度不安感到恐懼顫抖時，或是你氣頭上用鞭子抽打孩子，這就是野蠻的行為。很多孩子永遠也無法忘記或原諒父母或是老師的殘忍行為。

很多父母、老師與朋友都會給年輕人設下一個很大的障礙，讓他覺得應該去學習神學或是法律，成為一名醫生、工程師或是從事某個他完全不適合的行業。

我認識一位年輕人，他的人生幾乎被他祖母的建議所毀掉。在他很小

的時候，祖母就會教育他日後要成為牧師，因為她希望家族能夠出一個牧師。

他的祖母這樣做，並不是因為她知道孫子又稱為牧師的潛能，而是想看到家族能出一位牧師。她經常跟孫子說，一定不能讓祖母失望啊！這位男孩從小就把祖母當成偶像的人物，成年前一直在思考這個問題。成為牧師的想法在他腦海裡深深扎根，在他想要選擇職業時，牧師這個工作馬上成為他的第一選項。雖然他也知道，自己缺乏成為牧師的天賦與能力。但是祖母從小到大潛移默化的影響還是對他產生巨大的影響，讓他不敢去選擇其他工作，直到最後為時過晚，他才做出了真正的選擇。

我認識一位很有才華與魅力的女性，她極其希望能在這個世上獲得名聲。但她卻缺乏運用知識的能力，即便是她的專長也發揮不出來。她似乎有很多方面的天賦，就是無法發揮出來。若是她的父母知道如何改變她心靈的缺陷，鍛鍊她不足的方面，那麼這個女人就可能擁有成功的事業與聞名世界的聲譽。

我還認識另一位女性，她是一位很有才華的語言學家，能夠流利地說7門語言。她是一位很有魅力的談話者，能給人一種學富五車的印象。雖然她有著健康的身體，但今天的她卻成為了慈善會救濟的對象。這完全是因為她沒有將自身的才華付諸實踐，因為她從未接受過工作的訓練，從小也沒有學會如何獨立自主地生活。她喜歡閱讀，也是一名出色的學者，但她從未在現實生活中有所成就。她獨立自主與自力更生的能力完全沒有得到鍛鍊與發展。她早年時期的朋友都預測她擁有美好的未來，就是因為意識到自己擁有很多優點，再加上同學都在吹捧她，導致她從未想過要學會獨立自主。她只鍛鍊學術方面的能力，很少注意到自身的弱點可能會摧毀她的優點。

單純擁有能力是不夠的。我們必須要能有效地利用能力。任何可能影響我們有效發揮能力的行為，都會在某種程度上扼殺我們的效率。很多人雖然有很多優點，但他們工作的實效卻嚴重被削弱，經常一事無成，或是被人放在一個平庸的位置上。這是因為他們早年沒有透過適當的訓練與培養去改正這些缺點與不足。

　　我認識一位幾乎在很多方面都很有能力的人，但他性情羞澀靦腆，不敢向世人展現自身的能力，不敢盡最大能力去發揮自身優點，缺乏開始的勇氣。結果，他的整個人生因此一事無成。

　　如果我們從小教育孩子培養積極與創造性的思考模式，這要比給孩子留下萬貫家財卻讓他腦袋空空重要許多。年輕人應該明白，人生裡除了正直之外，最有價值的東西，就是學會讓心靈處於最佳的狀態，最大限度地發揮創造性的能力。

　　未來教育最重要的部分，肯定會在增加人生的機會與如何提高提升與改善原先的弱點、改變單向思考，減少失敗的機率等方面下功夫。這樣就能讓人變得更加冷靜、心智更加平衡，擁有更加均衡的心靈。

　　很多學生離開學校或大學時，滿腹經綸，卻沒有提升自信與創造力。他們還是如進入大學前那樣羞澀、害羞與自我貶低自己。

　　當今這個時代，一個滿腹經綸、缺乏自信與真正能力的人，不懂得以旺盛的精力及高效去取得成功的人，又有什麼用處呢？

　　一想起現在很多大學生畢業後，都不敢追求本心，尚未完全鍛鍊自信力、創造力等能力，就覺得這樣的情況是不可以原諒的。每年數百名大學畢業生若是被突然叫到講臺上演講、閱讀一份聲明或是做出一個手勢，都會感到暈頭轉向。

人們終將認知到，真正的教育應該能讓一個年輕人勇於在公共場合表達自己的想法，有能力迅速地運用自己的知識。他應該透過訓練學會了自我控制、自信與冷靜等能力，不會在遇到緊急情況時慌張無措。未來的教育意味著，學生懂得的知識將是他們能夠隨意運用的，並且還能高效地使用。

每年都有一些畢業生在離開大學校園時，依然像他們剛進大學時那麼軟弱與低效。若是教育不能訓練學生成為自己的主人，無法掌控應對的局或是隨意地運用體內積蓄的能量與知識，那麼這樣的教育又算得了什麼呢？

一位大學生在被人突然叫到公共講臺或是其他地方發表演說，顯得羞澀，說話結巴，臉紅與困惑，被其他人笑話。無法讓你隨心所欲地運用知識的教育，又算什麼教育呢？在我們需要時，無法立即利用的知識儲備，無法讓我們控制自己與局勢的人，能算得上是知識分子嗎？

人們終將認知到，每個孩子在成長過程中，都要被灌輸相信自己，深信自身能力的理念。這將成為他所接受教育最重要的一部分，因為只要他足夠自信，就不會讓某個缺點或不足影響他一生的發展。

孩子們從小應該篤信一點，他們來到這個世界，是懷著某個要實現的偉大使命的。

每個年輕人都應該明白一點，他原本就該占據一個誰也無法替代他的位置，他應該期望自己能夠做到，並為此訓練自己。他應該相信，自己是按照造物主的形象製造的，他是神性、完美與永恆的，因為上帝的形象是不可能讓人失敗的。他應該明白，要給予自己很高的評價，對自己的潛能與未來給予充分的估量。這能讓他在平衡的生活裡增強他的自尊與自我發展。

第十三章
家庭是教育良好舉止的學校

　　不久前，我拜訪了一個家庭。這個家庭的每個成員都展現出良好的教養，舉止得體優雅，給我留下了深刻的印象。

　　這個家庭是我見到的教育孩子良好舉止、教養的最佳典範。父母在養育孩子時，要求孩子在所有場合都要做出最好的舉止，孩子們都不知道虛禮是什麼。

　　孩子們從小就被教育要友善對待姐妹，似乎她們是陌生的來客。這個家庭的成員展現出的禮貌、禮節與細心周到，讓人覺得友善與隨和。在這裡，人們找不到粗魯、魯莽與粗野的存在。

　　無論男孩女孩，他們從小被訓練如何引起別人的注意力，讓別人感到愉悅與開心。

　　家庭的所有成員都定下一條規則，那就是在吃晚餐前要穿好衣服，似乎餐桌上有某位特殊的來賓。

　　他們在餐桌上的禮儀也值得讚揚。每個人在餐桌上都要求做到最好，絕對不能發牢騷，或是拉長臉，擺出一副悲傷的樣子。相反，他們要動腦筋，說出最有趣的話，與別人分享有意義的事情。每位家庭成員都要盡力讓晚餐時刻成為快樂的時光。在餐桌上，能夠看到每個人都想提供最有趣的段子，似乎要贏得某項比賽一樣。這個家庭的每位成員都沒有顯示出消化不良的跡象，因為每個人都在歡笑中就餐，笑聲是消化不良的最大敵人。

　　這個家庭的每位成員都嚴格遵守餐桌上的禮儀，他們都努力去做正確的事情，同時尊重別人的權利。他們彼此間的友善行為似乎是發自內心的，而不是為了給朋友或熟人留下好印象。這個家庭彌漫著某種具有魅力的優雅氣息。孩子們從小就學會如何真誠有禮地向人問好，有南方人的純

樸熱情的氣息，讓人有一種賓至如歸的感覺。他們從小就被教育如何讓別人感到舒適，不讓人有一種拘束感。

父母這樣的教育，能讓孩子培養良好的舉止，能讓他們輕鬆與人交往。他們說錯話或是打斷別人時，也不會覺得尷尬，不像那些虛偽的人一眼就能看出。

陌生的拜訪者幾乎都會將這個家庭視為培養孩子獲得良好教育的學校，並以拜訪他們感到驕傲。事實上，這個家庭祖上幾代人都是書香家庭，擁有南方人特有的熱情。他們的禮儀散發出騎士風度與真誠的氣息，讓人覺得很自在。

很多父母似乎都覺得孩子應該在家庭之外的地方培養良好的舉止。這是一個致命的錯誤認知。每個家庭都應該是培養孩子良好舉止與教養的學校。孩子們應該學會，沒有比培養有趣的個性、吸引人的品格或以優雅自在的方式取悅別人的能力，更為重要的了。孩子們應該認知到，人生重要的目標就是培養良好的品格，高尚的人格。

世上沒有任何藝術要比一個友善的舉止與良好的教養更具美感了。世上的財富都無法與有趣的個性相提並論。

第十四章　母親

　　林肯當選美國總統後說：「我這一生所取得的成就，都要歸功於我天使般的母親。」

　　「我的母親造就了我，」最近，著名發明家湯瑪斯‧愛迪生說，「她總是那麼相信與肯定我。她就是我要好好活下去的理由。我絕對不能讓她感到失望。」

　　「我這一生所取得的成就，」著名福音布道者德懷特‧L‧穆迪說，「都要歸功於我的母親。」

　　「那些從小在母親身邊接受良好教育的人，會因為母親的緣故而將天底下所有的女人都看的很神聖。」讓‧保羅‧裡切特說。

　　從人類歷史的開端直到今天，無數偉人都將他們的成功歸功於母親。那些真正成功的人，幾乎無一例外都將成就歸功於母親的愛意與鼓勵。

　　我們經常聽到各行各業的著名人士說：「要是沒有母親的鼓勵，要不是她相信我，看到我所具有的潛能，那麼我將一事無成。」

　　「母親的一個吻讓我成為了畫家。」班傑明‧韋斯特說。

　　當代一位名人說：「要不是我的母親希望我有所成就，我是絕對不可能達到今天的高度。她從小就讓我覺得我可以有所成就。她對我的信念一直鼓勵著我，不斷賜予我動力，讓我獲得今天的地位。」

　　一個人所擁有的東西或是取得成就，都會歸功於他的母親。母親從小賜給他健康、智慧，給予他鼓勵與道德的品格，讓他擁有取得成功的機會。

　　「每個名人的背後，都有一位母親，」桃樂西‧迪克斯說，「她為孩子的成功付出了代價。她在背後一直給予孩子默默的支持，多年來一直為孩子努力工作，幫助他實現夢想。」

「她用辛勤的雙手給予我支持，她在我感到沮喪時賜予我前進的動力，她用她的力量去修補我的軟弱，她在我感到自己失敗時，給予我希望與信念。」

「最後，當他取得了偉大的成就，人們就讚揚他，說他多麼多麼厲害，沒人會想到他背後那位緘默與不起眼的女人，她才是他取得成就背後真正的力量。有時，即便是國王也忘記母親是創造他的人。」

很多人擁有的名聲都要歸功於背後那位不起眼與做出犧牲的母親。人們會為某人當選為州長、市長或是國會議員而歡呼，但此人成功的真正祕密通常是那位緘默、不為人關注的母親。正是她的教育與給孩子的機會，才讓孩子有出頭的一日。為此，她付出了巨大的犧牲。

讓人百思不得其解的是，我們的母親 —— 這個世界的塑造者 —— 竟然沒有被世人提及過。世人只懂得讚揚那些取得偉大成就的人。這個世界只看到那位成功的兒子，但是他的母親就像一把梯子，讓他可以往上爬。她的名字或是臉孔很少出現在報紙上，只有她的兒子獲得了世人的讚揚。但是，正是這位看似不起眼的母親，才讓她的孩子有可能取得成功。

那些為世界培養了優秀人才的母親，值得我們的讚揚。很多名人的母親值得獲得與她們孩子一樣的名聲。人們遲早會認知到母親在每個成功人士背後所發揮的作用。

「妻子可能會讓丈夫的性格更加平衡，鼓勵他朝著人生的道路前進。但若是不是母親賜給他智慧與肌肉，讓他可以在人生的階梯上攀登，否則妻子的所有努力也是白費的，」桃樂西·迪克斯在《晚報》上寫道。

「你無法讓一塊泥土發光。你無法讓軟體動物站起來。你必須要有足夠的能力，才可能創造出好的結果。」

「男人在結婚時，性格已經形成了，幾乎無法改變了。他的母親已經將他塑造完成了。無論妻子多麼想改變丈夫，也很難改變丈夫的性格。」

「這並不是什麼哲學原理與深奧的理論，也不是什麼倫理觀念，當一個男人處於成長階段，母親的影響是巨大的。他在母親膝下學到的知識，母親從小灌輸給他的人生道理，讓他形成的品味與習慣，還有母親賜給他的力量與勇氣，都會對他的人生產生巨大的影響。」

「孩童時期的印象給人產生終身影響。正是母親的耳語，在他床邊跟他說的故事，說的人生理想潛移默化地改變了孩子的人生理想。正是那首尚在耳邊縈繞的兒歌，母親從小讓他崇拜的英雄，深刻地影響著他的整個心靈。」

「母親從小教育他要節省，教育他要學會自我克制，為他日後成為百萬富翁打下了堅實的基礎。」

「正是熱愛書籍的母親，從小培養孩子熱愛讀書的習慣，給世界培養了作家、演說家。」

「正是熱愛科學的母親，讓孩子的雙眼專注於奇妙的星星上，教育走路仍跟蹌的孩子認真觀察野獸、小鳥、花朵及大自然所有的事物的神奇之處，讓她的孩子日後成為著名的天文學家、自然學家與生物學家。」

母親散發出的氣質與影響，能給孩子帶來巨大的鼓勵，讓他感受到家庭生活的神聖。

「在我母親身邊，」一位名人說，「我立即變成另一個人了。」

不知多少人覺得這句話是真理！當看到母親的眼神，我們心中所懷的醜陋思想或是不正當的邪念都會立即消失，因為我們會感到羞愧！在母親的神奇影響下，我們不大可能做壞事。在母親身邊，我們報復、仇恨的思

想都不見蹤影。在與母親的交流中，我們成為了更加高尚的男女與真正的公民。

「不知多少人在夾道歡迎戰爭英雄，為他們歡呼，直到聲嘶力竭，」一位作家說，「但是，就在我們身邊，握著我們的手，觸動我們靈魂的人，難道不是更加偉大嗎？母親所要經歷的『戰役』難道不是更加漫長，並且更加艱難嗎？」

「當我們感染猩紅熱或白喉病時，又是誰陪伴在我們身邊，給我們乾裂的嘴唇遞上一杯冷水？又是誰日夜為我們操勞，以超強的能力驅趕最強大的敵人 ── 死神呢？是這個世界上最偉大的女英雄 ── 我們的母親！每個星期六的晚餐，是誰主動吃雞脖子，讓我們可以吃美味的雞翅、雞胸或是雞腳呢？是誰待在家裡，不去聽音樂會或是參加社會活動，方便我們外出與人交流，卻毫無怨言呢？又是誰將愛意濃縮在為我們編織的衣服上，給予我們帶來各種愉悅的時光。這個人是誰？是我們的母親！」

這個世界上最偉大的女英雄就是我們的母親。誰也不會像她那樣為我們做出那麼大的犧牲，忍受那麼多的痛苦，卻沒有一句怨言！

在戰場上付出生命或在遭遇海難時拯救別人，與很多母親在為我們付出長達半個世紀的辛勞相比，算得了什麼呢？世界上的任何英雄相比於母親而言，都會自行慚愧。

在一般的家庭，很少有人的貢獻能與母親相比，但是母親卻經常被人忽視或是利用。她晚上必須要待在家裡，照看小孩，而其他人都外出開心去了。她對家人的愛意從未停止片刻。她負責家事，為家人準備一日三餐，還要為孩子縫補衣服，有時要逗孩子們開心，有時要幫孩子做衣服，還有大大小小的事情需要她利用零碎時間去做。這些瑣碎活占據了她一天

的生活。她經常要忙到半夜，此時每個人都早已入睡。

　　無論父親多麼熱愛家庭或是多麼細心，家庭的重擔與對孩子及家庭的關心，都落在了母親身上。事實上，一位具有美德的母親能夠總會讓其他家庭成員覺得她好欺負，特別是那些自私的人會想著把家事留給母親去做。他們似乎理所當然地認為，將家庭的重擔扔到這位耐心與從不埋怨的母親身上是應該的。反正母親都會出來幫忙，努力讓孩子玩的開心。讓人覺得遺憾的是，在很多家庭裡，都會出現這樣的情況。「哦，媽媽不會介意的，她會留守在家的。」我們經常多很多不顧其他人感受的孩子口中聽到這句話。

　　可憐的母親總是要肩負重擔。讓人感到悲哀的是，她很少能因此獲得別人的讚揚與認可。

　　很多生活在貧窮的受薪階級的母親，更是幾乎為丈夫與心愛的孩子付出了人生的全部。她們為了孩子與家庭，損害了自身的健康，經常忙到筋疲力盡，做出各種犧牲，只為能讓出身卑微的孩子上大學。她們負責洗衣服，打掃家庭，做最繁重與卑微的工作，只是為了能賺錢讓孩子有機會獲得她們從未獲得的大學教育。但是，真正能理解明白母親心思的孩子，又是多麼少啊！他們表現出的冷漠與無知是多麼地讓母親心寒啊！

　　不久前，我聽到一個故事，講一位年輕美麗、充滿活力的女生結婚後，生了 4 個小孩。後來，她的丈夫去世了，沒有留下任何財產。這位母親不得不付出巨大努力去教育 4 個小孩。她透過不懈的努力與世人難以想像的犧牲，將男孩送到了大學，將女孩送到了寄宿學校。當他們回到家時，都是滿臉春風，成為了有教養的女生與強壯年輕的男孩，充滿了全新的思想，觸摸著時代的脈搏。但他們的母親卻已成為了憔悴與衰弱的老女

人。她後來與孩子一起過了幾年，一直沒有得到他們回饋的愛意，最後抑鬱地死去。當她身患重病時，她的孩子終於驚覺這個慘痛的事實：樹欲靜而風不息，子欲養而親不待。他們撲在母親躺下的病床上，失聲痛哭。大兒子用手扶著母親，大聲痛哭：「媽媽，你是一個好媽媽！」她的臉出現了一絲燦爛的笑容，眼神也露出了微笑，然後輕聲耳語說：「約翰，你之前從來沒有說過啊！」然後，母親的雙眼失去神色，去世了。

很多人將大把錢花在為去世的母親購買昂貴的棺材、花朵或是其他裝飾品，卻在母親還在世時不加照顧，讓這位可憐、作出無數犧牲的母親過著孤零零的生活。也許，很多生前從未想要給母親送花的人，會在母親死後為她訂製昂貴的棺材。

誰能真切描述出當今美國很多母親內心真實的想法，向世人展現出這些母親忍受了多少因為子女的無視、冷漠所帶來的無盡痛苦。

很多成年的子女給母親的信件可見他們的冷漠與無視，這對母親來說是多麼心酸啊！他們只是在信紙上草草地寫幾句，偶爾才給母親寄一封信，而且都是顯得急急忙忙 —— 只是想向母親抱個平安，或是表達他們的歉意，缺乏與母親的交流，讓母親的心涼透了。

我認識很多將自身成功歸功於母親的人，他們成為了著名的商人與有影響的人物，因為他們具有犧牲精神的母親為教育他們付出了巨大的心血，為了他們有機會接受教育付出了巨大的心力。但是，這些人從來沒有想過要給母親買一束花、一份糕點、小小的飾物或是帶她到有趣的地方遊玩，或是讓她有時間去旅行，讓母親的心能夠得到慰藉。他們似乎認為，母親已經過了享受這些事物的年齡，她對這些東西也不再關心了，母親想要得到的知識吃喝或是最簡單的衣服而已。

　　這些人不懂得女性的心靈在這些方面是從不改變的。她們很重視細節方面的關注，希望能得到別人的關注與細心的理解。無論她們是否年輕，這些都是很重要的。

　　不久前，我聽到了一位母親的故事。這位母親長年與貧窮作鬥爭，為了讓子女獲得教育，付出了巨大的辛勞。她的偉大故事足以豎立一座豐碑。但她說自己還是最好到老人院去生活，最後死在那裡。我勒個去，這是多麼讓人心生悲涼的話語啊！一位白髮蒼蒼、臉上依然綻放出美麗笑容的年邁女人，顯得安靜、耐心與富於尊嚴，她的孩子都已結婚，並在各自的領域取得了成功，卻讓母親覺得自己是一個負擔！他們在豪華的房子裡生活，卻不為貧窮、患有風溼病的老母親提供一個房間。身為人子的，將家庭財產都寫在妻子的戶頭上，卻不願意為母親提供生活所需的物品。他們顯然沒有意識到，即便母親有了屬於自己的房間，給她買一些裝飾品或是掛幾幅圖畫，就可以讓他們的母親感到很開心了。

　　在很多情況下，很多不細心的人在自身有經濟能力的時候，依然沒有未能大度地對待母親。他們似乎覺得母親能在任何環境任何條件下生存。如果母親的吃喝解決了，她們自然會感到滿足。你們這些有錢的商人，你們有沒有想過，若是情況倒轉過來，如果你處在那位必須要承擔重任的母親位置，你會有何感想呢？

　　無論你要忽視什麼，千萬不要忽視自己的母親，因為這會給她帶來痛苦，也會讓你日後感到無比後悔。

　　終有一天，當你站在母親的病榻前，在她奄奄一息或是她的棺材邊，你是多麼希望能用你的金錢換來多與母親相見，多給她一些關懷，給她送去一份禮物。你是多麼希望能有機會好好對待母親，哪怕這讓你傾家蕩產。

世上沒有任何人能夠取代母親在你人生中的地位。世上沒有比曾經的你不關心父母、故意冷漠對待父母的回憶更讓你悔恨難當的。當母親永遠離你遠去，你有時間去思考母親多年來忍受的痛苦，給你帶來的慈愛與溫柔，還有多年為你作出的犧牲，這些形象會在你的腦海裡浮現起來，讓你捶胸頓足。

　　我所見到的最讓人感到痛苦的事情，就是當兒子成為了富有的人，卻在有錢後忽視母親，沒有理會到正是母親才可能讓他取得成功，在母親去世後為此感到無比悔恨。他在一年的時間裡，也沒有花時間去給母親寫兩封信。他總是覺得自己太忙了，沒時間去寫一封長信給那位住在鄉村的老母親，忘記母親為他做出了多年的犧牲。最後，當他來到母親位於鄉村的房子裡，守在母親的病榻前，方才意識到他的母親常年過著艱苦的生活，他卻過著奢華的生活，他的心理徹底崩潰了。他盡最大努力去緩解母親的痛苦，在母親人生最後的幾天裡好好陪在母親身邊，最後給她安排一個隆重的葬禮。每當想到母親為他做出巨大犧牲的痛苦畫面，就讓他痛不欲生。

　　「很多失去母親的兒子對之前的冷漠與不細心感到遺憾，必將會被很多母親尚在人世的兒子所感受到，」理查·L·梅特卡夫（Richard L. Metcalf）在《普通人》雜誌上寫道，「今天的男孩還不懂得母親陪伴的重要性。」那些深知母親重要的人，會唱這首飽含敬意與遺憾的歌曲 ——

　　「親愛的心，在與你共處的時光裡，
　　對我來說，就像一串珍珠。
　　我一顆顆地數著，
　　珍珠。」

「一個小時一顆珍珠，一顆珍珠一個祈禱，

直到內心變得空蕩。

我將珍珠串起來，用一條繩子

串起來。」

「哦，美好的記憶，燃燒的回憶！

多麼巨大的收穫，多麼慘痛的失去！

我親吻著每顆串珠，最後學會了

要去親吻十字架。

讓甜美的心

去親吻十字架。」

任何名副其實的人，都不會忽視或是忘記母親的功勞。

我認識一個人，他出生在一個貧窮的家庭，經過不懈奮鬥後，終於出人頭地了。在他有錢後，給自己建造了豪華的房子，特別為母親建造了一個房間，為母親提供各種生活便利，堅持請一位僕人去照顧母親。雖然她住在兒子的房子，她卻像之前一樣獨立地工作。每個身為人子的，都應該像對待妻子那樣對待自己的母親。

真正偉大的人總是非常尊重與關心母親的。麥克金利總統在他的遺囑裡首先提到，他的母親一定要得到妥善的照顧。

加菲爾在當選為總統後，做的第一件事就是親吻坐在旁邊的老母親。他的母親說，這是她這一輩子最驕傲與幸福的時刻。

法國的前任總統就任時，曾滿懷自豪去拜訪母親。當時，他的母親在法國一個小村莊裡做卑微的園丁。一位作家在某個場合下，講述了這位母親與她兒子的相遇。他說：「她著名的兒子在市場等她，然後她推著裝滿

蔬菜的小車出來。他立即跑上前，幫助母親去推。這位法國總統用手護著母親，陪她走到一張椅子上。然後，她撐起一把大傘，避免母親被太陽晒著。他坐在母親身邊，母子享受著長時間交談的樂趣。」

我曾見一位很有才華的大學生在向同學介紹自己那位貧窮、穿著樸素與年邁的母親時，充滿驕傲與尊嚴，似乎自己的母親就是一位女王。他母親的身形已經彎曲，手早已粗糙，而且未老先衰。她的身體因為供兒子讀大學而逐漸退化，但她獲得了兒子的讚揚。

我認識其他幾位學生，他們的母親也曾做出過類似的犧牲，但他們卻羞於讓母親參加這樣的活動，不敢向同學介紹自己的母親。

想像一下，那位如奴隸忍受痛苦與恥辱的母親，為了支撐一個大家庭做出了多大的犧牲，長年累月與貧窮作鬥爭，只為能養活一家人，讓孩子們接受教育。在她意識到自己的心智正在逐漸退化，沒有時間去閱讀或自我提升，沒有機會透過旅行或是與世人的交談去拓展心靈的視野時，她的內心該是多麼的痛苦！但在她的兒女長大成人後，從來不管她的死活，對她作出的犧牲漠不關心更讓他感到痛苦的了。她意識到子女怕讓別人知道她的無知，只好讓她躲在背後。

孩子從小就要灌輸這樣的思想，一定要尊重母親，絕對不能貶低母親。正因為如此，母親不能穿著邋遢的衣服出現在孩子面前，不能做出任何讓孩子可能削弱對她尊敬的行為。她應該保持智趣上的進步，才能夠理解與憐憫孩子。

無論兒子多麼忤逆或是不孝，無論他墮落到怎樣的程度，他總能獲得母親的愛，總能肯定有一個人會至死陪伴他的，如果他比母親死的早，母親也會到墳頭看他的。在所有人都離他而去時，他始終還有母親的陪伴。

吉卜林曾在他那首〈母親的愛〉裡，深刻地表達出這樣的事實：

「如果我被吊死在最高的山上，

我的母親，哦，我的母親！

我知道你的愛意會到那裡！

我的母親，哦，我的母親！

如果我淹死在最深的海洋裡，

我的母親，哦，我的母親！

我知道你的眼淚會到那裡！

我的母親，哦，我的母親！

如果我的肉體與靈魂都被詛咒，

我的母親，哦，我的母親！

我知道你的祈禱會讓我圓滿！

我的母親，哦，我的母親！」

我見到最讓人感到悲傷的情景，就是一位貧窮、年邁的老母親，將一生都奉獻給自己的孩子，最後還要走很長一段路到監獄看到那位早已被世人遺忘的兒子。可憐的老母親啊！不管她的兒子當了罪犯，如何讓整個家族蒙羞，每個人都遺棄他，每個人都惡意對他。但是母親對他的心還是一樣的。她看不到孩子犯下的醜惡罪行。在她眼中，只有從小心愛的孩子，只有上帝賜給她的孩子，那個童年時期純真與美好的孩子。

世上真的沒有比母愛更加偉大了！從我們出生直到她的死亡，她都一直陪伴著我們，從不遺棄我們，不管我們遭遇多麼不幸的災難或是成為多

麼墮落的人。

「是你最好的女孩去世了嗎？」紐約一位治安官在拘捕一位企圖自殺的年輕人時輕蔑地說。「她是誰？」治安官冷漠地說，甚至頭都沒有抬起來。這位不幸的人眼淚掉下來了，說：「是我的母親。」治安官臉上的微笑立即消失了，臉上也掛著眼淚，說：「年輕人，努力去做一個好人吧！告慰你母親的在天之靈吧！」在我們嘲笑別人時，很少知道別人所在遭受的悲劇。

最近幾年發展起來的運動，還有比設立國家性的母親節更加值得我們支援的嗎？

該運動將母親節設在 5 月的第二個星期六。讓我們聯合起來，一起給母親過一個真正的母親節，尊重我們的母親，慶倖我們的母親還在世上，也要與那些母親不幸過世的人一起祈禱。

如果你無法在母親身邊，那就給她寫一封充滿愛意的信件，或是給她打個電話，發封電報，獻給你的母親。送給她一束花，送給她一份禮物，與她共度美好的時光，或是以其他方式讓她感到開心。讓她知道你關心她，你將自身的成功都歸功於她。

讓我們盡己所能，彌補過去因為遺忘這位不為人知、很少被我們提起的偉大母親所犯下的錯吧！我們要在公開場合表達對母親的敬意、尊重與感激，表達對母親的愛意與責任。讓我們向世人宣布，我們虧欠母親太多。每個男孩女孩，每個男人女人，在母親節那天，都要給母親送上康乃馨 —— 這種特別象徵母愛的花朵。

康乃馨這種花朵選的極為合適！還有其他的花朵比康乃馨的純白更能代表母愛的純潔，更能代表母愛的長久、忠誠與愛意嗎？還有其他花朵比

康乃馨更能象徵母親的慈愛、美麗嗎？

　　若是整個國家在母親節那一天，聯合起來，都在胸前上掛著一朵康乃馨，以唱歌、演說或是其他表現形式去給予母親足夠的榮耀，那麼這將讓讓人印象深刻與充滿美感的致意。

第十五章
婚後女性逐漸凋零的原因

一位女性給我寫信：「如果你知道我每次想要買你出版的每期勵志雜誌，都要買少許黃油與一塊香皂，你肯定會笑話我的。我沒有屬於自己的錢。你認為我這樣欺騙丈夫是否對呢？因為除此之外，我沒有別的辦法。」

很多妻子都要比她們的丈夫更加努力地工作，但是她們到頭來還要靠各種技巧去存錢買衣服或是其他生活用品。

很多吝嗇的丈夫不願意給妻子零花錢，這是很多家庭悲劇的開始。很多丈夫在給妻子生活費用時都是很嚴格的。我聽到一些女性說，她們經常沒錢購買一些生活用品或是衣服，並為此憂慮幾天或幾個星期，最後才鼓起勇氣問丈夫要錢，因為她們唯恐這樣做會給家庭帶來紛爭。很多妻子立下規定，絕對不問丈夫要錢，除非在丈夫匆忙間要離開家時，才鼓起勇氣問丈夫要錢。因為在這個時候，出現紛爭的情況就會盡可能避免，因為丈夫沒有時間去理會妻子說的每一個細節，了解她要這些錢用於哪些方面。

一般情況下，丈夫沒有意識到，讓妻子每次都要問他們要 50 美分，1 美元或 5 美元，並告訴他這些錢用在什麼地方，這會讓妻子感到多麼的羞辱。有時，他甚至會反駁妻子的要求，說這是亂花錢的行為。

丈夫一般對妻子在生活的很多方面都很關心，但就是在金錢的問題上卻很吝嗇。很多男性在付小費或是購買昂貴雪茄或是吃午餐時，都顯得很慷慨。在他與朋友在俱樂部休閒時，他出手闊綽，被人視為「好人」。一旦他回家後，就會與妻子就一些細小的開銷進行爭論，破壞家庭的和諧。也許，妻子所花的錢根本沒有他花在雪茄或是酒精上的錢多。

為什麼這麼多丈夫如此害怕妻子花自己的錢，為什麼不能信任自己的妻子呢？其實，他們的妻子在持家與開銷方面要遠比他們更加節約，在為

孩子打算方面也更加周全。很多家庭產生的矛盾，基本上都是夫妻圍繞著金錢問題產生的。若是雙方能對此有一個明確與簡單的理解，那麼這是很好解決的。丈夫讓妻子負責日常的支出，讓她擁有一部分不需要找自己拿的零用錢，這更能讓家庭處於和諧狀態。

很多妻子就像家庭的奴隸，她們不得不要像一位乞丐，每次都要問丈夫拿一點小錢，還要告訴丈夫每一分錢花在哪裡，之後才能問丈夫要更多的錢。丈夫這樣的做法會嚴重影響家庭的和諧。

如果丈夫將妻子視為婚姻關係平等的一方，而不是像他資產高達百萬美元的公司普通的員工，不將妻子只是是為管家婆時，將收入與妻子共用，不再讓妻子處在乞丐的位置時，他就會讓妻子享有與自己一樣的權利，就不會對妻子頤指氣使。那麼，我們將能看到更加美滿的婚姻，更加快樂的家庭與更加高級的文明。

有人說，丈夫要是沒有妻子不知道的「私己錢」的話，那麼他是很難快樂起來的。這句話是很有道理的。很多在其他方面對妻子都極為坦誠的丈夫，在金錢方面卻顯得很隱祕。他們會隱瞞自己的薪酬收入，特別是關於手中可用的現金還有多少，他們一般都會三緘其口。

無論丈夫如何照顧他們的妻子，或是在其他方面多麼體貼妻子，但他很少會覺得妻子有權利擁有他手中的現金，雖然他在外面經常吹嘘自己的妻子在理財持家方面多麼的厲害。他覺得，自己就是金錢的天然守護者，因為錢是他賺的。他要比妻子更有權利去處理這些金錢，所以他覺得自己必須要保護好這些錢，有需要時才勉強施捨給妻子一部分。

若是新婚夫婦能夠實現規定好一部分收入，用於維持家庭日常開支還有個人的日常開支，丈夫沒有必要去理會妻子的這部分開支，也不需要妻

子給出開支的明細，那麼很多家庭出現的不愉快情景或是讓人遺憾的爭吵、誤解與偏見都能得以避免。

相對於給予妻子的那點錢，很多丈夫將 10 倍於此的金錢浪費在愚蠢的事情上，但他竟然還喋喋不休地說妻子花錢的方式要比他愚蠢 10 倍。要想找到與此相反的丈夫，真是太難了。

另一方面，很多妻子因為缺乏丈夫的愛意，就想透過問丈夫要錢來彌補心靈的空虛，滿足她們內心的渴望與心靈的飢渴，用金錢購買一些能給她們帶來寬慰的東西。

當妻子只能靠著物質的東西來滿足內心空虛的心靈，她們對憐憫與愛意的真誠渴望，對社交活動、大千世界的接觸卻始終得不到丈夫的許可，這對她們來說實在是一種侮辱。女性都喜歡美麗的東西，但還有些東西是她們更加欣賞的。奢華的生活並非女性首要的需求。她們寧願過著貧窮卻有愛的生活，也不願與冷漠、不愛自己的丈夫在豪華的宮殿裡生活。

這些備受丈夫不忠與冷漠對待的妻子，若是能夠以放棄奢華的生活為代價，喚起丈夫真誠的愛意，她們一定會很樂意的。

在美國生活裡，最讓人感到悲哀的一幕，就是逐漸憔悴、年老的妻子無助地站在丈夫日益富有與具有影響力的陰影下，她為了丈夫今天的成就犧牲了青春、美麗與自己的理想 —— 幾乎失去了一個女人所珍視的一切 —— 只是為了讓她這位自私、冷漠與無視別人感受的丈夫能夠在世界上出人頭地。

她無私地為丈夫做出犧牲，每天在火爐邊「燃燒」自己的青春歲月，每天在洗衣盤搓洗衣服，負責孩子的飲食起居，結婚後的她就像奴隸一樣勞累著，但是她沒有一句怨言。她在多年的貧窮與匱乏的日子裡，忍受了

那麼多的痛苦，但她沒有抱怨一句。當她那位自私的丈夫富有起來，逐漸取得成功，感覺到自己的力量時，他經常會為那位妻子感到羞愧，雖然正是妻子為他的今天付出了一切。

看到任何人因為缺乏愛意而逐漸凋零，這是讓人感到悲傷的。但是，看到一位為丈夫付出一切的妻子，最後卻只能得到最基本的生活保障，缺乏丈夫的憐憫與愛意，這更是讓人痛心疾首。

一些人似乎認為這句格言：「男人不能單靠麵包生活」，是不包括女性的。他們無法理解為什麼妻子在擁有舒適的房子與各種美味食物與保暖的衣服時，仍然感受不到快樂與幸福。他們會驚訝地發現，很多妻子若是能夠得到丈夫的憐憫與鼓勵，得到丈夫的幫助與支持，讓她能夠發揮自身的天賦，那麼她寧願放棄現有的奢華生活。

我認識一位很有能力與前途的年輕人，他跟我說，要是他有一位富爸爸，他就可能永遠也無法挖掘自身的創造力了，他的雄心壯志也可能早已被扼殺了。正是他為了出人頭地作出了絕望的掙扎與努力，最後讓他成為了真正的男人。

這位年輕人娶了一位出身貧窮的女孩為妻，這位女孩經過極為艱難的努力，作出了巨大的犧牲，最後供自己上完大學。她開始感覺到自己逐漸挖掘潛能，感受到自己的力量。但她的丈夫卻讓她只待在家裡，剝奪了她繼續提升自我的動力。他說，一個男人要是不能養活自己的妻子，那他就沒有結婚的權利。他給妻子買很多好看的衣服，讓她出門都有馬車代步，還有僕人侍候。但是，他總是否定她要自我學習的願望，將她挖掘自身潛能的努力都破壞了，讓她失去了原先的創造力。

一開始，他的妻子急於要出去工作。她的理想對丈夫這種「糖衣炮

彈」式的否定很反感。她顯得很不安、焦慮，希望能夠有自己的一番成就，在這個世界獲得自己的名聲。

但是，她的丈夫並不相信一個女人能夠實現自己的理想。他希望妻子在他晚上下班回來，能夠打扮的漂漂亮亮，看起來充滿女人味，讓她在社交場合下美麗動人。他為妻子的美麗與散發出來的活力感到自豪。他覺自己很愛妻子，但這是一種自私的愛，因為真正的愛是一種對彼此成長都極為有利的愛。

逐漸地，社交場合的光環，沉湎於奢華的生活，讓她忘記了原先的理想，她內心反抗的聲音越來越小，也不再希望能得到別人的認可，直到最後她的理想悄然無聲，再也不會湧上心頭了。

今天，這個國家的很多人妻都在豪華的房子，過著單調的生活，她們顯得焦慮不安，失去了人生前進的動力，人生的視野越來越小，過著膚淺與日復一日沉悶的生活。因為，她們要謀生的動力已經被剝奪了，因為丈夫不允許她們外出工作，讓她們失去了處在喚醒理想的環境之下的機會。

但是，休閒的生活並不是讓這些妻子失去個性的唯一方式。讓妻子在家裡如奴隸般生活，也是迅速扼殺她個性的一種方式。我相信，一般家庭的妻子都被過多限制在家庭裡。

很多人妻似乎在家庭生活之外，就沒有其他的生活圈子了，她們除了丈夫之外，眼中就失去了其他的興趣或是樂趣可言了。她們被灌輸了這樣的思想，覺得妻子的人生就是要幫助丈夫，為他們勞心勞累，負責養育孩子，然後最後退居幕後。

如果妻子想要一直抓住有理想的丈夫的心，就要不斷地進步，與丈夫不斷進步的心智同步成長。她必須要不斷地進行自我學習，提高自身的智

趣與魅力，讓她的心智能夠彌補容貌的改變。她一定要獲得丈夫的欣賞。如果丈夫在不斷進步，而她卻停滯不前，丈夫是不大可能還保持以往的欣賞之情。夫妻間的互相欣賞是構成愛的很重要組成部分。

你幾乎可以肯定，如果你的丈夫是一位很有理想的人，那麼你每天在家就不應該發牢騷，隨意地浪費時間，或是打扮的漂漂亮亮地等他回家，相反你應該努力學習，提升自己，與丈夫不斷前進的步伐相符。如果他看見你的人生都是圍繞著他，看不到你對其他事情都缺乏興趣，沒有想過透過拓展興趣去提升人生的品味與智趣，那麼他就會對你感到失望。這會給你們的愛情增添壓力。

對一個沒有接受過多少教育的女性來說，要想理解文科教育與拓展思想帶來的改變力量是相當困難的。為了丈夫與孩子，為了自己心態的平衡與滿足，她應該努力以各種方式去提升自己。想像一下，若是你能讓家庭成員都在一個充滿教養與智慧的環境下成長，那將是怎樣的一種幸福！一個人理想的高度與家庭的和諧存在著極大的關係。

即便是站在自我保護的角度，一個女人也應該接受文科教育，如果可能的話，最好接受大學教育。當代美國的家庭生活，讓很多人妻很難跟隨丈夫前進的腳步，因為丈夫整天處在一個喚醒他們理想的環境下，而妻子則不然。除非妻子有很高的理想，並有運用知識的強大能力與專注力，而且還有很多休閒時間，否則她很難跟得上丈夫的腳步。

一般來說，相比於妻子而言，丈夫所處的環境更能鼓勵與刺激他前進。成功本身對男性來說就是一種巨大的鼓舞。當他意識到自身能夠不斷取得進步，不斷戰勝前進道路上的挫折，這本身就是一種巨大的鼓勵。

事實上，妻子在家庭生活要比丈夫培養了更多敬意與愛的特質。但在

過去的數百年裡，女性都只能待在家裡，男人則可以接觸這個忙碌的大千世界，了解人的本性，透過與人事的接觸提升了自身的知識。他們在解決重要問題與生活上的實際問題的過程中，鍛鍊了自立自主的品格。

商人與專業人士都身處在一座「永恆」的學校，每一天的工作都需要他們發揮實用的知識。繁忙的生活，無論看似多麼危險，都能讓他們有所獲益。男人在社會閱歷方面與接受新穎觀念上有著天然的優勢。他們不斷與陌生人接觸，感受全新的事物，在繁忙的世界裡感受到各種事物的影響，這是他們的妻子所無法感受到的。

在男性不斷進步的情況下，如果女性不繼續成長，不斷學習的話，那麼人類又談何進步呢？女性必須要朝著更高更寬闊的道路前進，否則男性女性都會逐漸墮落。「男性與女性才是創造人類的未來！」他們是不可以分開的，他們都是一同進步或是倒退的。

「女人的事業就是男人的事業，他們一榮俱榮，一損俱損，

可能一起矮化，一起進步，始終是無法分開的。」

很多丈夫對妻子感到厭煩，是因為妻子已經無法跟上他的思想。隨著歲月的流逝，妻子沒有讓自己的視野變得更寬更廣，相反還變得越加狹隘。但是，身為丈夫的卻從來沒有意識到這個錯誤完全是由他造成的。在他們結婚的早年，他也許在妻子提出要不斷提升自己的要求時，嘲笑這是她的一個「美夢」。即便他當年沒有直接打擊妻子的夢想，也在阻擋她完全成長為一位擁有女性氣概的人。他的冷漠或是敵意扼殺了她婚前夢寐以求的理想。妻子無法實現夢想的苦楚讓她無法提起積極的精神。她失去了少女時期的活潑與熱情，逐漸奔波於家事之間，失去了往日的氣息。但是，丈夫還在奇怪，為什麼妻子失去了結婚前的那種愉悅與熱情，現在變

得像是一架機器人那樣蠢笨與可憐。

今天，很多妻子都在家裡做著普通的家事，只能讓身心處在一個較低的狀態，若是讓她們出去工作的話，說不定能比讓她們整天待在家的丈夫賺更多的錢。只要讓妻子充分發揮上帝賜給她們的天賦，這就能做到。但是她們從小就被灌輸這樣的觀念，即女性人生唯一的事業就是婚姻，因此為了維持婚姻，她們的夢想與內心渴望發揮的飢渴都被擊碎了，被妻子與母親的職責所擊碎了。

如果丈夫能與妻子互換位置，就能感覺妻子日常的工作是多麼讓她們感到日益萎縮。他們的心智很快就會感到被限制，迅速感到日常單調無聊的家事多麼讓人疲憊與困乏，每天都做著相同的事情，年復一年，這是怎樣一種沉悶與單調啊！另一方面，若是妻子能夠接觸外面的世界，她們的人生會變得越來越圓滿，在與世界的接觸中越來越充實，不斷提升解決困難問題的能力。

我聽不少男人說，即便是週末或假期讓他們待在家，似乎都讓他們感到無聊至極。這要比他們工作時感到更加難受。雖然他們愛自己的孩子，但孩子不時發出的吵鬧聲，讓他們無法忍受，不得不要借酒消愁。即便是強大的男人也會承認，他們無法承受家庭帶來的精神壓力。但是，他們還對妻子整天緊張兮兮，似乎認為她們能夠忍受一年 365 天這樣的生活，每天都不需要外出，然後緩解幾天就能重新投入到這樣的工作中去。很少有丈夫敢與妻子互換角色。其實，男人們在外面的工作時間並不長，在他們完成工作後，剩下的都是閒置時間。而身兼妻子與母親角色的女人不僅要忙碌一整天，晚上也經常被孩子的哭聲吵醒。如果孩子晚上出現哭喊的情況，一般爬起來看的，都是妻子，而不是丈夫。

　　若是男人每天在辦公室或是工廠裡都是使用原始與極其簡單的方法去工作，就像在廚房裡做著單調的工作，他們能夠堅持多久呢？男人會發揮他們的聰明才智去提升工作方法，改善工作的環境，讓工作免於負累。但是他們的妻子卻在簡陋的廚房與洗衣室裡做著簡單的工作。當代最偉大的發明家曾說，若是家庭工具能夠應用到每個家庭，那麼家事就能減到最少，家庭的問題也會相應減少。

　　「但是，」很多男人會說，「難道世界上還有比操持家務更加光榮的職業嗎？難道還有比操持家庭與教育孩子更加偉大的事情嗎？這樣的工作怎麼會讓人變得狹隘與感受到單調呢？」

　　當然，母親的角色是偉大的。世上沒有比賢妻良母的工作更加偉大了！但是，要真正操持家務，教好孩子，這需要女性擁有赫拉克勒斯那樣的體魄，還要有像約伯那樣的耐心。這些工作幾乎都缺乏足夠的調劑，年復一年地做，會讓很多母親的身心出現崩潰的情況。

　　一般男性都無法理解妻子在做日常家事時是多麼缺乏拓展自己的動力，很難拓展自身的興趣，獲得全面的發展。

　　有一種疾病叫做發育停滯，就是說一個人雖然成年，但心智還是停留在孩童階段，因為他們身心的發展都已經停止了。

　　美國生活與我們的文明最為可悲的一點，就是在妻子婚後壓抑她們的行為，導致她們出現發育停滯的狀況。

　　我認識很多美麗的年輕妻子，她們在婚前與丈夫一樣擁有者自信與人生的希望，就像孩子遇見母親那樣過著快樂幸福的生活。婚後，她們的許多行為卻遭到了丈夫的嚴厲制止，她們的理想被丈夫扼殺了。丈夫這樣只顧著自己舒適生活的行為，是無法讓家庭處於和諧的狀態。

讓人覺得不可理解的是，大多數男人都認為，一旦女人結婚後，她就來到了她的新家，就像是一個修女進入了女修道院，或是僧侶進入了寺院一樣都要嚴格遵守「教規」。他們會讓妻子覺得，若是她們不能操持好家務，那就是一種不稱職的表現。

還有一些特別敏感的女人，在她們提出自己的想法被丈夫嘲笑或是譏笑幾次後，就再也不敢提出了，陷入了永遠的沉默，直到最後沉重的失望之情將她淹沒。

設想一下，若是一位女生有著如喬治‧艾略特那樣的大腦與能力，嫁給了一位年輕商人之後，這位商人覺得女性寫作出書或是將大部分精力都消耗在音樂方面是毫無意義的，覺得妻子就應該待在家裡，每天負責教育孩子，不給妻子發揮自身才華的機會。若是這樣的情況扭轉過來，妻子讓丈夫整天待在家裡，自己發揮才華養活家人，丈夫肯不肯做呢？事實上，女性的天性的確是適合做家事，但是每個正常的女人都應該有屬於自己的空間，她人生的事業不應該被限制或是制約，正如男人不會這樣做一樣。我不知道，為什麼她不能像一個正常人那樣過自己想過的生活，發揮自身的才華，為什麼她要屈服於丈夫的壓力，放棄自己的才能。我將那些試圖扼殺妻子才華或是嘲笑妻子施展能力的丈夫看成是暴君，因為他們扼殺了上帝賜予他妻子的神性力量。這是她與生俱來的權利，他是絕對不應該去干涉的。如果他這樣做的，那麼他的家庭出現不和諧的情況，也是他自找的。

妻子不應該成為丈夫的負累，也不應該是只為取悅丈夫的「布娃娃」。她應該透過自我努力去提升自己，正如她的丈夫不斷努力地提升自己一樣。她絕對不能讓自己的創造力與個性因為缺乏前進的動力而被泯滅。

　　我們經常聽到很多女大學畢業生都不願意結婚。如果這是事實的話，這在很大程度上都是因為男人的不公平造成的。女生接受的教育越多，她們就越不願意走入婚姻的「圍城」裡，害怕要忍受負累，即便這是與組建家庭的美好幌子下，也不得不讓她們三思而後行。

　　很多女生不願意結婚，拒絕冒犧牲自身能力的風險，這有什麼好奇怪的呢？當女生們開始反抗讓自己處在一個無法讓她們施展上帝賜予才華的位置上，我們又有什麼好奇怪的呢？

　　我相信婚姻。但我並不認為婚姻就應該扼殺人的自我發展，扼殺人的理想，讓人失去了前進與進步的動力，讓人失去人生的目標。

　　若是妻子總是感到被扼殺的才華與破碎的夢想如鬼魅般纏繞著她，那麼家庭又怎麼可能擁有真正的幸福與快樂呢？很多家庭之所以變得悲慘，並不是因為丈夫不夠友善或是不愛妻子，也不是因為吃穿的問題，而是因為妻子始終無法從破碎的希望與失望的理想中復原過來。

　　世上還有比被破碎的希望與破碎的生活更讓人感到痛苦的事情嗎？世上還有比始終意識到自身有巨大的潛能，但卻無法去挖掘這種能力，意識到自身最優秀的才能卻因缺乏機會而被扼殺，或是無法得到最愛我們的人的欣賞而被窒息，知道我們有足夠的能力，卻始終無用武之地，在原本可以過上更高層次的生活時，只能過著單調沉悶的生活，更讓人感到悲傷的事情嗎？

　　我們聽到很多家庭出現的問題，都是因為丈夫嘗試去壓制妻子的理想，扼殺她展現出自身的才華所導致的。丈夫這種扭曲妻子本性，時刻窒息妻子理想的行為，會慢慢地削弱妻子的品格，讓她感到不滿與憤怒。一位理想受到壓抑的妻子會將不滿與單向發展的傾向遺傳給孩子。

最幸福的婚姻，當屬丈夫與妻子都能沿著各自的才華發展，互相進步的婚姻。最高尚與有能力的賢妻良母都是那些最大限度發揮自身才華的人。

　　女人天生就崇尚力量，她們願意把自己放在一個有力量男人的臂彎下，接受他們的保護。但是，這樣的行為必須是妻子對丈夫創造力、堅忍不拔的特質發自內心的崇敬，絕對不能以強制的方式要求妻子這樣做。

　　很多丈夫還是沒有擺脫認為妻子就是侍候自己，類似於傭人角色的觀念。他們依然覺得妻子不是要努力贏得屬於她們人生的賽跑，而是要努力幫助他們去贏得人生的勝利。他們無法理解為什麼妻子的理想與自身的舒適、健康或是取得成就沒什麼直接關係。

　　很多人都在談論女性天生才智低劣，只能活在男人的陰影下，無法出頭，認為她們不能與男人擁有同等的權利，無法與男人一樣擁有同等的財產所有權與選舉權。換言之，他們認為女性是比男人低一等的，這樣的觀念是對女性的一種犯罪。很多女性都在宣揚女性的選舉權利，即便她們擁有了選舉權，是否使用也是她們自己的問題。她們爭取的是一種自由，按照自己的主張去生活的權利。在女性爭取選舉權的運動裡，其實就是她們反對男性不公正與不公平對待的行為。男人對女人在選舉權方面的壓制是古代家長制的殘留物。這些「殘留物」不過是從側面證實了男人控制女人的堅定決心。

　　男人終將會為他們剝奪女性選舉權的行為感到羞恥。想像一下，若是一個男人認為，即便是最無知的工人與他這個接受過教育的人，在公共事務上與他有同等的權利，那麼他還會壓制自己的妻子與女兒接受教育的機會嗎？

第十六章　節約

「節省一分錢，等於賺了一分錢。」

—— 英國諺語

「要小心看似不經意的奢侈，小破洞會讓一艘大船沉沒。」

—— 富蘭克林

「從已擁有的物質來看，沒有比節儉更能讓我們獲得更多的了。」

—— 拉丁諺語

「努力獲得更多，努力節約更多，努力奉獻更多。」

—— 約翰‧衛斯理

「所有的財富都是建立在節約的基礎上。」

—— J‧G‧霍蘭德

　　就節約的哲學含義來說，衡量財富的最小單位都是幣值最小的。節約的衡量標準不是 1 英鎊，而是 1 便士，不是 1 美元，而是 1 美分。因此，無論薪水多少，人都能實行節約，為自己的財富打下基礎。

　　節約一詞的本來含義是牢牢抓住我們所擁有的東西。這意味著節儉、細心，與浪費及鋪張形成鮮明的對比。節約包含著自我克制與生活節儉，直到節約逐漸讓我們獲得更多的財富，才能去做一些力所能及的事情。

　　節約最原始的一個元素，就是指花錢必須要少於你賺的錢，無論你的薪水多低，都可以節約一部分。除了日常必要的生活開支外，可以額外拿出一部分收入，用於未來的發展。

　　「每個男孩在人生的初始階段，除非養成節約的習慣，否則他是不可能存到錢的。」羅素‧薩奇說，「即便他一開始能存一點錢，這要比一分

錢沒剩好很多。他會發現，隨著時間的流逝，他就越來越容易存下一部分錢了。當他發現自己在銀行戶頭的錢越來越多時，他就會感到驚訝。這些年輕時就懂得節約的男孩要比那些不懂節約的人更有機會安享晚年。那些大凡手裡有錢就花光的人，總是在埋怨自己不能成為富人的事實。他們總是找來一個有錢人作為例子，然後說這個人是多麼的『幸運』。事實上，人生其實並沒有所謂的幸運之說，那些一心盼望運氣拉自己一把的年輕人可能最後一事無成。想要在世界上有所成就的人，就應該從小時候開始做起。他們在學校認真學習，在工作時從未想過因為薪水低廉而消磨時間。他們從來沒有想過要找一份安穩輕鬆的工作，他們總是不斷前進，並沒有坐在那裡等待機會的到來，也沒有為流逝的時間感到悔恨。」

湯瑪斯・利普頓爵士說：「年輕人可能有很多朋友，但他很難找到一位總是能幫助他的人，因為沒有人會時刻督促他前進，就好比一本皮革做封面的帳戶，上面有你在銀行裡的名字。節約是成功的第一個重要原則，這能讓你過上獨立的生活，讓你內心充滿了活力，讓你獲得充沛的能量。事實上，節約能激發你取得成功，獲得幸福與美滿。」

據說，若年輕人在 20 歲時開始節約，每個工作日節約 26 美分，這相當於他日薪的 7%。那麼 7 年後，本金加上利息，他就能獲得 32,000 美元。

「節約就是財富。」這句諺語是我們經常可以聽到的，但我們不是對此置若罔聞，就是左耳入右耳出。我們最好記住這句諺語，因為它代表著真理，彰顯出重要性。很多人的一生都證實了一個道理，如果節約不是真正的財富，那麼在很多情況下，也是潛在的財富。

馬歇爾教授，這位英國著名的經濟學家曾做過一項研究，據他的估計，英國受薪階級每年花費在無法提高生活品質的事情上的金錢，大約為

500,000,000 美元。在英國舉行的一場經濟會議上，該會主席在經濟問題上發言時表示，單純是浪費在食物方面的金錢，就遠超過 500,000,000 美元這個數目。造成今天巨大浪費的一個重要原因，是很多女性不懂得如何購買實惠的商品，也不知道如何做一個好廚子與好主婦。愛據德華·阿特金森估計，美國每年因為不良烹飪浪費了超過 100,000,000 美元的食物。

「假如說一位年輕人有一定的能力與良好常識，再加上生活節約，為人誠實，」菲力浦·D·阿莫爾說，「那麼他就沒有理由累積不到財富或無法取得所謂的成功。」在被人問到他人生成功的經驗時，阿莫爾說：「我覺得節約與節儉對我的成功有很大幫助。我要感謝母親從小對我的訓練，還有我祖輩的優良傳統，因為他們一直實踐著節約的美德。」

已故的馬歇爾·菲爾德說：「年輕人應該養成凡事節約的習慣，不管他的收入多麼少。」菲爾德就是靠著實踐這樣的人生原則，才變成世界上最富有最成功的商人。一次，我派一位記者去採訪菲爾德，詢問他人生的轉捩點是什麼，菲爾德回答說：「存下了人生第一個 5,000 美元，雖然那時我的薪水並不高。擁有了那筆錢後，就能讓我有機會發揮自己的能力。我覺得那是我人生的轉捩點。」

第一次節約下來的錢被證明是很多年輕人獲取成功的轉捩點。與此相反的是，不懂得節約是現代文明最大的詛咒。奢侈、鋪張、炫耀或想要把別人比下去的想法，是當代殘存的邪惡，特別在美國來說更是如此。有人說：「若進行深入的調查，就會發現很多墮落到貧窮中去的人，都是從他們的父母那裡繼承了浪費鋪張的習慣。」

「如果你知道如何做到花的錢比你賺的錢少嗎」富蘭克林說，「那麼你就有了哲學家的點金石。」很多年輕人遇到的一個大問題，是他們從一開

始就沒有養成節約的習慣，從來沒有找到這樣的點金石。他們不知道如何才能做到花的錢比賺到錢少。如果他們能夠及時學會這個教訓，就可以輕鬆過上獨立的生活。所以說，正是人生第一次的節約行為，才讓很多人取得了成功。

約翰·雅各·阿斯特曾說，第一次賺到 1,000 美元要比後來賺 1,000 美元難很多。但如果他沒有一開始節約下來那 1,000 美元，他可能最後在窮困潦倒中死去。

安德魯·卡內基說：「一個人應該學會的第一件事，就是把錢存起來。只有透過存錢，他才能實行節約 —— 這一最為寶貴的習慣。節約就是財富的製造者，也是野蠻人與文明人區分的一個標準。節約不僅能讓你的獲得財富，更能鍛鍊你的品格。」

開一個銀行帳戶最有助於我們實行節約，因為這能讓我們的存款獲得利息。政府給予民眾最大的一個便利就是創辦了金融儲蓄機構，讓居民的存款處於絕對安全的位置，因為聯邦政府為存款人做擔保，所以幾乎沒有任何風險。開通儲蓄帳戶並不是要讓你勒緊褲帶過日子，也不是讓你吝嗇地生活，而是逼迫自己放棄過去那種追求享樂與自私的行為，因為那樣的行為不僅會讓你口袋空空，還會消耗你的身體精力，摧毀你的健康。

大部分人根本想都沒有想過要踐行自我控制的訓練，也不願意為未來的美好而放棄眼前的舒適安逸。他們將錢花在眼前的享樂上，只追求眼前的快感，根本沒有想過明天。之後，他們又去羨慕那些取得成功的人，不知道別人為什麼混的比自己好。他們沒有為未來儲存足夠多的金錢與知識。松鼠都知道在一年裡，不是每天都是夏天。牠們會為冬天儲存食物，因為本能告訴牠們，冬天就要到來了。但是大部分人卻是毫無儲備，肆意

地消耗著所得的東西。所以當疾病纏身或老之將至，他們根本無力還手，沒有任何退路。這是他們當年為了眼前之樂犧牲了未來美好的生活所付出的代價。

人們在平日隨手浪費錢的行為是極為隱伏的，也是最為有害的。我知道很多年輕人將不少錢浪費在毫無必要的東西上，他們稱之為這是「生活的必需品」——諸如香菸、酒精、各類糖果、蘇打水或各種小玩意。他們在這方面浪費的錢要遠遠超過日常生活的必需品，超過了所需的衣服、租金。然後，他們還對錢花在哪裡去了感到奇怪，因為他們從來不計算錢到底花在哪裡去了，也很少會控制自己花錢的欲望。他們並沒有意識到，隨手浪費一分一毫，這裡少了一點，那裡用了一些，一個星期下來就是一點錢了，一年下來就是一筆鉅款了。

「他從來存不了一分錢。」我們經常聽到人們這樣評論那些薪水很高，但最後卻一分錢都剩不了的人。

不久前，紐約某位年輕人向一位朋友抱怨自己的貧窮，沒有能力存錢。

「你將多少錢花在奢侈品上？」朋友問道。

「奢侈品！」年輕驚呼道，「如果你說的奢侈品是指香菸與酒精，我沒有仔細算過，我只是偶爾抽根菸，喝杯酒，一個星期最多也是 6 美元而已。大部分年輕人都比我花的多。但我還是下定決心控制這方面的開銷。」

「十年前，」這位朋友說，「我也將差不多錢花費在這些東西上，每月支付 30 美元的租金，住上一間擁有五個房間與梯子的房子。當時我剛剛結婚。某天，我對妻子說，我希望能讓她住在一個符合她品味的房子。

『約翰，』妻子說，『如果你真的愛我，就要放棄這些不需要的東西，因為這對你很不好。要是我們現在能節儉一些，十年後，就能擁有一間屬於自己的美麗房子了。』」

「她坐在我身旁，用筆在紙上比劃著，不到五分鐘的時間裡，她向我展現了她是對的。前幾天，你到我位於郊區的家做客，你說那裡環境很好，也很便利。那間房子花費了 3,000 美元，每 1 分錢都是我之前省下的香菸與酒精錢。但現在我擁有了一位美麗的妻子，透過節儉的生活購買了一座美麗的房子。我學會了自我控制，身體健康，受到別人的尊敬，活得更像一個男人，獲得了長久的快樂。我希望每個現在吸菸、喝酒的年輕人，不管他們是否在方面有節制，都能發揮自身的判斷力，用筆在紙上比劃一下，就會發現自己因此失去了很多東西。」

在福音故事，有一個讓人印象深刻的浪子回頭的故事。故事有這樣一句話：「他在放蕩無度的生活裡浪費著一切」，這不僅意味著他浪費了金錢，還意味著他浪費著自己。在所有的浪費裡，最為嚴重的是並不是浪費錢財，而是毀掉了自我，消耗了人生的精力、資本，降低了自身的品格，失去了節約催生自尊。

節約不僅是獲得財富的一個基石，更是建構品格的一個基礎。節約的習慣能夠提升我們品格的高度。

節約金錢通常意味著一個人獲得救贖。這意味著減少無謂的花費，避免摧殘人生的惡習。這通常意味著遠離放縱消沉，擁抱健康，意味著擺脫混沌的大腦，獲得清醒的思想。

更為重要的是，節約的習慣說明你有要在這個世界出人頭地的雄心。節約的習慣能夠培養你獨立自主的精神。在銀行開一個儲蓄帳戶或購買一

份保險，都能說明你的狀態，讓你對人生有更高的期望。節約意味著希望、夢想與有所成就的決心。

世人信任那些在慷慨情況下依然能存下錢的人。這本身就說明了他們的很多優秀特質。商人很自然地認為，如果一個年輕人能夠節省金錢，那麼他也能節省精力、活力，避免身心遭受損耗，說明這個年輕人有一定的志向，不是碌碌無為的人，顯示出他一定的智慧，有決心為了美好的未來，犧牲眼前一時的享樂。

一個小小的銀行帳戶，能夠給你帶來自尊與自信，因為這說明你注重實務，生活更加獨立。你能更自信地面對這個世界，能將胸膛挺得更直，更自信地面對這個世界。如果你知道有閒錢與沒閒錢之間的區別，那麼你肯定就能明白其中的含義。

若是你意識到自己有些東西支撐著自己，那麼這就會變成一種保護牆，讓縈繞在很多人的腦海的夢魘不會出現在你的心靈裡。這樣的夢魘摧毀很多人的工作，卻對你無可奈何。這能讓你對未來免除了很多憂慮與不安，挖掘了你的潛能，讓你從不安、恐懼與疑惑中解脫出來，讓你獲得自由，以更好的狀態去工作。

另一個有助於養成節約習慣的方法就是購買人身保險。「保險原先是為寡婦與孤兒設立的，人身保險的範疇現在已經包括了投資險、死亡險等。」

我以為，養成存錢的習慣是有助於建構個人的品格，但人身保險的優勢更大，特別是在很多「必然」出現的情況下，更是刺激著很多人去購買。

人們有閒錢時，都會存在銀行裡，除非有很強的用錢欲望。但是每個

人都覺得他們必須要購買保險。

　　話又說回來，存在銀行的錢只要你簽個名，就能取出來，用於各種途徑。這就是我鼓勵年輕人將購買保險視為節約金錢的一種方式。購買保險對於你養成節約的習慣具有重要的意義。

　　我以為，購買保險對培養人的節約習慣是有很大幫助的。當有一定薪水或收入的年輕人購買保險，他就有了一個明確的目標。他會下定決心要存足夠的錢去支付保險費。這要比讓他對各種誘惑說不容易許多。他能夠對很多需要花錢的事情說不，因為他知道自己必須要支付保險費。

　　購買保險能夠改變一個家庭的生活，讓他們從過去的鋪張浪費習慣轉變為節約有序的生活。事實上，每週、每月或每年的薪水都要節省下一部分，通常能讓家庭成員養成節約與節儉的生活習慣。每個人都會小心日常的開支，因為還要支付保險金。這通常是家庭生活變得節約的一個信號。

　　當你意識到按時支付保險金是一個神聖的使命時，因為這意味著保護你親愛的人，這通常會讓你遠離任何愚蠢的開銷，讓你遠離任何肆意花錢的習慣，擺脫任何為了眼前樂趣而浪費金錢的誘惑。

　　保險也被認為是品格的「保險」，這能讓你避免愚蠢的開銷，讓你對抗內心的軟弱或邪惡的傾向，保護自我，遠離你內心的敵人。

　　養成節約習慣的最大敵人，也許就是陷入債務，向人借錢，或對日常開支不記明細，採取分期付款的方式。英國著名牧師斯波吉翁曾說，債務、骯髒與邪惡構成了邪惡的鐵三角。債務。陷入債務的深淵要遠比邪惡更讓人遭受個人的折磨。陷入債務的誘惑是巨大的。在美國的每個城市，我們都可隨處見到這樣的廣告：「我們相信你」，「你的信用是有保障的」，還有一些關於購買衣服、家具等東西的分期付款廣告。正如一位愛爾蘭裔

美國人在體驗了一次分期付款購買家具後曾說：「這實在是很方便。」事實上，方便的付款將你生活中所有的舒適與樂趣都剝奪了 —— 這些方便的付款方式只適用於那些有足夠能力償還的人。

要警惕以分期付款方式購買東西所帶來的幻覺。這個國家很多窮人家庭購買風琴、各種書籍還有百科全書，甚至連避雷針、農業用具。各種他們可有可無的東西，因為他們可以採取分期付款的方式，一次只需付一點點。他們就是在分期付款中慢慢付窮的。他們總是過著貧苦與艱難的生活，只為能夠償還分期付款所帶來的利息。

到美國南部看一看，就可發現無論是黑人家庭還是白人家庭，這些家庭都缺乏烹飪工具、小刀、刀叉、湯匙去讓其舒適自在地吃飯，但是他們卻以分期付款的方式購買了很多無力償還的東西。

有人滿不在乎地說：「貧窮並不是一種恥辱，只是讓人感到不適而已。」但是，貧窮通常就是一種真正的恥辱。很多出生在貧窮家庭的人能夠超脫出貧窮的環境。很多從小貧窮出身的人能夠過上富足的生活。在美國這片充滿富足與機會的土地上，在多數情況下，長久過著貧窮的生活，就是恥辱與丟臉的事情。

詹森博士對波斯維爾說：「我告誡你要遠離貧窮，因為貧窮會滋生誘惑與憂慮。」貧窮中存在著某種讓人羞辱的東西。當你意識到自己沒有任何東西可以展現自身的品格與成就時，這是讓人沮喪的。有時，我們會覺得自己一事無成，如果我們未能獲得某些物質，世人就會貶低我們。因為這反應了我們的商業能力、判斷力與勤奮。這通常不是金錢的問題，而是如何賺錢與節約金錢的問題。總之，這是一個節約思想的問題。如果我們不夠節約，如果我們什麼東西都剩不下的話，世人就會覺得我們一事無

成，覺得我們是失敗者，把我們看出懶惰、或是奢侈的人。他們會將我們視為沒能力賺錢的人，或是沒能力存錢的人。

但是，我們一定要記住，節約並不是過度節儉，也不是吝嗇。這通常意味著有度地花錢，意味著反對愚蠢的浪費。

每個人都不該養成過度節約的習慣，就好比你不能在撒播種子後，不給這些種子施與足夠的營養，就讓它們無法成長，好比我們做生意卻不打廣告，或是為了省點錢，而不給家人買足夠的食物。「省下一分錢，就是賺到一分錢」。但是，用到好處的一分錢通常會讓你賺到好幾分錢。要是你盲目節約一美元，可能讓你失去好幾美元。今天這個時代，那些慷慨大度，用錢有方的人肯定比只知道存錢，不懂得花錢的人走的更遠。

一美元的唯一價值就是它所代表的購買力。「無論這一美元被人用了多少次，它依然具有屬於它的購買力。」囤積金錢就好比儲存在地底下的金子一樣，始終讓礦工挖掘出來。這個世界的金子儲備量很多，只要我們不斷挖掘的話。想像一下，如果世上每個人都是吝嗇的，過著「可有可無」或是「我們的祖父在沒有這些東西時，也能活下來，我想我也能」的生活，那麼，我們的公園、摩天大廈、電力設施、音樂與藝術會變成怎麼一個模樣？誰又會精心培養一棵樹，耗費心力使之變成鋼琴或是豪華車廂呢？那些半途而廢的工作會完成嗎？如果每個人都變得吝嗇，不願意付出，那麼這個世界會發生什麼，會出現怎樣的恐慌，這真是難以估量。

「所以，將你的需求平攤下來，不讓你的支出超過這個範疇，」布林‧維爾說，「要是我一年只能賺 100 英鎊，也不需要別人的資助。我至少可以吃點麵包，但我還有自由。若是我一年賺 500 英鎊，我就害怕別人半夜來敲門，可能是債主半夜上來索債了。我過上悲慘的生活，是因為我的判

斷出現了錯誤。因為心臟就在我的肉下面，一些夏洛克式的高利貸者可能已經準備好，磨刀霍霍地準備挖我的心臟。每個開銷大於收入的人都是沒錢的。每個開銷低於收入的人就不會沒錢花。我可能控制不了自己，每年 500 英鎊的收入還是陷入了貧窮，感受到了恐懼與恥辱。若我一年只有 100 英鎊，我就能控制好開支，獲得最寶貴的財富 ── 個人的安全與尊嚴。」

第十七章
在家接受大學教育

　　霍勒斯‧格里利說：「小時候，我會對著木柴堆、花園與鄰居讀書。我父親很窮，我必須整天幫他工作，但他晚上想讓我早點睡覺都要費很大周折。我會找來一塊松木，作為墊底，然後把書放在旁邊，躺下來讀書，就這樣度過漫長的冬夜。我一動不動，沒說一句話，靜靜地閱讀，整個世界似乎都不存在了，只有書本的內容在我的腦海裡不斷迴旋。」

　　按林肯自己的話，他加起來只上過一年的學校。他就是透過閱讀進行自我學習的最佳例子。當時他所處的環境只有幾本書，附近也沒有其他人是有書的。林肯買不起紙張，只能用燒過的木頭在地上運算數學問題。當他計算完了，就會用沙子填上，然後繼續進行運算。他經常在一塊木頭上計算數學問題，畫圖畫或是做筆記。

　　對林肯這樣渴望獲得知識的年輕人來說，雖然身處荒野地帶，沒可能上學，附近也沒有圖書館及大學，要想到鄰居借一本書，都要走上許多公里路，但他一定要得到讓他魂牽夢繞的書。據說，他29歲在俄亥俄河的一艘渡輪上做渡夫，每天晚上看書都看到深夜，直到看完他手頭上所有書籍，他才會入睡。他渴望接受教育，渴望成長，渴望拓展自己。因為他當時無法接觸很多書，所以他更加珍惜每次都很遠路借來的書。當全家人入睡後，他會點燃松木，坐在火旁前閱讀。他沒有很多書，沒有什麼分散他精力的事情，也沒有其他的選擇。

　　生長在城市的年輕人能從《華盛頓的一生》這本書獲得多少知識呢？他們身邊到處都有大型圖書館，能在明亮的電燈下從容地閱讀，也不需要像林肯那樣為了獲得一本書要等上好幾個月，不需要在荒原上走上好幾公里路，也不需要像林肯在沒有地板的木屋點著柴火閱讀。林肯的家只有一本《聖經》、《伊索寓言》、《天路歷程》及威姆斯的《華盛頓的一生》。但是，這些書對一位渴望知識的少年來說，是多麼寶貴的財富啊！當今

美國的很多教育機構要多麼感激林肯當年擁有的這個「小圖書館」啊！林肯能背誦《伊索寓言》的每一章節，能夠背誦大段《天路歷程》，還能熟記《聖經》的大部分內容。這位在邊遠荒蠻地區的男孩要是得到《魯賓遜漂流記》或是《美國歷史》這兩本書，肯定會高興地跳起來！

與當今很多男孩三心二意、無所用心地瀏覽書籍形成鮮明對比，林肯每個星期都要起早摸黑地工作，一週工作 5 天，週六還要步行好幾公里路去向人借書。在他借到書返回家的路程上，他是多麼的欣喜，沉浸在書中的每個段落，深怕自己以後再也看不到這本書了，似乎這一切都取決於他的記憶力去回憶這些美妙的文字，害怕這些思想永遠從他的腦海裡消失。看看這位對知識飢渴的男孩，這位心靈被幾本書所縈繞的男孩吧！他要步行到斯普林菲爾德借書，然後又要步行回去還書。他會在深夜看書，第二天早上起來工作，咀嚼著書中的思想給他帶來的思想震撼。

無論他閱讀什麼書，聽到了什麼故事，都會向他的母親重述一次。他是一位很優秀的說故事的人，很多男孩與成年人都會在商店門口或木屋前，聽他講故事，直到天黑。

林肯想提升自己的演說能力，所以他抓住機會就每個主題發表演說。他一有機會就會叫幾個男孩來到他身邊，進行模擬的審判。他輪流扮演檢察官與辯護律師的角色，有時會扮演法官或陪審團的角色，甚至會扮演犯人的角色。他這樣做是想讓自己能夠全面地看待每個問題。

詩人惠蒂爾小時候只接觸到了幾本書：《聖經》、《天路歷程》還有幾卷有關教友派的書籍。

「我們身處過分閱讀的危險，」約翰・霍普金斯大學大學校長吉爾曼說，「讓我們讀少點，思考多一些。」

　　一個有趣的悖論是，有太多的優勢反而會讓人處於劣勢，有太多機會或優點，反而會讓人失去機會。身處優越的條件，人會容易失去專注力，失去讓心智牢牢抓住每個目標的能力，因為他的心智受到了束縛。當某人來到一間大型商店，看到琳琅滿目的商品，各種形狀大小不同的包裝，他會不知道該選擇哪一樣。有太多相互衝突的優先選擇讓我們無法下決定。

　　在這個薪水普遍提高與充滿可能的時代裡，我們很難想像，美國副總統亨利‧威爾遜在他 21 歲時，幫人伐木的日薪只有 25 美分。但在他 21 歲前，就已經閱讀 1,000 本書，即便他當時每天都必須早起摸黑工作。

　　據艾利胡‧巴里特的日記記載，在某年 6 月的三天內，他在鐵砧上總共工作了 32 個小時，但他還是在三天時間裡閱讀了 70 頁的希伯來文、敘利亞文、波希米亞文、波蘭文、丹麥文還有法語的書籍，閱讀了一些介紹先進科學的書籍。他成為世界上最著名的語言學家之一，為自己贏得了「學識淵博的鐵匠」的榮譽綽號。愛德華‧艾瑞特在談到巴里特深厚的學識時說：「他能讓那些有機會獲得大學教育的人羞愧的無地自容。」

　　著名出版人兼作家威廉‧查爾莫斯就是透過晚上自學的時間，進行自我教育的。當時他在一位書商那裡當學徒，每天要工作 12 個小時，依然擠出時間進行學習。

　　邁克爾‧法拉第被亨弗里‧達維稱為是他最重要的發現。法拉第一開始在書籍裝訂商那裡當學徒，他在裝訂書籍的過程中閱讀了大英百科全書上有關電學方面的內容。他一開始在簡陋的閣樓裡，用一個老舊的鍋底與一個瓶子進行實驗。

　　詹姆斯‧瓦特晚年學習了拉丁語、法語與德語，以便自己能夠閱讀科學原著。

海倫・凱勒，這位盲聾啞的女子，憑藉著自身的努力，從拉德克利夫學院畢業。

約翰・H・芬利在 10 歲時，利用閒置時間學習拉丁語與幾何知識。他夏天時在農場做工人，冬天到荒原上一座學校當老師。後來，他做了排版與校對的工作，學習到了很多知識，最後到克諾斯學院與霍普金斯大學學習。當時的克諾斯學院院長很看重他，推薦他到普林斯頓大學擔任教授職位，現在他是紐約大學的校長。

來自鄉村的男孩經常抱怨自己缺乏機會，因為貧窮只能讓他們在冬天上很短時間的學校，沒有免費的圖書館，偶爾才能找到一本書。但歷史已經證明了一點，有所成就的人都不是那些快速瀏覽書籍的人，也不是那些泛泛閱讀數百本書的人，而是那些專注於幾本書，將這些書的思想融入腦海裡的人，讓自己成為強大的人。

專注是取得所有偉大成就的祕密所在。任何會影響你專注力的事情，任何會讓你分散注意力或失去對某事專注度的事情，都應該被你視為成功的敵人，都應該是你盡量去遠離的。

鄉村生活的安靜與休閒，加上心智的高度專注，通常能彌補缺乏城市生活看似更多的機會或圖書館所帶來的不足。

每個有理想的人都渴望獲得力量，但這只能透過嚴格自律、長時間持續的專注與認真，才有可能獲得。讓心智從一件事情轉移到另一件事情，隨手翻開一本書，不斷轉變學習的主題，好比蜜蜂從一朵花飛到另一朵，這對心智會造成嚴重的影響。要想有所成就，必須要堅持與專注於一點。這是獲得力量與取得成就的祕密。

這就是為什麼很多鄉村男孩，在沒什麼學習機會，普通校舍或是幾本

書的情況下，依然遠遠拋離那些在城市長大的年輕人的原因，雖然後者有很多接受教育的好機會，有很多免費的圖書館與機會，但他們的心智失去了專注力，將精力浪費在許多方面，最終反而比不上鄉村男孩。

很多出生在城市的聰明男孩，他們從小就有機會接觸各種書，有條件最好的學校，最終卻是一事無成。相反，很多鄉村男孩在沒有多少書或接受多少教育的情況下，最後取得了成功。這是因為前者遇到太多分散他們注意力的事情了，有太多貌似的機會分散他們的注意力，所以很難長時間做到有始有終。但鄉村男孩的手上雖然只有一本書，但他細細品讀，認真消化書中的內容，最後這本書的思想融入了他的血液裡，成為他人生的一部分。

孔子曾這樣評價自己：「發憤忘食，樂以忘憂，不知老之將至。」

東方人都深受孔子的儒家的經典所影響。

「書是奇怪的東西，雖然沉默寡言，三緘其口，

　但內容卻如滔滔江水，影響世界；

　看似毫無力量，輕如鴻毛，

　卻影響著無數人的思想與心靈，

　就像荒原上的野火，燃亮心智，

　如天上的星星，劃破黑暗的天際。」

「當我讀完這本書，走在大街上，」一位剛剛閱讀完《荷馬史詩》的人說，「所有人都似乎有 10 尺高。」

看到特洛伊城被焚燒後遺址上的雕刻，看到曾經的城垛遺址清晰可見，刺激著希利曼 [02] 進行探索與挖掘，最後有了震驚世界的考古發現。

---

[02]　希利曼（西元 1822 ～ 1890 年），德國著名考古學家。

製鞋匠薩繆爾・德魯曾說洛克的《啟蒙的文集》喚醒了他沉睡的思想，促使他下定決心，過上全新的生活。

一個男孩在 7 歲時閱讀了阿伯特的《拿破崙的一生》，這本書激勵著他在 14 歲投筆從戎。

奧西恩的詩歌對拿破崙的一生產生了深遠的影響，拿破崙也始終不吝嗇對〈荷馬史詩〉的讚美。柯頓・馬特爾的《行善的論文》改變了富蘭克林的一生。廷德爾深受愛默生所著的《自然》一書的影響。比徹曾說，羅斯金的書讓他發現了觀察的祕密，每個人在閱讀羅斯金的書後，都不會再以閱讀前的視角去看待這個世界。

羅蘭德女士經常閱讀普魯塔克的作品，拿破崙也同樣喜歡普魯塔克的作品。普魯塔克神奇的雙手能夠將英雄描繪的栩栩如生。他說自己會讓描寫戰爭大場面的工作交給其他作家，而他只專注描寫英雄的靈魂。莎士比亞曾從普魯塔克身上學到了很多。

一位英國製革工人因其所製的皮革贏得了巨大的聲譽，他說要不是閱讀了卡萊爾的書，他永遠也不可能做到。

在一間爬滿苔蘚的教區房子的一個客廳窗戶前，柯勒律治度過了他夢幻般的童年，沉湎於東方的神思，閱讀著《一千零一夜》。他後來的作品說明，閱讀這本書給他的心靈帶來了多大的震撼，內心充斥著各種難以理清的欲望與理解，直到清晨的陽光照射進來，他迅速拿起筆，跑到教區花園某個樹葉繁茂的角落，用詩歌盡情表達著他的驚訝與震撼之情。

很容易就能從柯勒律治的詩歌裡找到《一千零一夜》的影子。

我還以可以列舉數百個類似的例子，這樣的道理不難說清楚。年輕人閱讀時應該謹慎選擇書，這是極為重要的。

年輕人在早年閱讀的書對未來的人生道路會產生重要的影響。一本好書帶來的激勵讓很多人成為了老師、牧師、哲學家、作家與政治家。另一方面，一本壞書則讓很多人成為了異端者、放蕩者與罪犯。

很多早年缺乏機會的人或很多沒機會上大學的人遇到的問題是，他們覺得沒有提升自己的機會，覺得自己要是好幾年不上學，繼續學習也是用處不大的。他們沒有意識到。財富存在於閒暇時間裡。他們能利用閒暇時間去學習，抓住每個機會，彌補他們未能上大學的遺憾。即便每天花費 10 ～ 15 分鐘，專心進行閱讀、思考，就能大大拓展你的心靈，豐富你的知識。一年到頭，你會發現自己已經完全了變了一個樣。

我認識一位只上過幾個月學的人，但他卻是我認識的最有學識的人之一。當他意識到自己缺乏早年教育後，就下定決心透過其他方式去彌補知識的不足。他利用閒置時間去閱讀，吸收了很多知識，讓每一位認識他的人都大感吃驚。他在很多方面的知識，比如歷史、天文學、地理、政治經濟學、生理學都有很深的理解，以致很多人都認為他是一位大學畢業生。

透過利用閒暇時間去進行分析、思考、觀察、閱讀與學習，能夠讓你獲得神奇的提升。想像一下，閒置時間與漫漫冬夜所蘊藏的財富吧！要是你能利用好多數人都浪費的閒暇時間，那麼你就能讓自己接受好的教育。

如果那些沒有接受過大學教育的人能夠下定決心透過其他方式彌補知識的不足，他們會驚訝地發現，即便利用晚上時間認真地進行學習，也能讓他們達到大學的水準。

很多到處出差的銷售員都在透過函授的方式進行學習。他們有很好的機會進行學習與提升自己，特別是在他們進行長途旅行時。這就是他們工作之外的「副產品」，透過學習、閱讀來提升自己，這給他帶來的價值通

常超越他的薪水，因為增加的知識能給人增添力量。

不願意犧牲安逸的生活，不願意放棄一時的舒適去換取未來的進步，必然會導致大多數人過著懶惰與低效的生活。他們總是喜歡沿著阻力最小的道路前進，人生缺乏一個明確的目標，在沒有提升自己的前提下，白白浪費了寶貴的時間。

如果一個人渴望知識，渴望自我提升，那麼他通常能獲得這樣的機會。

相比於那些淺嘗輒止、膚淺與毫無人生目標，喜歡社交，平時喜歡各種言情小說的女生來說，露西・拉克姆在磨坊工作了整天後，還要堅持學習，露意莎・梅・奧爾柯特（Louisa May Alcott）或是瑪麗・A・利弗莫爾在忙了整天後，晚上抓緊時間閱讀，珍惜每一刻的閒置時間去豐富自己的知識儲備，讓她們的人生更加圓滿，讓人生更加光榮。

很多人遇到的問題是，他們無法忍受長時間閱讀、思考、反思與學習的行為，他們似乎一旦遠離了人群，就覺得心慌慌。

我們很多女生似乎都變得越來越喜歡社交活動。她們越來越看重社交能力，認為與人交往更能提升她們的能力，喜歡參與家庭活動，或是參與鄰居間舉行的各種活動，從中感受到樂趣。

雖然社交活動能給人帶來很大的優勢，但也有陷入膚淺生活、閒蕩或是浪費心智慧力的危險，或是養成與人瞎侃與言之無物的不良習慣。

我認識一位女生，她說自己總是在公共場合下出醜，因為她缺乏足夠的教育。她有限的閱讀，對歷史、科學、藝術及一般的話題都很無知，所以經常出糗。她為自己的不足感到憂傷，似乎準備去改善自己的不足。但她說自己晚上沒有時間，都排滿了活動，根本沒時間去閱讀報紙。其實她

的日常工作很輕鬆，有很多的閒置時間，但她就是不知道該怎麼做，也不願意付出努力，不懂得如何明智利用時間。她有時會坐下來痴痴望著窗外長達一個小時，或是在房子來回踱步，思考著雜七雜八的事情。若她能夠利用這些時間的話，就能開拓心智。很多寶貴的時間都被她在無聊的八卦與毫無意義的閒談中浪費了。若是這個女生真的希望自我提升，想讓自己的人生變得更加宏大、圓滿，那麼她是肯定可以輕鬆找到時間的。她在社交活動、去戲院看戲，聽歌劇時有時間，因為她的心思都在這上面。但她不想去閱讀或是找時間自我提升，因為她內心沒有真的想這樣做。

　　另一位女生則與上面這位形成了鮮明的對比，充分展現出堅定的決心所能取得的成就。這位女生不僅養活自己，而且還養活依靠她的人。雖然條件艱苦，但她還是找到時間透過閱讀去提升自己。她知道如何明智地利用時間，所以成為了很有知識的人。她總是隨身攜帶幾本好書，一旦空閒就拿出來讀，隨處留心觀察生活中的各種知識，經常與那些知識淵博的人交往，向他們學習，鍛鍊自己的觀察能力。她總是耳聽六路眼觀八方，保持開放的心態。因此，她透過長時間的自我提升，利用閒置時間，在短短的幾年時間裡，豐富了自己的心靈，同時大大增強自己賺錢的能力。

　　世界上很多著名的人都是利用閒置時間去提升自己的。富蘭克林，這位被稱為「出版界的魔鬼」，就是透過自我學習、自律與自我修養，讓自大的英國爵士與自視甚高的法國科學家與作家感到無比震驚。

　　富蘭克林年輕時是波士頓的一位印刷工，當時他的口袋只有一美分。他發現自己可以用這點錢去買埃迪森的《觀察者》。內心經過一番掙扎後，他還是決定購買那期的《觀察者》雜誌，寧願不吃午飯。他的學識震撼著世人，被稱為世上最有才的人。班傑明‧富蘭克林博士還是美國著名的哲學家。

即便在最繁忙的生活，人也還是會浪費許多寶貴的時間。

我們應該更加重視自己的時間，而不是你的金錢，因為時間一去不復返，金錢還可以賺回來。

當我們認真審視一下，就會發現人生其實是很低效的。除去睡覺與娛樂的時間，除去必要的時間損失，真正用於工作的時間是少的讓人震驚。要想有所成就，我們必須要好好抓住每一分秒。

你很難要求人在忙碌時評價一個人，最好觀察在他吃完晚飯後做什麼，或是在他結束了一天的工作後到上床睡覺這段時間做什麼。你很難透過一個人花在生活必需品上的錢或是維持家人生計的錢去評價一個人是否有好的品格，但你可以透過他如何處理金錢去看待他的品格。要想真正審視一個人的品格，最好看他如何利用閒置時間，下班後去做什麼或是如何使用金錢上。

絕大多數人的工作時間都用於謀生，處理工作上的事情，這是很多人每天都按部就班做的事情。你很難透過他們在這些時間的表現去衡量他們，因為這已經形成了一個系統，是他們每天都要做的事情。一旦他下班了，他就會換了一個人。他真正的本性就會顯露出來。每個人只有在擺脫束縛後，才會做出自然的舉止。

認真觀察那些做完日常工作後的男女，看看他們如何利用晚上的時間，與什麼人交往，與什麼人交朋友，做了什麼。這些都是衡量他們是否具有良好品格的考驗。

你忠誠地利用好閒暇時間，抓住每個機會提升自己，這就說明你會成為怎樣的人，說明你所具有的潛能，說明你具有取得成功的能力。

一位著名作家被人問道如何能輕鬆地取得如何巨大的成就時說：「合

理安排時間。每個小時都安排有各種與任務，絕對不做重複的事情，也不影響工作的效率。」

我們應該養成一個心理習慣，每當有閒置時間就要去抓住。每當你手頭上有時間，且有閒置時間，就要認真閱讀。

閱讀的習慣一旦養成，就會慢慢融入你的生活當中。如果你總是利用每個閒置時間去閱讀，即便你每天所讀的內容不多，若能堅持地做，就會驚訝地發現，整年下來已經有了很大的收穫。

第十八章　家庭閱讀的圈子

「在圖書館裡流連」這是奧利弗・溫德爾・霍姆斯回憶童年生活時經常說到的一句話。對聰明的學生來說，最為重要的事情是，讓他們對各個方面的知識都有所了解。從圖書館裡搜尋適合自己的書籍，這具有極為重要的現實價值。這就好比一個人懂得如何挑選與使用智慧工具，讓書籍能更好地為他服務。耶魯大學校長哈德利說：「在現實生活裡，無論是從事商業、運輸、製造行業的人，他們都跟我說，希望能從大學裡找尋具有高效選擇書籍能力的人。要找擁有這樣的能力的學生，至少要從每一個家裡有藏書的家庭裡尋找。」

當今，擁有私人的圖書館不再是一種奢侈，而是一種必要。一個沒有書、期刊或是報紙的家就好像一間房子沒有窗戶一樣。孩子能透過閱讀書籍學習知識，每個家庭都不應該忽視閱讀對孩子成長的重要性。

要是小孩從小有字典、百科全書、歷史書、參考書或其他有用的書，他們就會在耳濡目染中學習，不需要花費什麼，就能在其他孩子浪費的時間裡學到很多知識。若是讓孩子在學校或大學裡學習，那麼花費將是這些書籍價格的 10 倍以上。除此之外，好書能讓一個家變得更具精神，充滿活力，孩子更願意待在這樣美好的家裡。從小沒怎麼接受教育的孩子則不願意待在家裡，想著外出閒逛，做各種可能對他們的人生帶來危險的事情。聰明的孩子能從擁有好書的環境下，經常閱讀這些書，對書的裝幀與書名有所熟悉，這對他們獲得知識是很重要的。孩子從小在有書的家庭下成長，對他們日後的發展是極為關鍵的。

很多人從來不在一本書上做記號，也從沒折過書頁，或在一些比較好的句子下劃重點。他們家「圖書館」的書跟買的時候一樣新。不要害怕在書上作注譯，你最好這樣做。因為這會讓書變得更有價值。一個在早年懂得如何使用書籍的人，能在成長過程中獲得巨大的力量。

據說，亨利‧克萊的母親為了賺錢給兒子買書，經常幫人家洗衣服。

如果必須的話，寧願穿舊一點或打補丁的衣服，但不要在買書上吝嗇。如果你不能給孩子一個接受大學教育的機會，至少可以讓他閱讀好書，讓他的心靈超越所處的環境，過上富於尊嚴與榮耀的生活。

難道家庭不應該成為教育孩子人生原則的地方嗎？我們都是在家庭慢慢養成影響未來人生的習慣，對心智進行持續的訓練，最後決定日後的人生。

我知道很多讓人唏噓的例子。不少有理想的男女都想提升自己，卻因家庭存在的不良習慣所阻擋，因為每個人都在說話，開玩笑，根本無意去提升自己，沒有更高的理想，熱衷於閱讀低俗的小說。若是某人想要進取一些，其他人就會嘲笑他，直到他感到沮喪，最後放棄了努力。

如果小孩子不想看書或學習，他們通常也不會讓其他人這樣做。孩子天性是喜歡搗蛋的，喜歡嘲笑別人。他們很自私，不能明白為什麼在他們想與那人玩耍時，他卻想去閱讀或學習。

一旦家庭建立了這種自我提升的習慣，那麼對家人來說就是一種樂趣。年輕人會懷著期盼玩耍的心態去盼望閱讀。

若是每個浪費寶貴時間的家庭都能利用好在家的時間，那麼這將是一種莫大的鼓勵。家庭裡的和諧、愉悅的氣氛，能讓人在不知不覺中提升自己，追求更加美好的事情。

我認識新英格蘭的一個家庭，家裡的孩子與父母都一致同意，每個晚上騰出一部分時間，用於學習或是某種形式的自我教育。晚飯後，他們全情投入到遊戲之中。在一個小時內，他們盡情地玩耍。然後就是學習時間了，整個房子瞬間變得安靜，彷彿一根針掉在地上都能聽到。每個人都坐

在自己的位置上閱讀、寫作、學習或是進行著思考。誰也不准說話或是打擾其他人。若是某人不想看書或是學習，他至少也要保持安靜，不准打擾別人。大家都處在一種和諧的狀態，都有一個明確的目標，每個人都可以處在學習的最佳狀態。他們會努力避免任何分散注意力或打擾思考連續性的事情。他們在一個小時內集中的學習，要比時刻被打斷的 2 ～ 3 個小時的學習更有效率，因為他們的心智在這段時間不會受到影響。

有時候，一個家庭的習慣能夠因為一位意志堅定的年輕人勇於堅持自己的原則，並大膽宣稱自己不想成為失敗者，不能冒讓自己成為失敗者的風險的堅持，最後獲得了改變。一旦他堅持下去，就與很多隨便浪費時間與機會的年輕人形成鮮明的對比，讓他們意識到在浪費著寶貴的時間。

享有不斷提升自己，凡事認真的名聲能讓你吸引所有認識你的人的注意力，你將獲得很多人的推薦，那些從沒有想過要往上爬的人是無法得到的。

即便是最忙碌的人生也會浪費很多時間，若能合理安排，人們是可以最大化地利用時間。

很多家庭主婦從早忙到晚，她們真覺得自己沒有時間閱讀書籍、雜誌或是報紙。若是她們能夠認真安排時間，會驚訝地發現自己原來浪費了很多時間。系統的安排能節省很多時間，我們當然應該對生活做一個計畫，以便更好安排時間用於自我提升，不斷拓展人生的視野。但很多人覺得，只有在完成了其他事情後，才有時間進行自我提升的事情。

如果一位商人不首先處理重要事務，而首先處理雜七雜八的事情，那他絕對不可能有所成就的。優秀的商人每天回到辦公室的時候，深知若是自己首先處理不大重要的事情，那麼所有細節與瑣事就會冒出來，或是會

見每個要見他的人，回答每個想要採訪他的記者，那麼在他結束整天工作前，就沒有時間去處理重要的事務。

不知為啥，很多人都能為我們喜歡做的事情找到時間。如果一個人渴求知識，渴盼實現自我提升，或是喜歡閱讀，那麼他肯定能找到這樣的機會。

心之所願，即是財富所在。只要想做，就有時間。

區分重要與不重要的事情，專注於做好重要的事情，這不僅需要決心，還需要意志力。因為人總是要面對眼前的享樂與未來的美好之間的誘惑。將閱讀推遲到更好的季節，現在就去享受時光，或將時間浪費在八卦的閒話，這些都是可能誘惑我們的事情。

世上最偉大的事情都是那些做事最有規律的人去做的。那些在世上留下烙印的人都是很珍視時間的，將時間視為成就人生的重要泉源之一。

如果你想要培養一種享受快樂或獲得愉悅的方式，體驗前所未有的樂趣，從閱讀好書、期刊開始吧！每天習慣性地閱讀一些。千萬不要一下子閱讀太多，把自己弄累了，要每天都堅持閱讀一些，不管讀多讀少。如果你能始終堅持，就能感受到閱讀的樂趣。這遲早會給你帶來無盡的滿足感與純粹的樂趣。

在體育館裡，我們經常可以看到一些人焦躁不安的人，他們不是遵循科學的鍛鍊方法去進行有規律的訓練，而是隨意進行訓練，一下子做滑輪運動，一下子拿起啞鈴做運動，然後又在雙杠上晃來晃去，消磨時間與自身的體力。要是這些人遠離運動館，說不定會對他們更好呢，因為缺乏明確的目標與持續的運動會讓他們失去更多的能量。無論男女，要想透過體育運動獲得力量就一定要有意志力，進行系統的訓練。他必須要將心智與

能量都投入到工作中去，否則無法讓肌肉變得強壯，讓身體變得強大。

體育鍛鍊與心靈訓練其實相差無幾，只是存在形式上的不同而已。細心與周到是這個過程所必不可少的。喜歡收藏書的人，喜歡隨意瀏覽書籍，隨便讀完一本書的人，是很難透過閱讀的習慣去提升心智的。

要想從閱讀獲得最大的收穫，你必須懷著一個目標去閱讀。要是你強迫自己坐下來，隨便拿起一本書，心中缺乏一個明確的閱讀目標，只是想著浪費時間，那麼這樣做是很有害的。好比一位雇主給跟職員說，他早上可以在心情好時工作，也可以在感到疲倦時隨心地停止工作一樣。

永遠不要在自己感到疲憊與心態困倦時選擇一本書去閱讀。如果你這樣做的話，就會獲得同樣的結果。你要懷著清醒的頭腦，保持活躍的心態，永遠不要在心態消極的時候去閱讀。這樣的做法是很有益的，能夠矯正你注意力經常出現分散的情況。很多人此前經常受此困擾，但能夠透過改善閱讀的方法去改正。

還有什麼能比得上懷著一個目標去閱讀，意識到自己的心智在閱讀的過程中不斷拓展、成長與進步，感到人生不斷豐富，意識到將無知、固執或是任何阻擋你進步的東西都拋棄掉，更能讓你獲得更大的滿足感呢？

真正有益、能讓心智更加強大的閱讀方法，就是專注，全身心地閱讀一本書的內容。

真正懂得專注於閱讀一本書的人是多麼少啊！大多數人將寶貴的時間浪費在閒蕩與無聊中。無論是站著還是坐下來，我們都在盲目地工作。我們的心智在多數情況下是一片空白。

消極的閱讀甚至要比閱讀本身更加有害。這無法增強心智慧力，好比盲目的鍛鍊無助於身體的強大。消極的閱讀會讓心智處於懶散的沉思中，

無法專注起來。這樣的閱讀會讓你的心靈失去彈性，弱化你的智力，讓大腦變得遲鈍，無法牢牢抓住重要的人生原則，無法讓你處理困難的問題。

你在閱讀一本書時所收穫的東西，並不一定就是作者的思想，而是你所感受到的思想。如果你沒有用心，對知識缺乏渴望，不想深入拓展自身的思想，那麼你很難從一本書有更多的收穫。如果你渴望從作者的思想中獲得營養，正如乾枯的心靈渴望甘霖一樣，那麼你的心靈就會得到滋潤，重新煥發出活力。

你閱讀的嗜好要像馬克萊、卡萊爾與林肯那樣——或是每個從閱讀中有所收穫的人那樣，全身心投入到閱讀中去，吸收書本中的營養，全神貫注於閱讀，忘記書本外的其他事情。

「閱讀讓我們獲得知識，讓我們有所收穫，」約翰·洛克說。「正是作者的思想才讓書籍值得閱讀。」

要想從閱讀書籍中有最大的收穫，讀者首先要成為思考者。單純掌握很多事實，並不能說明你擁有力量。想讓心靈填充著知識，你就要讓心靈有足夠的空間，清除心靈中所有無謂的「雜物」。

只有在完全被消化與吸收後，食物才能給我們的身體、大腦與肌肉提供能量，成為血液、大腦與其他身體組織的一部分。知識只有被我們的大腦消化後，成為心智的一部分後，才能變成知識。

在你認真閱讀後，若想要智趣有所提高，最好養成這個習慣：認真挑選要閱讀的書籍，坐下來思考，或是站起來踱步思考，但你千萬要思考，沉思與反思，在腦海裡不斷沉思你所閱讀到的內容。

知識只有為你的大腦完全吸收後，才會變成你的。在你第一次閱讀的時候，這些知識還是屬於作者的。只有在這些知識成為你不可分割的一部

分後，這才是你的。

很多人都認為，如果他們不斷地閱讀，每當有閒置時間手上就拿起一本書閱讀，他們就能成為有學識的人。

但是，他們可能覺得要想成為運動員，每當有機會就要吃的很飽。相比於閱讀本身而言，思考更加重要。思考與沉思閱讀過的內容，就好比吸收與消化所吃的食物。

我所認識的一些最荒謬的傻子，都是那些喜歡給自己填充知識的傻子，這些人很少會去思考。當他們一有閒置時間，就會拿起一本書閱讀。換言之，他總是在吸收知識，卻沒有認真消化這些知識，沒有讓這些知識真正成為他們的一部分。

我認識一位年輕人，他養成了這樣一個習慣，就是從來手不離書、雜誌或是期刊。無論在家裡、車上或鐵路月臺上，他總是在閱讀，當然獲得了不少知識。他對知識有著強烈的追求，但他的心智卻似乎因為大腦被填滿了而失去了活力。

每個讀者都應該記住米爾頓所說的這段話：

「每一位時刻閱讀的人，很難獲得同等的精神或是判斷力，
不確定與不牢固的思想依然存在。
書的內容很深邃，但他依然膚淺，
草草閱讀或是沉迷其中，就像收集玩具，
所選擇的小玩意，價值只有一個海綿，
正如小孩在海邊撿起鵝卵石一樣。」

韋伯斯特還是個孩子時，當時書籍還是很稀少的，也顯得非常寶貴，他從未想過有機會一本書有機會能讀兩次，但是他在閱讀的過程中不斷思

考，反覆在記憶裡回想，直到書本中的內容成為他人生的一部分。

伊莉莎白・巴雷特・白朗寧（Elizabeth Barrett Browning）說：「我們犯了閱讀太多的錯誤，導致思考出現了失衡。若是我讀的書只有現在的一半，我會更加開心與睿智。我的能力會變得更強，對自己也應該會有更高的評價。」

過著安靜生活的人沒有很多分散他們注意力的東西，因此要比其他人思考的更多深刻。他們雖然沒有閱讀很多書，卻能從閱讀中收穫更多。

無論在閱讀或研究其他主題上，你都要全身心投入進去，正如你拿著磨石去磨斧頭，你並不想要從磨石上有所收穫，而是想著如何讓斧頭變得更加鋒利。

書籍最大的好處並不在於我們能記住書中的內容，而在於書籍帶給我們的暗示意義及它們所具有的品格力量。

「關鍵不在於是否擁有圖書館，而在於你自己，」葛列格里說，「在於你的自尊與意識到自己圓滿地完成了一件事，在於你找到了『青春的泉源』與『生命之藥』，以及其他能夠讓你永葆生命活力與能量的事情。」

「閱讀一本好書是一件好事，能夠過上正派的生活則是更加偉大的事情。這樣的生活能讓人充滿力量，抵抗歲月的侵襲與墮落的傾向。」

造成人與人之間區別的，並不是能力、教育或是知識。單純擁有知識並不能讓你獲得力量。尚未成為你人生一部分的知識，尚未能讓你在緊急情況時使用的知識，是用處不大的，也很難讓你在關鍵時刻使用得到。

要想成為高效之人，人必須要在生活裡不斷地提升自己。他所掌握的知識必須要轉化成為一種力量。即便是一點點現實生活的知識，要比你學到很多不能在運用的知識更加有用。

　　沒有比格萊斯頓更能展現出書籍對一個人的重要作用，或思考能對人生產生重要作用的例子了。他一開始擔任議員，後來超越了政壇，並且不斷地成長。他對智趣的拓展有著強烈的熱情，超群的天賦顯然讓他能在教會成為主教，或是在劍橋大學、牛津大學成為著名教授。但是，環境迫使他進入了政壇，他迅速適應了環境。他是一位知識淵博的人，透過閱讀與思考人生不斷地提升自己。

　　培養閱讀的品味與接受好書的一個好處，就是能讓我們獲得心靈的消遣與慰藉。

　　從讓人煩惱、羞辱、沮喪或壓抑的環境中超脫出來，隨意進入一個充滿美感、樂趣的世界，這是多麼幸福的事情啊！

　　如果一個人因為失去親人或痛苦感到沮喪與壓抑，那麼，讓心靈迅速恢復到正常狀態最有效的方法，就是讓自己處於正常的心智，恢復到理智狀態。我們可以從容地在書籍中找到這樣的感覺。我認識不少人，他們都在忍受著心靈的煎熬與痛苦，卻能透過閱讀好書，感受美好情感的薰陶，迅速擺脫原先的思想。

　　我們到處可見富有的老人坐在俱樂部，抽著菸，雙眼望著窗外，或坐在酒店的沙發上，到處閒逛，顯得不安焦躁，對自己不知道該做什麼感到不滿。他們從來沒有為想要過的生活做好準備。他們在年輕時將所有的精力與興趣都投入到工作中去，導致現在很多身體功能出現了退化。

　　我認識一位老紳士，他是一位很優秀的商人。他始終與時俱進，知道世界各地發生的事情。現在，他感到喜樂，就像一個孩子可以休閒地玩耍一樣。因為他始終保持著閱讀的習慣，能從書籍中感受到樂趣。

　　那些長時間將身心功能指向某個方向的人很快就會失去心靈的活力，

失去心靈的敏感度與彈性。

如果讓我引用杜爾里的話，這將是：「閱讀並不是思考，閱讀並不是催眠你入睡的途徑。」

按我的觀點，我寧願引用英國才識淵博的爵士羅斯伯里在中錫洛安郡西考爾德的卡內基圖書館的開館儀式上所說的話。他形象地說明了書籍的價值。下面節選他的一段話。

「顯然，一本書會讀完，但總能讓我們疲憊後恢復活力與力量。當我們的目標是恢復活力與提升自己，透過想像忘卻時間的煩憂，那麼書籍就不僅僅是一種途徑，相反它本身就是一個結果。書籍能讓人煥發，提升人的品格。無論是手工或是智慧的作品，對書籍擁有高尚品味的人在疲憊後，總能投入到著名作家的懷抱裡，能讓他們擺脫原先的生活軌跡，進入到一個全新的世界，感受全新的星球，讓他忘記了身上的瘀傷，重新回到這個世界的時候，又變成了一個快樂的人。」

阿特金森教授說：「誰能估量一本好書帶來的價值呢？正如培根所說的，書籍裡那一串串的思想，能夠超越時間的海洋，一代代傳承下去。最具思想的人給我們帶來過去與現在的智慧。在書籍裡，你能感受到無限耐心的思想，讓你感受到充滿美感的想像世界。」

熱愛好書的人是不會感到孤單的。無論他身處何處，他總能在下班後，找到最有趣的消遣方式，與最好的人進行交流。

我們可以隨意地欣賞繪畫藝術，感受最具智慧的人的思想，難道不應該為此而感恩嗎？透過書籍與作者神交，這要比與作者親自見面更有好處。因為作者在書中保留了自己最好的思想，他們不良的性情、怪癖或是讓人反感的東西都被剔除了。在他們的書裡，我們能找到最好的他。他的

思想都是經過自身的考驗與思考，最後才寫在書上的。書籍作為我們的朋友，始終都可以被我們拿起來閱讀，從來不會讓我們感到厭煩，也不會讓我們有所不滿。無論我們多麼緊張、疲憊或是沮喪，它們總能讓我們感到寬慰與有趣。

在我們夜不能寐，輾轉反側之時，可以閱讀最著名作家的作品，它依然會欣然地與我們交談。在龐大的文學寶庫裡，無論你身處哪個角落，都不會讓你感到被遺忘。我們能夠隨時隨地地與最著名作家進行交流，不需要像真正會面時注重儀表。我們可以隨時閱讀米爾頓、莎士比亞、愛默生、朗費羅或是惠蒂爾的作品，他們總是會熱情歡迎我們的。

「從最寬泛的意義上，你來到一座圖書館，就是與人進行社交了。在這裡，你不需要進行自我介紹，不需要害怕別人嘲笑你。你能在眾多的作者中選擇你想要與之交談的人，因為印有永恆思想的書頁沒有半點高傲的，雖然內涵豐富的思想，卻總是顯得謙卑。你能夠自由地與任何一位作家交談，不需要考慮自身的低微，因為書籍是很有教養的，不會損害任何人的情感。」

威廉·馬修斯（William Matthews）教授說：「真正讓一個年輕人成為有學識的人，並不是他閱讀了多少書，而在於他選擇閱讀了多少好書，真正吸收了多少知識。每一個真正被他掌握的有價值思想，就像他一個熟悉的好朋友。」

只有當我們始終懷著愉悅的心態，一讀再讀的書籍，才能讓我們銘記在心，深刻感悟到馬克萊的思想，感受到一張老朋友的臉孔煥發了全新的容顏，他與我們一樣經歷過財富與貧窮，經歷過榮耀與卑微。誰也無法進入一首美麗詩歌、一本優秀的歷史作品或充滿幽默與富於見解的隨筆集的

最深處，除非他能夠一讀再讀。他必須要讓記憶的寶庫存下這些美好的思想與話語，並在休閒時分認真回味這些思想。

「一本書可以是永恆的陪伴。朋友來來去去，但是書籍能夠超越這一切，讓我們始終感受到美好。」

戈德史密斯說：「當我第一次閱讀一本好書時，就像遇到了一位好朋友。在我閱讀一本之前從未讀過的書，就好像與新朋友見面一樣。」

威廉‧艾勒里‧強尼說：「無論我多麼貧窮，無論時間無法改變我卑微的環境，但是如果偉大的作家能進入我的寒舍，如果米爾頓能夠踏進我家的門檻，跟我歌唱天堂的美，如果莎士比亞能夠為我打開想像之門，拓展我的心靈，我就不會為自己缺乏智趣上的朋友而感到悲哀。因為我能夠與歷史上最具智慧的人一起交往。」

米爾頓說：「書籍的確保存著人類歷史上最純潔的思想與智慧。一本好書是作者的精神的流淌，銘刻著人生的意義與寶藏。」

亨利‧沃德‧比徹說：「好書就好比一個好的陪伴，能讓你的內心充滿喜悅，但它從來都不會追趕你。它不會在你心不在焉時冒犯你，也不會在你追尋其他娛樂時感到嫉妒。它只是靜靜的，準備毫無報酬地服務你的心靈，甚至不希求獲得你的愛。但它顯得更加高尚，能夠超越自身，進入你的記憶，然後在你的腦海裡盤旋，直到書的內在思想成為你精神的一部分，改變著你的思想。」

第十九章　選擇性閱讀

　　選擇幾本好書，認真閱讀，這是透過閱讀進行自我教育所需要經過的途徑。

　　如果你不知道哪些書比較好，最好看看別人做出的選擇 —— 一些經過歷史沉澱的書籍，被歷代人視為有價值的書。這些書雖然少，但至少代表著最高品格與名聲的書籍。即便在小型的公共圖書館裡，你也能找到這些書。

　　這一章的目的是要幫助讀者形成閱讀品味，要是一下子指出很多作者的書，可能會讓讀者在選擇上感到疑惑。如果你閱讀一本書，並喜歡這本書，那麼就很容易找到這位作者的其他作品。

　　閱讀的首要原則，就是如果你不喜歡一本書，就不要閱讀這本書。別人喜歡的書，你可能不喜歡。任何給讀者列出的書單都只是指引性的，這些書單可能只是編纂者個人的喜好。畢竟如果他喜歡某位作者的作品，自然就會推薦這類作品。

　　你是否想過，你要找尋的東西可能正在找你呢，正是吸引的法則將你們吸引在一起。

　　如果你的品味低俗，有不良的閱讀傾向，那麼你很容易就能找到這樣的書，因為它們會根據吸引法則找到你。

　　一個人的閱讀品味與他對食物的品味很相近。要盡量避免沉悶的書，正如一個人拒絕吃不合他胃口的食物。同樣的書對其他人來說可能一點都不沉悶，就像不合你胃口的食物可能正是別人喜歡的。即便普羅大眾都喜歡吃大白菜或魚腐，但這兩樣我都不喜歡。總而言之，每位讀者都可以做出自己的選擇，找到適合自己的書籍。每一位認真的讀者很快就能在書籍不多的書架上找到適合自己的書，這要比你盲目地徜徉於書海裡好。不是

每個書架上的書都是好書，也不是每個書架上的書都是優秀的書。適合你閱讀的書可能並不適合其他人。

印度最有學問的人在一邊閱讀翻書時，感覺到手指一陣刺痛，原來是一條小蛇掉出來，這條蛇很快從他眼前消失了。他的手指開始浮腫，然後他的胳膊出現腫脹，一個小時後，他就死去了。

誰沒有注意到，每個家庭裡的藏書裡，即便是一本有害的書都能改變一個男孩的品格，毒害他的道德，讓他變得與之前再也不一樣了呢？

卡萊爾將書籍分在綿羊與山羊，這是形象的分類啊！

今天絕大多數蹲在監獄的犯人若是在年輕時閱讀催人振奮的好書，而不去閱讀墮落的書籍，那麼他們的人生將發生改變。

「基督奮進會」的卡拉克看見某個大城市的廣場掛住了顯眼的廣告語：「所有的男孩都應該去讀描述西部平原暴徒兄弟的故事，他們成功搶劫與謀殺的故事引人入勝與驚心動魄。每一本 5 美分。」第二天早上，卡拉克博士從報紙上看到，某座城市有 7 名男孩因為搶劫罪被捕，有四間商店被盜賊闖入。為首的一名男孩只有 10 歲。在對他們進行審訊時，發現他們每個人都花了 5 分錢買那本講述邊境犯罪的小說——《紅眼俠——洛基山脈的驚險故事》或是其他毒害男孩心靈的小說來看。這些具有強烈誤導性的小說摧毀了男孩正常的人生觀，導致他們走上邪路。很多人品格中美好與圓滿的東西，都因為閱讀一本壞書後而消失了。不良書籍喚醒人追求感官的刺激，摧毀人對所有健康、積極信念的追求。這類刺激感官的小說會造成心靈的墮落，因其內容具有強烈的不純思想的暗示，為不義之舉給予了肯定。這對心靈的健康產生了致命的影響。

一位少年曾閱讀了別人遞給他的一本有黃色笑話與圖畫的書。這本書

在他手上只停留了很短時間。後來，他在教會身處高位，對一位朋友說，他寧願放棄已有一半東西去換取自己從未看過那本書的經歷。

輕浮與膚淺的故事，本身沒有任何內涵，嚴重影響了一位我認識的年輕的聰明女性。讀了這些小說後，她的大腦似乎被麻藥麻醉了，心靈迅速墮落。對不良品味的習慣會迅速影響良好的品味，她人生的理想被這些小說徹底改變了。她現在唯一的樂趣就是閱讀這些不良書籍，感受其中的刺激與樂趣。

沒有比與膚淺輕浮為伍，更能迅速傷害一個人良好的心智了。雖然這些書可能不是真的有害，但書中的內容對讀者在現實生活中沒有任何啟迪，無法讓人有所收穫，未能教人健康積極地人生理念，而是單純地刺激感官，喚醒不良的欲望，在短時間內摧毀我們的正常的心智。這些不良的書籍會摧毀我們的理想，破壞我們良好的閱讀品味。

讀吧！盡可能地多閱讀。但絕不要讀一本好書或毫無意義的書。人生太短了，時間太寶貴了，要讀就讀最好的書。

讀一本壞書，會讓你失去閱讀好書的品味。

時至今天，很多人依然覺得年輕人不應該閱讀小說。他們覺得年輕人閱讀那些不真實的書，或描述虛構的男女主角遭遇現實中不可能出現的書籍，會扭曲年輕人的道德感。這是對閱讀這個大問題的狹隘的認知。這些人沒有認知到想像力的重要性，沒有意識到很多虛構的人物從小就活在我們的心靈裡。很多時候，這些虛構的人物要比現實生活存在的真實人物更加影響我們。

狄更斯筆下的人物形象似乎要比我們在現實生活中遇到的人都更加真實。這些人物形象伴隨著數百萬讀者從小到老，影響著很多人走上積極向

上的道路。很多人都會覺得，若是這些小說的人物形象或是他們產生的影響從我們的記憶裡抹去的話，那肯定是一場災難。

有時，讀者在閱讀一本優秀小說時，時常感到興奮，他們的心智被英雄人物的行為所影響，提升著他們的勇氣，讓他們的身體功能變得更強，整個人的品格都獲得了提升。此時的他們能夠去做平時覺得不可能的事情。

在我看來，這是小說存在的一個重要價值。如果小說本身是積極與催人振奮的，那麼閱讀的過程就是一個鍛鍊心靈與道德功能的過程，能夠增強我們的勇氣，喚醒我們的熱情，掃除我們大腦的灰塵，最後提升堅持的原則與處理現實生活中問題的能力。

很多沮喪之人都是在閱讀了優秀的小說後，重新看到了人生的希望，感受到了人生的活力。我還記得一本叫做《神奇故事》的小說，拯救了成千上萬失落的人，讓他們在將要放棄奮鬥時，看到了人生的未來與希望。

閱讀優秀小說能很好地鍛鍊想像力，因為小說的內容能夠刺激大腦的想像細胞，使之始終處於一種活力與積極狀態。豐富的想像力是每個想過上健康與積極生活的人所需要的。想像力能讓我們擺脫最不幸的過去，掩埋所有因錯誤、失敗與不幸帶來的不良記憶，能讓我們忘懷煩惱與悲傷，重新以更好的姿態去生活，讓我們隨心所欲享受生活的美好與圓滿。想像力是財富、奢華及心靈的替代品。無論你多麼貧窮或遭遇是多麼的不幸，抑或你因病臥床不起，我們也能借助想像力環遊世界最漂亮的城市，讓自己感受最美麗的東西。

約翰·赫謝爾曾講過一件有趣的軼事，生動地說明了閱讀書籍給人帶來的愉悅。現在，我的重述可能有點出入。在某個村莊，一位鐵匠有塞繆

爾‧理查森（Samuel Richardson）的一本小說《帕莫拉──美德的回報》。他經常在夏日的晚上上，坐在鐵板上大聲朗讀小說，吸引了許多聽眾。這不是一本很短的小說，但聽眾還是認真地聆聽。「最後，當小說的情節出現逆轉，男女主角歡喜重逢，過上了幸福美滿的生活。人群爆發了歡呼聲，都顯得極為高興，大聲地鼓掌，甚至拿鑰匙打開教堂的大門，敲響鐘聲表示慶祝。」

不久前，《內部雜誌》一位著名編輯說：「彷彿一切又回到了過去，在古老的房子裡感受冬天的夜晚。拉下窗簾，歡樂地圍在火堆前，感受火光的溫度。一位 15 歲的少年彎著腰閱讀借來的航海傳奇。他認真閱讀了幾個小時，完全忘記了周遭的環境，直到他爸媽打破了沉默，叫他快點入睡。他因為沉浸在緊張的情節裡，從頭到腳都感到一陣顫抖。他的父親把手放在他閱讀的書上，用力地闔上，然後大聲說：『5 年內不准看小說』。少年懷著喜憂參半的心情上床睡覺，想像著自己是被束縛了，還是獲得了自由。」

「事實上，他是既被束縛了，也是自由了。因為在他思想處於成型階段，這樣的小說會激發他的想像力，滿足他的好奇心，增強他的表達能力。但著同樣讓他遠離了希臘神話中的金蘋果園，讓他避免閱讀了有關煉獄的故事。很多小說都在講述歷史上的英雄，而不是神話中的半人半神的故事。他的很多同伴成年後依然沉迷於文學的想像中，這可以輕易地讓年輕人走上天堂，也可以將他們拉下地獄。」

「那些喜歡閱讀『戰爭、謀殺或是突然死亡』故事的人的名字，經常會出現在少年法庭的犯人名冊上，有時甚至會被關在監獄，最後走上了絞架臺。常在河邊走，不可能腳不溼。我們可以選擇看哪些書，但無法控制書對我們產生的影響。我們可以種植攀爬植物或播下薊草的種子，但不能控

制它們要開花結果的事實。我們可以隨便選擇書籍，但這些書會漸漸地像手套那樣將我們套牢。」

　　「歷史上從沒有像現在人們對小說有如此強的需求，也從未像現在擁有如此之多成才的機會。世上沒有比生活本身更吸引人的東西了。但是，每個人所希望的不是『這樣的生活』，而是『生活本來的面貌』。我們不想脆弱，想要堅強，不想平庸，想要超越。沒人會反對那些有『教育目的』的小說，除非我們連目標本身都反對。我們要像大師那樣對待好書，以滿腔的熱情、真摯的情感與神性的希望，描繪出它們對精神的偉大淨化作用。從過去的歷史，我們可以看到一部作品對一代人的影響甚至超越數百年無力的說教。要是能意識到這點，我們就可以很穩妥地說，每位哲學家的理論，每位改革家的希望，每位聖人的祈禱，最後都能構成一個故事。小說似有雙翅，而邏輯只能依存於事實。在形而上學者還在為任何定義事物捉急時，小說作者已經實現了他們的目標 —— 他在跌倒後，眾人立刻變得喧囂。」

第二十章　現實的浪漫

　　現實要比小說更加離奇，若是作家能用寫小說的方法去創作歷史、傳記或其他文學體裁，那麼現實也可以與虛構的小說一樣有趣。

　　喚醒沉睡的過去，感知數百年前的人事，能讓讀者對今天人類文明有深刻的了解，讓他有一種穿越歷史的感覺。

　　對聰明的男女而言，若是多年來閱讀記錄犯罪、事故或愛情小說，從不閱讀有關人類歷史與成就的書籍，那麼這可以說是一種恥辱。

　　一個人至少應該閱讀通史的書籍，比如迪呂伊的《世界通史》，這本書由安姆赫斯特學院的格羅文納教授所編纂，由湯瑪斯與克勞威爾聯合出版公司出版。如果你每天之閱讀兩頁，一年後就可以讀完這本書。若是你每天多讀兩頁，然後花時間去回味前一天閱讀的兩頁，這樣的重複閱讀能讓你有所思考。一年下來，這樣的閱讀要比你單純地每天閱讀兩頁更好，讓你對人類歷史有更深的了解。如果你找不到迪呂伊的這本書，可以到附近的公共圖書館買這本書，或是向他人借其他講述世界通史的書籍。你最好能夠存錢買一本，每當有時間就去閱讀。

　　在你有這樣的意識後，那麼你附近圖書館有學識的管理員就可以輕易地給你一些指導，比如你是要找希臘的伯里克里斯時代的作品，在印刷術剛開始改變歐洲文明的時代，或是奧立佛・克倫威爾的時代的相關書籍，總之，你能找到有關文明發展歷史、自傳、工業發展、藝術、文學或是其他某個特定年代的著作。當你完成了閱讀某個時代的著作，就可以在看另一個時代的著作。要是你每週能拿出兩個小時去閱讀，堅持 10 年的話，你就能對所處的這個世界有深入的了解。

　　據說，蘇格蘭最有智慧的首領為了躲避從英格蘭過來的敵人，不得不要躲到岩洞裡。這些人都熟練掌握拉丁文。當某人回到自己的房子要找一

本李維的書，被敵人發現了，判處了絞刑。（李維是著名的羅馬歷史學家）但是現代科技的發展，已經讓讀者可以更加輕鬆地閱讀很多描述英國歷史的書籍了，比如，格林著的《英格蘭國民簡史》與加德納所著的《英格蘭歷史‧學生教科書》。這兩本書都是很優秀的，有機會的話可以去讀一下。紐約的朗曼格林聯合出版公司都有出版這兩本書。每本書都差不多有 1,000 頁，其中有 400 多頁插圖，一共分 60 個章節，每個章節講述一段歷史，方便讀者的閱讀與查閱。要是讀者每天讀三頁，堅持一年，每天重讀前一天度過的內容，那麼這也要比在沒有迪呂伊的《世界通史》一書時看其他書更好。這樣的閱讀能讓美國人對大洋彼岸的英國有更深入的了解。在每一個公共圖書館裡，都能找到有關英國歷史的書籍。

約翰‧羅德的《歷史的燈塔》及《古羅馬世界》都是很有趣的書。那些對世界歷史有興趣的人可以去看看。

自傳是記錄正在發生的歷史。整個世界的歷史都可透過一些傑出人物的人生傳記得到展現。

愛默生說：「閱讀普魯塔克的書，你會發現這個世界是一個讓人驕傲的地方，到處都是樂觀積極的人，發現到處都是英雄與讓我們崇拜的人，讓我們難以入睡。」

每一位想要受人尊重的美國男孩都應該明白，他們不應該將寶貴的時間浪費在閱讀《洛基山脈的俠客》或是《海盜湯姆‧柏林的傳奇》這樣的書籍，他們應該去閱讀華盛頓、富蘭克林、林肯與格蘭特等人的人生傳記。每位老師與圖書管理員都會很樂意向每位男孩女孩介紹有關美國歷史上著名的男女的人生書籍。

E‧S‧布魯克斯的《美國 100 年名人錄》是一本不錯的書。薩拉‧K‧

博爾頓的《美國著名女性名錄》、《傑出的女性》及《傑出的男性》都是不錯的書。

那些喜歡閱讀傳記的讀者能從卡萊爾的《值得崇拜的英雄》、愛默生的《男人楷模》、馬克萊、米爾頓及班楊等人的自傳中感受到很多樂趣。

我不認為，世上有什麼東西可以取代閱讀偉人傳記帶給我們的心靈震撼。若你的心靈始終感受到這些偉人的榜樣的指引，感受到這些偉人高尚的品格，這將對你產生多大的影響啊！特別是年輕人，你們應該多去閱讀震撼人心的傳記。我強烈希望年輕男女去閱讀有所成就的男女的人生傳記。

閱讀名人傳記能時刻促使我們朝理想前進。講述偉人戰勝困難，最後取得成功的故事會激發我們的鬥志，讓我們渴望取得成功。沒有比偉人傳奇般的人生故事更能激勵我們盡自己的全力，做到最好。他們的人生讓我們始終保持純潔的理想，喚醒我們沉睡的能量。如果你沒有接受早年教育，你又想著去提升自己，那麼閱讀這些偉人們的人生傳記，能夠激勵你不斷前進。這是對自我提升最好的鼓勵。在你閱讀這些激動人心的偉人故事時，你會時刻對自己說：「如果出身在邊境的林肯能夠在那麼惡劣的環境下接受教育，為什麼我就不能呢？如果盲聾啞的海倫‧凱勒能夠考上大學，那我也肯定能夠克服當前的困難，闖出屬於自己的道路。」

試想一下，當我們身處絕望的深淵，一下子感受到這些偉人高尚的品格與永不向命運屈服的精神，這將是一種多大的鼓勵啊！無論你多麼貧窮，出身多麼卑微，不論你如何被社會放逐，你都能透過閱讀，在想像的空間裡與歷史上最偉大的人物交流，向他們學習。與我們的英雄進行親密的交流，與我們崇拜、熱愛的人促膝長談，能夠喚醒我們的勇氣，讓我們

與艱難困苦做絕望的鬥爭，趕走內心的憂鬱，讓我們拖著疲憊的身子繼續前進，遠離懶惰，重新奮起。這樣的精神鼓舞是任何財富與外在影響力都不能給予的。

日常的生活都在某種程度上受心靈中的英雄所影響。我們的品格時刻受到心靈給予的暗示的影響，不斷處於塑造與成型的狀態。

對普通年輕人來說，最有用的勵志書籍並不是那些流行、難以複製或是讓人震驚的故事，或是像拿破崙、奧立佛‧克倫威爾與凱撒等人的故事。

人類歷史上這些偉大人物的星光讓大多數男孩都只能仰視。他們崇拜這些人，但並不覺得自己能夠模仿他們。他們喜歡閱讀這些人的傳記，相比於更多魯蛇逆襲高帥富的故事，這些偉人的故事無法給他們提供足夠的益處。

能力平平，具有普通美德的人的成功故事，才是對一般年輕人最有啟發與鼓勵的。林肯的故事絕對要比拿破崙及凱撒的故事，更能給年輕朋友們無限的信心。

在閱讀某位身處逆境，最後取得成功之人的故事後，我們能感受到內心那股英雄氣概。在那一刻，我們彷彿覺得自己就是英雄，正如我們欣賞完了一出激動人心的戲劇後，覺得自己彷彿是戲劇中英雄人物的化身。在那一刻，我們擁有了那位喚醒自身憐憫心與夢想的人的特質。我們覺得自己擁有了這些讓人崇拜的特質。

愛默生說：「每當我欣賞任何一種展現個人力量的東西時，都會喚醒全新的勇氣。這就是自傳的道德意義。」

那些克服重重逆境最後取得成功之人的人生故事，被證明是成千上萬

年輕人人生轉捩點。這些勵志書籍鼓勵將要放棄的人，一定要忍住，再堅持一下，讓那些決定打退堂鼓的人重新鼓起勇氣，重新再戰。在愛他們的人都預計他們會失敗，並告訴他們繼續下去只是浪費時間時，這些勵志書籍給予了他們全新的勇氣與自信，繼續堅持下去。

誰能估量林肯一生的傳奇故事完全改變了多少人的一生呢？林肯本人深受《華盛頓的一生》一書的影響。他一開始是在沒有地板的小木屋裡閱讀這本書的。班傑明・富蘭克林、亨利・克萊、丹尼爾・韋伯斯特、溫德爾・菲力浦斯及美國其他著名人士的人生故事，就像一座燈塔，照亮了美國年輕人的未來。在我們的家庭與學校裡，勵志書籍的數量都還遠遠不夠。

斯巴達的母親為了培養孩子要有高尚的理想，經常帶孩子到萬神殿參觀，讓孩子的想像力被這些國家的神及英雄與感染。在每座英雄雕像前，母親都會向孩子講述這位英雄的生平，孩子被母親的言語所感染，眼神發亮，閃爍著光芒。很多年輕人的心靈都因為模仿他所喜歡的英雄，最後才取得成功的。

對年輕人來說，沒有比閱讀勵志書籍更能給他們帶來動力，不斷激勵他們前進，讓他們更加高效地投入到人生工作得了。勵志書籍能鼓舞他們的鬥志，喚醒他們內心沉睡的能量，讓他們像書中的英雄那樣在面對困難的局面時，勇於奮起。

大多數父母都沒有意識到這樣的閱讀對孩子會產生多麼深遠的影響。我以為，在今天的美國，還有成千上萬的年輕人尚未知道如何才能讓人生變得更加美好，在選擇職業上感到疑惑，從未展現過什麼大志。若是他們去閱讀勵志、激動人心的偉人故事，特別是那些戰勝困難，最後成功之人

的故事，就能給予他們極大的勇氣，讓他們骨氣勇氣在人生的道路不斷前進。

如果父母不知道如何教育孩子 —— 如果孩子似乎對任何事情都沒有表現出足夠的興趣，如果你還沒有發現最適合做什麼，只要閱讀一些白手起家之人的成功故事，那麼這些書很有可能會喚醒他的夢想，挖掘他的潛能，這些都是你無法觸動孩子的。

我以為，越來越多年輕人是透過閱讀勵志書籍而喚醒了原先沉睡的力量。單純的說教已經很難對他們有什麼作用了。但在他們閱讀或聽到某個貧窮的男孩，透過自己的努力，憑藉著堅定的毅力與不懈的努力，最後成為了世人讚許的人物時，他的潛能就會被喚醒，他的能量就會朝著這些浪漫的人生故事的目標前進。

許多人都是在閱讀許多名人的自傳，特別是他們所在行業的名人的傳記後，改變了觀念，最後透過努力取得成功的。這些書不僅能夠喚醒讀者的夢想，讓他們發現人生的目標，同時還讓他們學到想要從事職業的很多祕密。

在你感到沮喪，覺得前路一片黑暗，看不到前方的曙光時，只要閱讀一下這些書，那些成功人物也曾經歷你這樣的處境，他們甚至還要面對更大的挫折。那麼你會驚訝地發現，這些書能帶給你多大的慰藉與鼓舞。我們知道很多有能力的年輕人，要麼是朝上走，要麼是朝下走。要是他偶然閱讀了一本講述戰勝挫折取得勝利的偉人的人生傳奇，那麼他就彷彿注入了全新的勇氣與決心，會在他的書架上堆滿許多激動人心的傳記故事。他會說，在奮鬥的過程中很少感到沮喪，每當出現這樣情緒的苗頭，他就會透過閱讀勵志故事獲得激勵。事實上，在閱讀後，他能夠以更加強大的決

心投入到工作中去。他在會這樣對自己說：「如果這個人能夠戰勝這些挫折，那我當然也能戰勝眼前的小挫折。」

在閱讀某些英雄男女戰勝挫折，最後取得勝利的故事，這通常會讓我們為自己的懦弱與猶豫不決的軟弱感到羞恥，讓我們覺得無地自容。有時候，這會讓我們懷疑自己的能力，覺得這點小挫折都戰勝不了。

閱讀名人傳記能夠給我們帶來持久的激勵。我們在很大程度上受心靈的激勵所影響。偉人高尚的理想與楷模的人生通常會塑造我們的品格，拯救我們的人生。

我們從那些古書裡，感受到了更高層次的人，他們的話語能在未來的時空裡回蕩。

斯邁爾斯的「自助系列」書籍對我產生了巨大的影響。我相信，這個系列的書籍會改變很多年輕人的命運。世上沒有比身處逆境，戰而勝之的故事更加浪漫了。閱讀這些書讓年輕人充滿希望，感受到生命的熱情，在讀到那些男女戰勝困難取得勝利時，他們會對自己說：「為什麼我就做不到呢？」此時，他們的內心必然會發出這樣的聲音：「我行，我能！」

> 「偉人的人生提醒著我們，
> 　我們能夠讓生命更加偉大，
> 　在死神虎視眈眈的目光下，
> 　在時間的沙子上留下腳印。」

第二十一章　閱讀激勵夢想

閱讀的一大好處就是可以自我發現。勵志、鍛造品格與提升人生的書籍能給我們帶來重要的影響。

柯頓‧馬特爾所著的《行善的文集》，影響了班傑明‧富蘭克林的一生。

有些提升人類理想的書籍，已經切實地影響了整個國家。

誰能估量書籍在激發理想，喚醒人們沉睡潛能方面的價值呢？

難道我們不是盼望能與激發我們去做高尚行為的人在一起嗎？讓我們去閱讀催人振奮的勵志書籍吧！讓我們與偉人的心靈進行交流。

我們都知道，有時候在閱讀一本書後，能夠喚醒內心強大的自己，完全改變了原先對生活的理解。

成千上萬人透過閱讀書籍了解自己，敞開了心靈的大門，窺視自己的潛能。我認識不少男女，他們的人生都是在閱讀某些書後，受到了鼓勵，完全改變了之前的生活，選擇了全新的職業。

西元 1849 年，阿拉巴馬州參議員佩特斯騎馬前往加州，他隨身攜帶著一本《聖經》、莎士比亞與伯恩斯的詩歌集。他說在穿越荒原的旅途上，他一讀再讀這些詩歌，並思考其中的深意。即便他之前讀過不少很糟糕的詩，但這些詩歌還是給他的心靈極大的慰藉。他說：「旅途的安靜與孤獨，還有篝火發出閃爍不定的火光，似乎慢慢將這些好書的巨大重要性顯露出來。時至今天，我依然將這些書視為最重要的財富。」

馬歇爾‧菲爾德及芝加哥其他的著名商人向政府當局建議，希望能在教學過程中加入道德教育，讓學生從小接受宗教理想的教育，使他們日後成為商界更加可靠的人才。

康乃爾大學校長懷特說：「教學很重要的一個目標就是灌輸真理、簡

單的倫理與是非觀念給學生。我們應該重視傳記的書籍，特別是那些偉人的高尚行為與做出的犧牲，讓學生知道世上最偉大的人並不是最著名的演說家，也不是虛偽的政治家。這些人都可能是人類的詛咒，我們需要的是高尚的人。很多年輕男女因為閱讀了一些低俗的書籍，為此付出了代價，也讓國家遭受損失，因為好書沒有給他們足夠的道德教導。」

如果年輕人學會讓各個時代著名男女的思想填充心靈，他們就不會對當前的平庸與卑微感到滿意，也不會對碌碌無為感到滿意，他們會想要追尋更高尚與美好的東西。

若是每過一天，你都沒有一天的收穫，那麼這一天算是浪費了。每一天就像是人生這本書的每一頁。不要浪費每一天，因為這就好比你撕下了人生之書的每一頁。

包括《聖經》，還有《日常需求的力量》等系列的書籍都是很有價值。艾瑞特教授所著的《年輕人的禮儀》、露西・艾略特・基勒（Lucy Elliot Keeler）的《如果我還是一個女孩》、艾瑪・F・沃克（Emma F. Walker）博士所著的《整潔之美》，還有諸如羅伯特・路易斯・史蒂文森（Robert Louis Stevenson）的《紳士》，蒙格爾所著的《走在人生門檻》，約翰・羅金斯的《芝麻與百合》。閱讀這些書能讓年輕男女變得正直，成為馬歇爾・菲爾德與約翰・沃納梅克等大型公司所需要的人才。馬歇爾・菲爾德與沃納梅克等人的晚年能走的更遠，真實一種福氣。那些熟讀這些書籍的人，「就像奧林匹亞的吟遊詩人，歌唱著神性的理想，總能讓自己保持年輕，勇往直前。」

尚未閱讀過康科特哲學家的愛默生、古代著名作家馬可・奧理略、愛比克泰德（Epictetus）與柏拉圖等人作品的讀者，可以說尚未感受到閱讀

的樂趣。

除了閱讀小說，旅行遊記也是調節心靈的好書籍，還有自然研究、科學與詩歌等方面的書籍，都能給心靈提供全面的享受。一些書是面向大眾的，一些書籍則要求閱讀者本身有足夠的專業知識，比如很多專業書籍就被歸類為自然科學。

閱讀與研究詩歌很像在欣賞自然的美景。多數的優秀詩歌其實都是以詩性的角度去闡釋自然。惠蒂爾、朗費羅與布萊恩特等詩人的作品就讓讀者以全新的眼光去看到自然，正如羅斯金的作品拓展了亨利‧沃德‧比徹的視野。

很多優秀的散文在風格與情感上都很類似於詩歌，只是缺乏詩歌的韻律。要是能對丁尼生、莎士比亞或是其他英國詩人的作品有所了解，那麼這也算是一種教育。洛爾夫編纂的莎士比亞詩集很受歡迎，也是銷量最好的。帕爾格雷夫編纂的〈黃金寶庫〉一書收入了英國最優秀的詩歌與抒情詩，丁尼生也參與了編纂的工作。他編纂的〈孩子文庫〉的抒情詩選是最吸引人的。愛默生的《詩壇》與惠蒂爾的〈世紀之歌〉都是歷代著名詩歌的優秀選集。

歷史上從來沒有像現在這樣讓人在家以如此廉價、輕鬆與自在的方式去接受大學教育。各個領域的知識都以極富吸引力與有趣的方式呈現在我們面前。今天，世界上最優秀的文學作品是絕大多數美國年輕人所能獲得的。半個世紀前，只有富人家庭才能擁有這些書籍。

在美國這片土地長大的年輕人，要是對知識無知，坐擁如此好的自我提升機會卻不去利用，最後一事無成，真是讓人深感恥辱！今天許多優秀的文學作品都會出現在期刊上，以簡短的文章形式出現。很多著名作家為

了搜集創作素材，忍受著旅行的負累與調查研究之苦，雜誌出版社為此付出數千美元，讀者只需要花費 10 美分或 15 美分就能買到閱讀。因此，讀者讀者閱讀的期刊或是書籍，通常是當代很多著名作家耗費數月數年，耗費心力的結果。

紐約一位富商，也可稱得上是商業大人物，他帶我到他位於紐約第五大街的豪華住所，每個房子都是建築師智慧的結晶，盡顯豪華。富商告訴我，單單是一間臥室的花費就高達 10,000 美元。牆上掛著他耗費鉅資購買的名畫，房間內擺設著昂貴的家具，掛毯也是價格不菲，地毯鋪在地板的每一個角落。但我在他的房子裡找不到一本書的身影。他將金錢耗在個人娛樂、消遣與豪華的展示上。一想到在這樣環境下成長的孩子，享受著物質的充裕，精神上卻要挨餓，真是讓人深感痛心。在我即將離開時，他跟我說，在他剛來這座城市時還是一位貧窮的男孩，身上只有一條紅色的手帕。他說：「我現在是百萬富翁了，但我想告訴你，我願意捨去一半的財富換取高等教育。」

很多富人都曾向他們的密友坦誠，如果有必要的話，他們寧願放棄大部分財富，希望看到自己的兒子成為優秀的人，遠離富人孩子經常養成的懶惰習慣，遠離墮落、罪惡與犯罪。但是，很多富人都未能讓孩子與自己遠離遭受這樣的損失與折磨，因為他們缺乏好書。

今天，即便是最貧窮的機械工與零工也擁有古代君王所無法擁有的財富，那就是接受高等教育與知識薰陶的條件。在這個報業發達的時代，在這個書籍與期刊便宜的時代，世人再也不可能為自身的無知與愚昧的心靈找藉口了。今天，如果某人身體健康，勤勞努力，那麼就能擁有讓人生變得充盈的財富，能夠與最有思想的人進行交流。沒人會貧窮到買不起拓展他心靈視野的書籍，窮到看不起報紙，或是窮到讓他無法擺脫野蠻狀態，

無法獲得更好的知識。

瑪麗・沃特麗・蒙太奇（Mary Votary Montage）說：「沒有比閱讀更加廉價的享受了。也沒有比閱讀更加持久的樂趣了。」好書能提升品格，淨化心靈，讓我們遠離低級趣味，讓思想與生活進入更高的層次。

約翰・盧波克爵士說：「很多英國人都捨得花錢購買書籍，這讓他們減輕了監獄與員警方面的資金投入。」

即便最貧窮的男孩都能以極少的花費，與世界上最著名的哲學家、科學家、政治家、軍事家、作家自由地進行思想的交流。即便是在小木屋出生的貧窮男孩，也能追尋各國英雄的人生，歷史的思想、追求自由的故事或是世界的浪漫故事，去努力推動世界的進步。

你有過被一位接受高等教育、具有洞察力的老闆面試的經歷嗎？你根本不需要跟老闆說你讀過什麼書，因為你讀過的書都會在你的面容與談吐中展現出來。你言語的乾枯與貧瘠，你缺乏教養，你粗俗的俚語，都會讓老闆知道，面試你就是在浪費時間。他知道你沒有好好利用時間。他知道很多年輕男女都在日常的工作及職責之餘，還能利用空間時間去進行系統的閱讀，提升自身的能力。

卡萊爾曾說，一堆好書就是一個宇宙。很多有理想、充滿活力的男女在學齡階段錯失了接受教育的機會，然後受此影響，無法實現人生的價值，沒有意識到可以透過家庭閱讀這種方式去代替大學教育，全面提升自己，這真是讓人感到遺憾。很多人就是因為沒有意識到閱讀能夠激發他們的潛能，激發他們的鬥志，沒有意識到閱讀是大學教育最好的替代品，導致一輩子庸碌無為。一位來自切爾西的聖人曾說：「當今最有影響力與最為重要的東西，就是閱讀。閱讀能讓人獲得提升。無論是用墨跡印刷的報

紙或是古希伯來書籍，都能讓人獲得進步。要是世上沒有了書籍，將會變成怎樣一副模樣呢？」科內爾大學校長舒爾曼曾自豪地指出，他家裡收藏的幾本書是他年少時不吃晚餐節省下來的錢購買的。

德國著名教授奧肯在邀請阿加西共進晚餐時，功能表上只有馬鈴薯與鹽，但這並沒有讓他感到羞愧，因為他可以省錢去購買更多書籍了。喬治三世曾說，律師其實並沒有比其他人更懂法律，但他們知道從哪裡找到這些法律條款。在這個現實世界裡，知道如何找尋自己所需的實用知識，是很有現實經濟價值的。人們首先會喜歡閱讀書籍，然後就與書籍結成朋友了。

詹姆斯·弗里曼·克拉克說：「每當我想到，一些書籍在這個世界所產生的影響及所做的行為，想到書籍是如何提升人的希望，喚醒全新的勇氣與信念，緩解人的痛苦，讓那些命運多舛的人感受到愛的暖意，將身處遙遠的人事連繫起來，創造出一個具有全新美感與真理的世界，我就要向這份禮物致以永恆的敬意。」

第二十二章
為什麼有人失敗，有人成功

　　人生就像一條高速路，到處都有失敗者的身影，一如大海到處都有礁石。據商業研究分析機構的資料顯示，從事商業的大部分人都失敗了。為什麼這些人會失敗？為什麼一些人懷著樂觀的心態進入商界，最後卻以慘敗告終呢？

　　為什麼只有極少數人能夠成功，大部分人失敗呢？一些人的失敗並不是絕對的，只是相對的，他們獲得了相對的成功，勉強度過了人生，但他們沒有實現人生的目標，沒有實現心中所願。影響他們在商界裡取得成功的因素有很多，很難去一一分析。健康、自身的天賦、脾性、性情，好的開始與適合自己的位置，還有遺傳性的品格，良好的判斷力與常識、冷靜的頭腦，等等，這些都是影響人生能否成功的因素。

　　我在這一章所能做的，就是指出哪些失敗因素，讓讀者能夠避免大海裡的「暗礁」，避免像大部分人那樣擱淺在海岸邊，最後成功抵達勝利的港口。很多自信滿滿的人一開始覺得人生無限美好，覺得未來必然充滿榮耀，最後卻以慘敗收場。

　　失去自信與失去對理想的信念，這是很多人失敗的根本原因。

　　那些缺乏理想與不知道為什麼失敗的人，根本沒有意識到細節會影響人的一生，沒有發覺小事情是如何影響他們的工作或傷害他們的職業，沒有意識到細節會影響他們的信譽，比如像延遲付款或是未能按時向銀行繳納票款等看似的小事，都可能讓他們蒙上汙點。

　　很多人之所以失敗，是因為他們覺得自己擁有取得成功的條件，沒有意識到競爭帶來的危險，所以他們的大腦就會覺得事情很容易處理，或因為某些富於進取心的年輕人到他所在的鎮上，與他進行競爭，搶走了他的生意，加上他陷入了過去的按部就班，沒有讓商店的經營管理與時俱進，

失去了對顧客的吸引力。

　　他們沒有意識到，優秀的銷售員、吸引顧客的商業場所、與時俱進的工作方法或有禮貌對待顧客，這些意味著什麼。很多人之所以失敗，是因為他們沒有意識到日常工作中形成的俗套已逐漸扼殺掉了他的企業。很多商人之所以失敗，是因為他們不敢正視工作中出現的問題，在事情出現錯誤時，不敢正視困難，不敢破釜沉舟改變原先的工作方式，依然使用原先的方法，直到企業陷入無法挽救的地步。

　　很多人之所以失敗，是因為他們不懂如何處理掉企業裡遊手好閒的員工，留下那些毫無效率的員工，放任這些員工敷衍的工作態度，結果導致他們趕走了他用廣告吸引來的顧客。還有很多人之所以失敗，是因為他們的資金周轉不靈，沒有與時俱進。

　　很多年輕人之所以無法有所突破，始終在平庸的職位上工作，是因為他們沒有找到適合正確處理資金的方法，總是處在錯誤的位置。還有一些人則是因為沒有能力控制自己惱怒的情緒而失敗。老闆的任人唯親與裙帶關係扼殺了很多企業的活力。很多人之所以停滯不前，是因為他們把自己看的太重要了。這些老闆向員工訓話時，總是顯得那麼嚴厲與不留情面。不良的行為扼殺了很多企業的發展。很多企業奴隸式地驅趕員工，無法讓員工與上級和諧共處，缺乏有效的管理體系，都是讓很多企業失敗的原因。

　　很多人都因為工作之外的其他事情而失敗。成功取決於效率，要是我們不能做到持續與高度的精神專注，是不可能做到的。很多經常出差的商人覺得，他們能夠透過做一些副業去多賺一點錢，增加自己的收入。但是，這些想著做副業的人，永遠成不了大氣候。現在，還有很多這樣的人

依然過著卑微的生活，無法處在高薪的位置，就是因為他們分散了自身的努力，消耗了能量。這些副業之所以危險，是因為這會分散心靈的專注度，讓我們的精神無法集中。要是沒有高度集中的精神，人是不可能有所成就的。很多人讓人反感的性情與悲觀的思想都是趕走成功的重要原因。他們為某個目標去努力，卻期盼收穫其他結果。他們沒有意識到心靈態度必須要與理想相符。他們努力工作，期盼過上富足的生活，不要讓疑惑與恐懼 —— 這些消極的心態 —— 扼殺你對未來美好的前景。

很多人就是跌倒在「必定的事情上」，比如內幕消息，按照別人的小道消息去買股票。很多人之所以失敗，是因為他們失去了自身的判斷力，或在他們跌倒後，不知道該如何爬起來。很多人都是自身情緒的受害者，深受憂鬱性情的影響。要想成為成功者，勇氣與對人生樂觀的精神，是必不可少的。恐懼對成功是致命的。很多年輕人之所以失敗，是因為他缺乏一種感染別人的力量，不敢放手將權力交給別人，困在細節裡無法自拔。還有一些人之所以失敗，是因為不切實際地妄想建立大企業，但他們的心智卻沒有培養這樣的能力，缺乏宏觀見解的能力，無法進行綜合歸納。他們缺乏足夠的主見，依賴別人的判斷力與建議。很多人認真地工作，但不知道如何與人交往，不知道該如何利用別人的智慧。

成千上萬的年輕人之所以失敗，是因為他們從未真正熱愛自己的工作。那些認為工作是負累的人，是永遠都不可能取得成功的。50 年前，一位在馬棚負責清洗馬匹的男孩幫助一間酒店的老闆負責清潔工作，被老闆排到丹佛負責採購。這個男孩後來成為科羅拉多州州長。後來這位老闆在財富散盡時，很高興地接受了之前為他工作的那位男孩給予他看門人的工作。

人生就是由各種對比構成的。每個成功人士，從某種程度來看，都是

一步一個腳印的。當初很多與他能力相似的人，到後來都慢慢被他甩開了，無法取得向他那樣的成功。每位失敗的一塌糊塗的人都會有很多機會，至少有很多機會培養成功人士的特質，當然，成功者與失敗者都面臨著相同的機會。

現在，卑微的出身與各種人生挫折都不能阻擋一位意志堅定的人取得成功。生活的匱乏激勵著很多人迅速採取行動，克服障礙，朝著更高的位置前進，那為什麼人還會失敗呢？到底是什麼造成了失敗與半桶水式的人物呢？這個問題的回答是多方面的，但其中的道理卻很簡單。正如一位作家寫道：「每一根成功的指標其實就是失敗的指標，一旦上緊了發條，就有可能朝著相反的方向運行。每個前進的機會，每個朝向成功的機會，其實就是一個走向失敗的機會。每一種成功的特質都會因為過度的發展或是錯誤的使用而導致失敗。無論一條大壩多麼堅固與厚實，若是出現了一個小漏洞，就會一瀉千里。即便擁有所有成功特質的人，也可能因為幾個錯誤或不足，最後導致失敗。有時，品格中幾個優點可能讓在其他方面存在缺陷的人走向成功。」

很多失敗者都將他們的不幸遭遇歸咎於其他人或外在的環境，他們從那些研究成功主題的人的資料中找尋安慰。布拉德街資料分析公司對近幾年的失敗者進行了分析研究，發現只有 7/10 的失敗者是因為自身原因，只有 3/10 的人是因為自身以外的原因而失敗的。因為自身不足與錯誤導致的失敗，就其分類而言，大致如此：能力不足，占據 19%，經驗不足，占據 7.8%，缺乏資金占據 33.3%，過度借貸占據 3.6%，投機行為占據 2.3%。因此，缺乏資金可以說是導致很多人失敗的重要原因。這完全是一份純粹站在商界角度分析的報告。在這份報告的字裡行間裡，必然會存在品格的因素。

不久前，40 位成功人士受邀回到這樣一個問題：「在你看來，什麼是商人與專業人士失敗的主要原因？」下面是這個問題的一些代表性回答。

不良的習慣，錯誤的判斷，不佳的運氣，與損友為伍，漠視細節，不時承擔超乎預期的風險，想要一夜暴富，酗酒，不誠實的交易，過分保守，不懂得在適當的時候說不，漠視黃金法則，隨波逐流，生活中耗費金錢的習慣，生活奢侈，妒忌心理，無法正確理解自身所處的環境，無法抓住人生的機會，經常更換工作，追求所謂的好時光而浪費生命，賭博行為，做事不集中，手下有無能的助手，本身能力不足，做事懶散，羨慕別人的心理，缺乏對工作的專注度，缺乏應用能力，缺乏改變的能力，缺乏目標，沒有系統的工作方法，沒有資本，缺乏風險意識，不懂得認真打理工作，缺乏自信，不會認真計算帳目，缺乏仔細觀察的能力，缺乏明確的目標，早年缺乏自律的訓練，缺乏堅定的品格，缺乏上進心，做人不夠節約，缺乏信念，對事業缺乏忠誠度，做事不夠勤奮，缺乏正直的品格，缺乏判斷力，缺乏工作所需要的基本知識，缺乏男子氣概，缺乏足夠的天賦，做事不夠堅韌，做人缺乏原則，待人缺乏禮貌，沒有目標，沒有毅力，做人做事不夠麻利，迅速。

經常遲到，入不敷出，將過多的工作留給員工，忽視細節，對工作缺乏純粹的熱愛，對現有的安逸顯得過分自信，做事拖延，有強烈的投機欲望，為人自私，不以小惡為戒，喜歡享受當前的安逸，沒有時刻保持警惕，社交能力的退化，結婚時缺乏冷靜的頭腦，過分相信別人，不適合自身的位置，不願意為成功付出代價，不願意忍受早年的艱難匱乏的生活，過於容易被沮喪的情緒所打倒。當然，要是有人想就此進行布道演說，那麼即便說 100 場，也還是有足夠的素材。要是不深究失敗背後的原因，那麼能從中有所收益的人就很少。

任何想要取得成功的人都不可能是羞澀或缺乏自信的人，他們必然有著堅持信念的勇氣，在冒險前必然有一個堅定的目標。某人曾說：「自我懷疑是絕大部分人失敗的原因、相信自己有能力，這本身就是一種能力。最軟弱的人，即便他們本身有很強的能力，若不相信自身能力的話，依然是弱者一個。」

另一個人說：「很多商人之所以遭受失敗，在很多情況下，並不是因為他們缺乏足夠的商業能力，而是因為他們缺乏商業的敏感度。我們經常在商界裡看到很多性情可親的人，有著很強的能力，卻始終無法擺脫自身軟弱的性情，做事不夠果敢，屈服於自身的習慣，沒有堅定的商業原則。他們往往屈服於軟弱的本性，沒有看到前方潛伏的危險。他們可能在朋友的慫恿下簽下了一張有問題的借據，或在進行一場無望的投機活動，讓自己虧得一塌糊塗。他們之前憑藉勤奮與艱苦努力所贏得的資本，就在他們這樣愚蠢的行為中被揮霍了，導致他們破產，成為債主討債的對象，成為大眾嘲笑的對象。」

分散精力讓很多人無法取得成功。要是你全力投入到工作中去，必然會招致最後的失敗。一個人的能量、智慧、勇氣或熱情，都是取得成功所必不可少的。若你肆意揮霍這些能量，那麼你就面臨著能量不足的危險。對工作的馬虎與稍不注意，就可能會造成你人生之船的傾覆。掌舵手要是只專注於船上漂亮的乘客，就可能無法將船開到港口。吸引人的誘惑，別人精心策劃的詭計，或是有巨大回報的花言巧語，經常誘惑很多商界人士或專業人士遠離原先能夠安然抵達成功的道路。很多人之所以無法成功，是因為他們將精力過分專注於小事上，選擇讓自己成為馬馬虎虎的人，而不是要成為獨一無二的專家。缺乏細心是很多人失敗的另一個重要原因。這個世界有太多人了，無論是年輕還是年老，很多人都處在卑微的地位，

收穫渺小的薪水，只是因為他們從未想過要追求遠大的目標。

缺乏教育是很多人失敗的原因。如果一個人本身有成功的素養，他就絕對不會忍受缺乏教育的情況出現在他身上。要是必須的話，他會步行25 公里路去問人借書，就像林肯當年那樣。他會像那位格拉斯哥的男孩一樣，一手扶著大街上的路燈，借著燈光學習。他會像艾利胡‧巴里特那樣，學習研究如何用鐵錘打鐵。他會做很多其他事情，只為能與艱苦的環境作鬥爭，追求他們之前所缺失的東西。

紐約城市街道鐵路公司董事長威利蘭德說：「造成失敗有 5 個主要原因，大致如下：第一是懶惰，特別是心靈的懶惰；第二就是不相信自己有能夠高效工作的能力；第三，指望運氣的關顧；第四是缺乏勇氣、主動性與堅韌；第五，就是覺得年輕人的地位影響他們的工作，而不是認為年輕人的工作影響他們的地位。」

只要你隨便看看，問問別人，就會發現造成人們失敗的原因，並不是環境，而是個人的特質，個人的缺點與不足所導致的。一位富有的製造商曾強調一點：「沒有比一個人的性格對他產生更大的影響了。他可能有很強的能力、有豐富的知識，有很高的社會地位，或是有足夠的資本讓他一開始順風順水，但是他的性格會最終決定他在這個世界所處的地位。給我找來一位自認為是命運不佳之人，我能告訴他，性格中不好的成分與扭曲的部分造成了他的災難。。因為他性情暴躁，自欺欺人，糾結於小事，缺乏熱情。」

還有一些無法取得成功的人，他們的失敗不僅影響了自己，還影響到了別人。他們為人勤奮，生活節約，但經過多年辛苦的努力，人到老年依然過著貧窮的生活。他們埋怨自己運氣不佳，說命運之神與自己為敵。但

真正的事實卻是，他們錯誤地看待了生活，錯誤地認為單純的工作就是具有能量的表現，將這兩者完全混淆在一起，覺得只要自己總是處在忙碌的狀態，就能逐漸獲得財富，忘記了要是工作缺乏一個明確的方向，只是在浪費時間與精力罷了。

成功最強大的敵人就是純粹的懶惰。懶惰一詞沒有任何積極的同義詞。很多年輕人都害怕工作，為人懶惰，只想去找一份輕鬆的工作，想著穿好一點，讓自己顯得不那麼寒磣，喜歡坐在辦公室裡做乾淨的活。他們不願意做粗重的工作，不願意去做負累的活。對於那些懶惰的人來說，很難在這個世紀立足。他們會被趕到牆角，身處絕望的境地。要想獲得任何有價值的東西，都必須要付出辛勤的努力。

不久前，一份城市日報透過信件邀請很多自認為人生是失敗的人坦誠地說出內心的話。這份報紙同意絕不公布受訪人的姓名與身分，但希望得到他們坦誠的回答。該報紙對受訪人提出兩個問題：一是「你的人生是失敗的嗎？」二是「你的工作是失敗的嗎？」有些人的回答讓人看了感到可悲，有些人則將自己的失敗歸功於命運的不公，使他們無法實現自己的夢想，還有一些人歸功於天生的軟弱與不足。還有一些人將失敗歸結於丈夫或妻子，一些人則說是「不良的環境」與「殘酷的環境」導致的。值得注意的是，在這些回答裡，沒有一個人將懶惰視為自身失敗的一個原因。下面這位名叫「Ｊ・Ｐ・Ｔ」的人認為自己之所以失敗，就是因為有太多天才了。他覺得自己可以做任何事情，因此就沒有等到大學畢業，輟學進行法律執業。他進入了一間律師事務所，成為了一個工作狂，耗費了自身大量的精力，最後還是失敗了。他說，自己之所以失敗，就是因為消耗了過多能量，過分相信自己的能力了。

一位名叫「路德福德」的人說他一生有４次成功的機會，但他全部都

錯過了。造成他失敗的第一個原因就是他做事缺乏堅持。他厭倦了工作中的按部就班。他的第二個缺點就是過分隨意，過於相信別人了。第三個缺點就是做人不夠節約。第四點就是「我有太多希望了」。第五點是「我過分相信朋友與友情了，我讀不懂人性，沒有為錯誤留下足夠的空間。」第六點就是「我從來沒有熱愛自己的工作」。第七點就是「我沒有什麼需要關心的人，這個世界上也沒有誰鼓勵著我。我現在已經 70 歲了，從來不喝酒，也沒有什麼不良的習慣，每個星期準時去禮拜，但我還是像當年那麼貧窮。」

　　一位名叫「G·C·S」的人說自己失敗的一塌糊塗。他在回信裡說：「我之所以失敗，就在於總是在建築空中樓閣。我懷著要在這個世界出人頭地的強烈願望，於是我來到了紐約。在經過多次挫敗與沮喪後，我隨波逐流了，從此無心工作了。我缺乏能力與前進的動力。要是人沒有了前進的動力，誰也不可能取得成功。」「缺乏能力與前進的動力」這句話說得好啊！前進的動力就是一種能力。懶惰就是缺乏前進的動力。任何事情都不可能代替前進的動力。前進的動力意味著勤奮、堅韌與持久的堅持。

　　一位偉人曾說：「我活的越久，經歷的人事越多，就越發現單純的聰明的價值不大，越來越重視勤奮與身體韌性的價值。」歌德曾說，勤奮就是 9/10 的天才。富蘭克林也說，勤奮是好運之母。很多著名作家與演說家都稱讚工作的重要性。懶惰、善變都是世上很多人失敗的重要原因。

　　我們到處可見很多接受過良好教育、很有希望的年輕人在步入社會時，讓世人對他們抱有很高的期望，但他們卻逐漸陷入了「按部就班」裡。他們早年的理想漸漸破滅了，漸漸降低了人生的標準。理想就像潤滑劑，讓人這架機器運轉起來。人的其他器官可能都是完好的，但缺乏這股「潤滑劑」卻是致命的。要是你沒有要出人頭地與有所成就的念頭，那麼

你的人生是不大可能有所成就。

湯瑪斯‧B‧布萊恩說：「很多人雖然誠實工作，但依然過著平庸的生活，無法取得大的成就，是因為他們猶豫不定。很多成功的商人就是在關鍵時刻，做出果敢的決定，勇於去冒一定的風險，最後獲取了財富。但很多人之所以失敗，是因為他們聽從了別人錯誤的建議做出了錯誤的改變，改變了原先堅定的目標。猶豫不決的人，無論他們在其他方面有多強的能力，但在人生這場競賽裡，始終會被意志堅定之人擠到一邊。因為意志堅定之人知道自己該做什麼，即便即便是他們的理智都必須要屈服於所作出的決定。我們幾乎可以說，那些堅定於一個目標的人，是不大可能失敗的，當然前提是那個目標要具有一定的價值。我深信大學教育的價值。但是很多大學畢業生卻失敗的一塌糊塗，若是他們沒有接受過大學教育，反而可能有所成就。他們在大學裡學到了許多理論與不實用的知識，畢業後卻不願意從基層做起。」

毋庸置疑，健康不佳是很多人失敗的重要原因，但這通常是因為我們錯誤的心理態度，錯誤的思想所造成的。悲觀、沮喪的心態對健康是有害的。憂慮、恐懼、不安、嫉妒與極度的自私，都會影響身體健康，讓身體無法完全健康地運作，造成身體虛弱。

要是這些健康不佳之人能夠完全轉變之前的心理態度，就能擁有健康的身體。若是人們有正確的思想，過著健康的生活，那麼就能保持健康的身體。錯誤的心理態度是造成很多人身患疾病的重要原因。據說，影響成功的兩個重要因素，就是勤奮與健康。但歷史上有很多人就是戰勝了疾病、殘疾，憑藉著堅強的意志，最後取得了成功。在很多書籍裡，都能看到這些例子。他們的人生事例充分說明了，勤奮、堅韌是成功的基礎，也是成就長久名聲的重要基礎。每個人都應該為成功打下基礎，因為這其實

就是為了自己。

人的天賦因人而異，但勤奮與堅韌卻是每個人都可以選擇。憑藉勤奮與堅韌，他可以像很多成功之人那樣，取得成功。正如帕里西那樣「努力工作，忍受與等待，直到找到不能創造的東西。」

什麼時候「成功」會被稱為失敗呢？

■ 在你有能力去做高尚工作時，卻做著低俗的事情。

■ 在你的人生沒有因為你的工作而變得更加乾淨、高尚與宏大。

■ 在你活著只為了吃喝，玩的開心，與累積金錢。

■ 在你的品格比不上你口袋裡的你財富。

■ 在你大腦最聰明的細胞因為貪婪而被扼殺，在你讓良心蒙羞，阻擋生活的陽光時。在你心底裡所有的憐憫之心因為對工作的自私而扼殺時，在你實現目標時，卻把其他人的夢想都擊碎了。

■ 在你說自己從來沒有時間去培養友情與禮貌或是良好的舉止時，在你失去了自尊、勇氣、自我控制與其他人性的特質。在你沒有將工作做到最好的時候。在你沒有比成為律師、商人、醫生或是科學家之外更加偉大的東西。在你過著雙面人生，過著雙重標準的人生時。

■ 在你搞垮自己的身體時，讓自己成為「情緒」的受害者時。在你對金錢、土地、房子與債卷的渴望控制著你的時候。

■ 在你的心靈與道德慢慢消融時，失去了年輕人該有的流暢與熱情時。在你對別人的需求與痛苦無動於衷時。在你口袋裡的錢是靠不誠實或欺騙手段獲得，別人嘲笑你的時候。在你的財富訴說著寡婦與孤兒的淚水，或是你的財富代表著別人機破碎的夢想。

■ 當你對工作的投入讓你忽視了家人的時候。在你想盡一切辦法索取更多，卻不願意有所回報的時候。在你對金錢的貪婪讓你妻子的生活變得暗淡無光，讓她失去展現自我的能力，失去必要的休息與娛樂的時候。

■ 在你的神經因為長時間的工作且缺乏休息而處於高度緊張，讓你在家庭裡變得暴躁，讓為你工作的人討厭你的時候。在你剝奪屬於員工的合法權益，然後假裝以慈善家的姿態向某些慈善機構或公共組織捐一小部分的金錢的時候。

在這些時候，你的成功就是失敗。

第二十三章　老人找尋工作

在這片機遇之土上，最可悲的情景，就是頭髮灰白之人找尋工作了。跟老年人說，他們必須要抖擻精神，穿戴整潔，看上去充滿活力，走路與說話的方式都要像年輕人那樣，不能展現出任何軟弱或是歲月的痕跡，這是說得容易做的難。但這其實對老年人來說很難。他們年輕時滿懷希望，希望能在這個世界上有屬於自己的一席之地，現在人到老年，卻發現自己缺乏競爭力，失去了過去的理想，人生的夢想也逐漸消逝。

這是很痛苦的事情。讓老年人繼續保持心中的理想、勇氣與生命的熱情，這是很難的。要想他們的臉龐沒有顯現出人生的失望，這也是很難做到的。讓他們強顏歡笑，表面上充滿熱情，似乎還有很多美好的工作等待著他們，這也是很不現實的。

如果教會拒絕 50 歲以上的牧師，如果醫院與醫學院拒絕年過 60 歲的醫生，如果製造企業炒掉頭髮開始灰白的經驗豐富的員工，雖然他們依然身強體壯，經驗豐富。如果一些著名企業拒絕招聘年齡超過 35 或 40 歲的員工，原因只是因為這些人的年齡開始讓他們走下坡路，無法迅速適應全新的環境。幾乎在所有職位上，那些流露出老年跡象的人都必須要為年輕人讓路。那我們必須要自問，我們的這些老年男女，我們的那些必須要養活自己的父親母親們，他們該怎麼辦呢？

一位今年年齡 57 歲，形象良好的人最近拜訪我，希望我能給予他一些建議。他多年前因為保不住在銀行的一個好職位，現在已經失業多年了，只是偶爾在一些信託公司或是銀行做臨時工。他看上去依然充滿活力，體力正處在旺盛的狀態，他是一位勤奮的員工，接受過良好的教育，有著良好的工作培訓，但他感到非常沮喪，因為他好幾次的嘗試都被拒絕了，這讓他覺得自己的努力是毫無意義的。這樣的思想流露在他的臉上。當他現在向銀行或是信託公司投簡歷應聘時，他都不像以往那樣自信，覺

得自己一定能夠成功。他的心理態度不再像是以前的統治者，而像是被統治者。他不僅沒有給面試者良好的印象，相反他給人留下不好的印象，再加上他年齡上的劣勢，更讓他無法找到工作。

當他承認自己在人生這場比賽裡成為失敗者後，誰還能期望他取得勝利呢？沒有哪位老闆願意招聘那些失去了熱情與活力的員工，或那些在談話中承認自己已經老去的員工。他的形象，舉止與每個動作都在說明一點，即他已經太老了。他嘗試找尋幾份工作，都在埋怨「沒人想要一個頭髮灰白的人」的事實，覺得「每位老闆都想要年輕力壯的員工，覺得顯露出老年跡象的人沒有任何機會了」。他這樣的心態扼殺了很多人的機會。

必須承認一點，對老年人開放的機會大門的確少了很多，即便一些老年人還是很有能力與工作價值的。很少有老闆會雇傭老年人去做體力活，無論他們多麼熟練，或在面試時帶來多麼好的推薦信。對年齡稍大的人來說，最適合他們的職業似乎就是教士職業了，因為他們能獲得較高的薪水。

芝加哥一間大型招聘機構的一位主管曾說，前來面試的大部分人都是老年人，但在當今的商界或是貿易活動裡，幾乎不需要什麼老年人。「雖然招聘機構已經盡力了，但找到工作的老年人還是極少數。很多時候，只有一些企業老闆會向招聘機構發來信函，要求招聘幾位老年人去做看門人或企業的一些雜務。」

無論老年人多麼有能力，精力多麼充沛或在專業方面多麼有能力，抑或他們有多麼豐富的經驗，他們要想獲得傾聽與嘗試的機會，還是太難了。每個人都似乎對年輕人所取得的成就抱以濃厚的興趣。很多男生在閱讀亞歷山大大帝 26 歲征服世界的故事，拿破崙在 37 歲時征服歐洲的故事，或是皮特，這位在 25 歲就掌控歐洲的人的故事時，從來都不會感到

疲倦。世人對年輕人未來會遇到什麼，會取得怎樣的成就，有著特殊的興趣與高度的期望。很多偉大的事情，很多英勇的事情，很多高效的工作，都是他們在年過 50 前就已經做到了。

一位老闆的經商生涯，很大程度取決於他手下的員工。員工是身強體壯、精力充沛、充滿活力或與此相反，都要視具體某位員工的情況所定。老闆知道年輕人更富進取心，更有活力，更有動力，那麼他的企業就可能因此更有活力，與時俱進，這肯定要比招聘老年人更好。老闆知道，年輕人不僅更有希望，更加樂觀，而且更有創造力與智慧。一般來說，年輕人的血氣更旺，行動更加迅速，更加靈敏，更有熱情與活力，為人也更加樂觀，做事更有精力。年輕人沒有那麼容易墨守成規，不會隨波逐流。總的來說，年輕人會更好地避免意外事故的發生，因此也更受老闆的青睞。

老闆需要有可塑之才的員工，他希望招聘有活力、勇氣、毅力與能量的員工。老年人在面對未來時，不可能像年輕人那樣以充滿希望、期望與夢想的眼睛看待未來的。老年人更容易漠視工作，更多想到自己的舒適，逃避工作的難處。

在很多企業裡，肯定存在不少對老年人歧視的行為，因為很多失敗之人正是因為能力不濟而被炒掉，或因為他們做事缺乏系統或馬虎敷衍的工作習慣而失去工作。很多老年人都是缺乏活力的人，他們的活力與能量，都只不過是年輕時僅剩的。

毋庸置疑，這是屬於年輕人的時代。我們到處可見年輕人身處掌舵者的位置。我們曾經對年輕人有成見，但現在我們發現很多年輕人成為鐵路公司、大型企業、大學或是學院的主管。有很多大型企業都是年輕人在擔任總經理，手下管理著很多老員工。老闆想要的是，員工盡可能保持長時

間旺盛的精力。他們知道，要是那些 30 歲或 35 歲進入企業的人，他們精力的旺盛期已經不會太長了。

很多人都會欺騙自己，覺得他們在年輕時移動迅速，充滿能量與力量，那麼他們進入老年後也依然可以這樣。但衰老是一個漸進的過程，期間沒有發出任何「嘎吱聲」或是讓人震驚的東西。當一個人開始覺得自己變老時，他就會逐漸降低自己的標準。他會對個人形象變得越來越不在乎，不經意養成漫不經心與隨意穿衣的習慣。他放任自己的舉止墮落。通常來說，他會對頭髮與鬍子變白顯得毫不經心，然後他看到自己這幅模樣後，又開始感覺自己變老了。

其實，只需要養成善待自己，重視個人的生活習慣，保持穿衣整潔，梳理頭髮的良好習慣，都會讓你的形象得到很高的提升。在別人總是在身邊不斷提醒我們變老了，那麼我們就很容易變老。當我們看到鏡子裡自己那顯得衰老的誇張面容，就只會堅定我們覺得自己變老的信念。要想克服內心的這個強大信念，是很難做到的。

這個世界最讓人感到悲哀的一個情景，就是看到一個剛剛人到中年的人活像一個老人，穿著像老人，留著長長的鬍鬚與頭髮，走路弓著腰，步伐緩慢，臉上沒有半點微笑，對待事情一般採取憤世嫉俗、悲觀與冷漠的態度，大凡別人感興趣的事情，他都不屑一顧。他這樣的形象就已經讓他潛在的老闆對他不屑一顧了，因為做老闆的肯定不會招聘任何顯露出衰老跡象的員工。

蹣跚的步伐，走路拖泥帶水，下垂的雙肩，記憶力差的人，都會被人視為「老之將至」的徵兆。那些想要保持年輕精神狀態的人，絕對不能留著長長的灰白鬍子，不能留有長長的白髮。他一定不能穿著老年人的服

裝，走路時垂著肩膀，拖著腳步。請一位好的理髮師與好的裁縫師幫你修理頭髮與製衣，能夠讓你的形象顯得多年輕幾歲，讓你看上去不會未老先衰。半個世紀前，人們在 50 歲時就顯得很老了，因為那時的人留著長長的鬍子長長的頭髮，也不注意打理個人的形象。而中年女人則開始戴上帽子，穿著老女人的長袍，看上去就像老奶奶一樣。

所有這些都已經發生改變了。理髮師已經學會了如何透過修理白髮，修剪鬍子，讓人顯得更加年輕的藝術。很多人發現一點，即便是留幾天鬍子，都會讓他們顯得更加蒼老。人們開始明白，衣著的款式能夠顯露他們的年齡，也可以遮掩他們的年齡。很多女性都知道這樣的祕密。她們會穿讓自己顯得年輕的衣服。女士的衣服與女帽有效地掩蓋了她們的年齡，遮掩了歲月的痕跡。

我們經常聽到有人說，現在很難看到過去那些留著柔軟白絲般頭髮與白鬍子的典型老人了，這樣的外貌似乎給他們增添了幾分歲月的尊嚴與智慧。沉重的手杖，之前曾被視為是很多年過中年之人所需的，現在已經被重量輕、細長的藤條所替代，給人一種使用者並不需要它的感覺。亞麻布衣服、領帶、帽子、襯衫，對於女性來說，還有衣服上的小飾物，現在都不像以往那樣顯露出年老的跡象了，而是盡可能地掩蓋她們的年齡，保持年齡的容貌。牙科醫生在幫助人們保持年輕容貌上也盡了一份力。

我認識一位 75 歲的老人，他的能力讓他幾乎可以在美國任何一件大型商店裡任職。在接下來的 24 年裡，他可能依然不會失業，為什麼呢？雖然他的頭髮與鬍子白的像雪一樣，但他站的筆直，有著拿破崙一樣的精神，散發出力量與活力。他依然過著年輕人的生活，緊跟時代潮流。他不相信「老人不死即為賊」的說法。在他所在的公司裡，每一位員工都能感受到他的活力，感受到他所散發出的力量。

我認識一些年過 60 的人，若他們想找工作的話，可以輕鬆地在任何企業裡任職，因為他們相信自己，散發出自身的能量與活力，他們為人有趣，充滿著年輕人的朝氣，雖然他們白髮蒼蒼，皺紋爬上了臉頰。他們絕對不會讓歲月削弱自身的活力，讓時光使他們看上去疲憊與衰老。他們注重自身形象，充滿熱情，對事物有深刻的洞察力，永遠不讓自己的希望與活力在時光的長河裡逝去。

當一位年紀稍大的人走進一間辦公室，想要獲得某個職位，他的心理態度與行為舉止決定著他是否能夠得到那個位置。他在應聘某個職位時，必須要期望自己能夠成功獲得這個職位，千萬不能覺得自己的要求必然會被拒絕。他必須要展現出自己還有很多尚未挖掘的潛能，還有很多尚未發揮的能量。他要透過自身「統治者」的舉止，向面試官展現出自信與堅定。

他要知道自己需要更加注重自身衣著、個人形象與給別人的印象，不能覺得自己與身強體壯、充滿活力與力量的年輕人相比就差一截。老闆想要的是最優秀的員工。他會傾向於自己對面試的評價來決定是否招聘某人。如果應聘者像一隻被鞭打過的小狗出現在他面前，尚未面試前就覺得自己會被拒絕，那麼老闆知道他的心態就已經讓他無法勝任這個職位了。老闆希望招聘那些充滿能量、活力、堅韌與決心的員工。他知道自己必須要招聘具有強大活力的員工，知道員工必須要有勝利者的氣質與舉止。據我們的調查，發現年過 40，之前沒有接受過什麼訓練的人要想找工作是很難的。與此同時，很多老闆都希望留住那些與企業一起成長，從基層做起的員工，因為這些員工的經驗與智慧通常能夠彌補他們活力上的不足與年齡的劣勢。

一些人終其一生都保持著進取的心態，不斷前進。他們似乎從來都沒

有停止過進步。他們總是從別人身上吸收全新的知識，讓神經細胞、大腦細胞與肌肉細胞不斷進步。這些人是永遠不會變老的。他們總能給你充滿活力與力量的印象，彷彿他們依然是年輕人。奧利弗・溫德爾・霍姆斯就是這樣一位永遠提升自己的人。他在 80 歲高齡時依然保持著年輕人的心態，他的言行依然像一位孩童那樣年輕，充滿了力量與歡樂。

我們到處可見年齡偏大的人與年輕人一起占據著重要的職位。如果一個人沒有因為不良的生活浪費時光，過著簡單與理智的生活，那麼他的智慧、判斷力、專業知識的累積，心智的拓展，心靈的提升乃至豐富的經驗都會隨著年齡的增加獲得提升，這可以彌補他在活力、靈活等方面的不足。理智地生活就像滾雪球，隨著年月的流逝，越來越大，直到生命終結之際，達到最高潮。自私、貪婪與欲念都是老年人想要保持年輕心態的天敵。愛、善意、憐憫心與助人的心態能夠延長人的壽命，也能讓我們感到快樂。

沒有一位老闆會雇傭只會抱怨的員工，也不會雇傭認為自己一無是處、缺乏自信的員工，因為他們總是在埋怨自己年事已高，埋怨著時運不佳讓他們一事無成，或是嘮叨著所有事情都與自己作對。

如果老闆想要招聘員工，即便你頭髮花白，如果你展現出人生鬥士的形象，那麼他會雇傭你。因為他能感覺到你胸中依然燃燒著理想的火焰，知道你依然很有才智，依然充滿進取心、創造力與個性。希望能讓你獲得一份工作，但絕望卻讓你一無所獲。始終展現出年輕與充滿活力的形象，能夠給人一種提升的積極作用。你的步伐要給人一種年輕人的感覺，不要拖遝著腳步，似乎你是在匍匐前進。腳步輕盈地前進，不要讓你的舉止與思考處於停頓的狀態。

你不能單純以年齡去評判一個人。有些人可能在 40 歲時就顯得很蒼

老，有些人則能在 70 歲時依然保持年輕。如果一個人失去了對所有事情的興趣，不與那些充滿活力與積極心態的人交往，如果他不全身心投入到生活，成為生活的一部分，如果他像一個被榨乾的柳丁那樣乾癟，那麼所有人都會對他敬而遠之，沒有老闆會想雇傭這樣的人。

最讓人覺得可悲的景象，就是很多頭髮灰白的人所做的工作，只能勉強維持生計。看到很多有能力的人，卻因為與損友為伍，成為他人陰謀的受害者，虛擲光陰，毀掉了人生美好的時光。因為年輕時幾次愚蠢且致命的錯誤投資，因為與損友為伍，害的自己現在每天做牛做馬，忙碌後半生，這真是可悲的情景啊！一份日報的編輯在被人問到為何不招聘 50 歲以上的人時，說：「雖然 50 歲以上的人依然能做很多工作，但他必然會過分認真地看待自己。」他不願意看到身邊都是一些失去青春活力的人，他希望看到朝氣蓬勃的人，與滿懷希望、熱情的人一起工作。他希望感受到年輕人的熱情與活力，而這通常在年輕人身上更容易找到。

其實，這並不完全是一個老年人失去年輕人應有的活力、希望與熱情的問題。如果一個人從一開始善待自己，好好規劃未來，沒有將自己年輕的活力與本性榨乾，沒有因為不科學與不良的生活習慣而失去活力，過著簡單的生活，保持高尚的思想，那麼他就能保存自身的能量與人生活力，也就不會過分消耗活力，那麼他就能在任何年齡段都可保持年輕的心態。老闆希望雇傭年輕人，正如他會購買處於壯年的馬匹，而不是老馬匹，因為處於壯年的馬匹還有很多潛力可挖。那些人生活力被耗盡，虛度時光的人是沒有老闆想要的。

毋庸置疑，若是很多年齡偏大的人能夠像年輕時充滿自信，滿懷著勝利者的氣息去應聘工作的話，那麼他們獲得機會的機率還是很大的。

試想一下，若是一位想要取得成功的人總是在心中這樣對自己說：「我

並不期望能夠獲得成功，但我一定會繼續工作。我並不覺得自己能夠獲得那個位置，但會努力爭取。」你肯定知道，這些人所付出的努力是不可能讓他們取得成功的。要是年齡偏大的人每次應聘時，內心都懷著這樣的思想，那麼他們幾乎沒有成功的可能性。

當然，若是一個人承認自己錯過了最美好的時光，自己是真的老了，那麼他是不可能期望老闆會對他有其他想法的。事實上，那些剛剛顯露年老痕跡的人，通常是自己最大的敵人。他們承認自己的失敗，卻對老闆抱著與他們一樣的想法感到吃驚。

沒有比失去希望更讓人覺得沮喪了。如果一個身強體壯、精力旺盛的人失去了他的位置、工作與財產，那麼他依然還有希望，相信自己還能重新獲得。但如果一個老人失去了財產與地位，那麼他重新獲得這些的機率就低很多了。除非他擁有巨大的勇氣與毅力，要想再次身處相對安逸與舒適的位置，是不大可能了。

我以為，相對老年女性來說，失業對老年男性造成更大的影響，因為一個失去工作職位的人，不知道自己該做什麼。他通常會感覺自己比女性更加無助，因為女性可以在家裡做家事，能夠有些事情彌補她們心靈的空虛。她不會感到失業男人所感受到的那種全然絕望與無助的感覺，特別是對一位之前過著積極勤奮生活的男人更是如此。

每當看到城市那些後背上掛著廣告，或做著苦力的老年人時，我就感到心酸。他們很多人接受過教育，有一定的能力，原本可以從事更好的工作。看到一些因為年輕時過著放蕩生活，晚年遭受懲罰的老人時，內心反而不會感到那麼心痛。但是，看到很多老實結巴的老人向人乞討麵包，到處找尋工作，無家可歸，沒有朋友，這的確讓人傷心。

第二十四章　品格就是力量

品格就是力量，就是影響力。品格讓你交上朋友，創造財富，
獲得別人的贊助與支持，為你敞開了一扇通往財富、榮耀與幸福的光
明大門。

—— J‧哈威斯

品格就是鑽石，讓其他石頭黯淡無光。

—— 巴托爾

做人要高尚點！別人身上的高尚品格可能處於沉睡狀態，但永不死
去，在某個必要的時刻會爆發出來。一位貴族對西塞羅說：「你是一位庶
民。」「是的。」這位羅馬的著名演說家回答說，「我的家族的榮耀始於我，
而你家族的榮耀將終於你。」

「不行。當著她的面說吧！」斯巴達國王克里昂米尼對拜訪的說客安
尼斯塔格拉斯說。他深知在 10 歲的女兒戈爾戈面前，別人是不可能說服
他去做壞事的。

戈爾戈坐在父親的大腿上，聆聽著這位陌生說客說要給克里昂米尼大
筆錢，前提是他能幫助他成為鄰國的國王。她並不了解其中的情況，但她
看到父親的一臉煩惱與猶豫，於是她握著父親的手，說：「爸爸，遠離這
個人。這個陌生人想讓你做錯事。」國王最後與女兒遠離了這位說客，沒
有聽從那人的誘惑，避免讓自己與國家遭受恥辱。所以說，品格就是力
量，即便是小孩子的品格，也是如此。

「先生，請買幾根火柴吧！」一位瘦削與一臉發藍的貧苦男孩懇求。
他的一雙赤腳發紅，衣衫襤褸，那天的愛丁堡是那麼的寒冷。「不，我不
想買火柴。」一位紳士回答。「但是，這些火柴只要 1 便士一盒。」小男

孩懇求道。「我知道，但我不想買火柴。」「那我 1 便士賣給你兩盒怎樣呢？」這個男孩最後讓步說。

「為了擺脫這個小男孩的糾纏，」這位講這個故事的紳士說。「我買了一盒，但我發現自己沒有零錢，於是我說：『那我明天再跟你買一盒吧！』」

「哦，先生，你就今晚買一盒吧！」男孩又懇求道。「我會跑過去幫你找零錢，因為我非常飢餓。」於是，我就給了男孩 1 先令，他馬上跑開了。然後我想我可能沒有了這 1 先令，但我還是相信那個男孩的臉，我不認為他是一個壞孩子。

「那天晚上，一位僕人回到家，說一個小男孩想要見我。當這個男孩走進屋裡的時候，我發現他是那位之前拿著我 1 先令的男孩的弟弟，但他弟弟穿得比他更破爛，身體更瘦削，他似乎在找尋著什麼。然後，他說：『你就是那位在街上跟山迪買火柴的先生嗎？』『是的。』『這是你 1 先令找回的 4 便士。山迪不能來了，他很不好。一輛車將他撞到了，他的軟骨被撞碎了，他的火柴以及找給你的 7 便士不見了。他的雙腿都被撞斷了，他現在處境非常不好，醫生說他可能會死去。這就是他要給你的。』男孩將 4 便士放在桌上，然後忍不住啜泣。於是，我給這位小孩一些食物吃，然後與他一起去探望山迪。」

我發現這兩位孩子與一位習慣於酗酒的悲慘繼母住在一起，他們的父母已經死去。我發現山迪就躺在一捆削屑上，他知道我進來了，就對我說：

「先生，我找好零錢，剛想回去給你，但是一輛馬車將我撞到了，我的雙腳都斷了。」

「小魯比，小魯比，我想我肯定要死了。我死後，誰來照顧你呢？你能做什麼呢？」

我撫摸著這位遭受痛苦的男孩的手，告訴他我會照顧好魯比的。他明白我的話，使出最後的力氣看一下我，似乎在感謝我。然後，他那藍色的雙眼就變得黯淡了。在那一個時刻 ——

「他到了上帝的光明之中，
就像一個啜乳的嬰兒，
所有的邪惡將遠去，
疲憊的人終於可以安息了。」

這位賣火柴的小男孩體現著上天賜予他的做人原則，他知道自己要去哪裡，但他比那些乘坐豪華馬車的人，更懂得誠實、高尚、真誠這些品德的價值 —— 正是這些價值造就了天堂。

西元 1857 年爆發金融危機時，紐約各間銀行的首長都被召集在一起開會。會議上，在被問到銀行被儲戶取了多少錢時，一位銀行首長說 50% 的存款都被人提走了，有些則說高達 75% 的存款都被提走了。但城市銀行首長莫斯·泰勒說：「我們今天上午被提走了 400,000 美元，下午則是 470,000 美元。」在其他銀行的首長都在含糊其辭，不敢說明事實真相時，泰勒管理下的城市銀行則展現出信心，向儲戶表現出他們的金錢很安全的自信。他的品格帶來了自信。

孟菲斯爆發黃熱病時，紅十字會組織對工作人員的匱乏無計可施。此時，一位相貌粗獷、頭髮很短的人邁著輕盈的步伐走向值班醫生，說：「我希望幫助護理別人。」

醫生認真打量著他，然後得出了他並不適合做護理的結論，說：「你

並不適合做這一行。」

「我希望能夠去做，」這位年輕人堅持說「讓我試一星期。如果你還是不滿意，再把我趕走。如果你覺得我還行，到時候再給我發薪水。」

「好吧！」醫生說，「那你過來吧！老實說，我並不敢肯定。」然後，他在心裡嘀咕著：「我會認真觀察你的。」

但是，這位年輕人迅速證明了自己並不需要別人的注視。在短短幾個星期，他就成為最熟練的護理師。他似乎總是不知疲倦，對事情保持克制。哪裡的病情蔓延最嚴重，他就在那裡工作的最辛苦。那些感染者與病人都非常感激他的服務。對那些被世人遺忘與忽視的人來說，他彷彿擁有一副天使般的面容。

他在平日工作時表現的異常勤奮，讓某些人產生了猜疑。這些人跟蹤他來到了一個被世人遺忘的街角，只見他將自己一個星期的薪水都投入到捐款箱，救助那些忍受黃熱病折磨的病人。不久後，他因感染了疾病去世了。當他的屍體準備被埋在沒有墳墓的墓碑，因為誰也不知道他的名字。後來，人們在他的遺物中發現了他的名字，原來他叫約翰，曾經犯有重罪。

有趣的是，在這個一切向金錢看齊的時代，貧窮的作家、落魄的藝術家或穿著邋遢的大學校長，要比很多百萬富翁擁有更高的地位，有更多人願意為它們撰寫文章。也許，這是因為一味賺錢的惡劣影響無法與智趣方面純粹的追求相提並論吧！一般來說，每個在金錢上取得成功的人，都意味著很多人的失敗與煩惱。智慧與品格的成功則對社會有益。品格就像一個烙印，給世人烙下最深的印記，讓世人感受他們工作的真正價值。

我們都相信那些擁有品格的人。這些具有品格之人的名字擁有多麼神

奇的力量！約翰・羅素說：「英國政黨的一個特性，就是找尋天才們的幫助，最後卻要諮詢有品格之人的指引。」

「我的道路必須要依靠品格獲得力量，」坎寧在西元 1801 年寫道，「我不會走其他道路了。我篤信這條道路，雖然這可能不是最快的，但卻是最有把握的。」

我們能精確計算一架引擎的工作效率，即便還只剩下最後一點壓力。引擎的動能與氣缸的溫度有很密切的關係。但是，誰能估量一個高尚品格之人所具有的潛能呢？誰能估量一位擁有品格的男女日後的未來呢？傳統、習俗與舉止已因為某些品格之人所改變，這些人成為很多學生的偶像。這些人給世人提供真正的力量，正如火車頭牽引著每節車廂。很多老師會告訴你，不少學校的學生都因這些品格之人的影響，提升了學習成績，改變了許多惡習。

寒冷刺骨的俄國冬天，軍隊在漫天大雪下撤退。正是德國王子堅韌的品格讓他獲得了士兵的愛戴。一個寒冷的夜晚，在一座簡陋木棚圍城的房子裡，所有人都在寒冷、疲倦與飢餓中入睡。第二天清晨，王子醒來時，感覺很溫暖，恢復了精神，聽到北風呼呼地吹過房子。他大聲呼喚士兵，沒人回應。他走出去看，發現士兵們都被大雪覆蓋，凍死了。士兵們將棉被都蓋在他身上，為此付出了生命。

在古代傳說裡，邁達斯國王請求上帝，讓他接觸到任何東西都能變成金子，他原以為這樣可以讓自己感到快樂，上帝答應了他的要求。但他的衣服、食物、飲料及花朵，甚至連他親吻的小女兒都變成了黃色的金子。他懇求上帝讓自己失去這種法力。他發現人生有許多東西要比地底下埋葬的金子都更有價值。

柯內莉亞對要求看她珠寶的坎帕結女士說：「這些就是我的珠寶。」說著，她指著自己剛從學校回到家的孩子。她的回答與西皮奧·奧弗里喀納斯及提比略·格拉古的妻子所說的一樣，他們都認為一個國家最重要的資產就是人的成長。

伏爾泰說：「我覺得真正的偉人，就是那些為人類進步做出過實質貢獻的人。世人衡量一個人的價值，是看他們的行為而不是所擁有的東西。」

在麻薩諸塞州丹弗斯慶祝建市 100 週年的大會上，一個密封的信封被打開了，裡面有一段話：「教育是我們當代人虧欠後代的。」在這個信封裡還有一張高達 20,000 美元的支票，這筆錢捐獻給城市圖書館與相關教育機構。寄來這封信的人是喬治·皮博迪，美國當代最著名的人士之一。他曾是一位貧窮的孩子，現在是身家百萬的富翁。多年後，在一場表彰他為丹弗斯做出貢獻的招待會上，皮博迪為相關的教育機構捐獻了 250,000 美元。他說：「為人始終堅持不可動搖的真理，勇往無畏與正直，從來不受任何卑汙的言語或下流的舉止所玷汙。這些特質要比世俗的成功與財富更加偉大。這些特質構成了真正的偉大。」

A·T·斯圖爾特的誠實與正直為他贏得了聲譽。這位年輕的校長一開始在紐約工作，日薪只有 1.5 美元，後來賺取了將近 40,000,000 美元的財富，這些錢裡沒有 1 分錢是骯髒的。

西元 1792 年 9 月 2 日，一群暴民衝入巴黎監獄，殺死了貴族與牧師，這些人就像是稻草在鐮刀前紛紛倒下。在鮮血浸滿地面時，一位赤膊之人認識了神父西加爾 —— 這位一輩子都專注於教育盲聾啞的人。

「靈活的手在織布上來回穿引，

柔軟的線將心靈連在一起。

一座古怪橋上的標語，顯示出拱橋下昏暗的海浪將靈魂切割開來，

雖然面積不及手掌，

真理卻在一片寂靜的土地上穿行。」

「你們小心點，不要傷害這位神父，他是一位好人。」穆諾說，他也是因為西加爾的良好名聲知道他的。「你們不知道他嗎？他是西加爾神父，世上最仁慈的人，也是國家最有用的人，更是瘖啞之人的父親。」圍在西加爾神父周圍的暴民停止了進攻，而是圍起來，用胳膊攙扶著他。即便在這樣彌漫暴力的環境下，品格高尚之人依然獲得禮遇。

你會將那些像瘋狗般賺錢，只想索取，不想回報的人視為成功人士嗎？難道你沒有看到許多寡婦與孤兒臉上飽經風霜的哀愁與失落的眼神嗎？你所稱之為白手起家的人，難道不是為了成就自己，打壓別人的人嗎？一個將財富建立在別人貧窮基礎上的人，難道稱得上真正的富人嗎？難道容貌逐漸像飢餓的野狼那樣，被對貪婪的內心所影響的人，能夠真正過上快樂的生活嗎？真正美好、安靜與魅力的人都是相由心生的。大自然有條規則，就是內心有怎樣的想法，自然會流露在臉龐上。

若是某人的生活很失敗，活著只是為了吃喝，囤積財富，那麼他絕對無法獲得人生的獎賞，也不可能取得真正的成功。這個世界並沒有因為他的存在而變得更加美好。這樣的人在見到一張悲傷的臉時，從來不會落淚，從不會在冰冷的房間裡點燃一堆溫暖的火。他們心沒有肉，他們不信仰上帝，只相信金錢。

在廢奴的時代，「聯邦拯救組織」的敵對者在紐約的城堡花園舉行集

會，決定將所有不反對「狂熱廢奴主義」的商人都將被列入黑名單，切斷他們的經濟來源。但是，梅塞爾・布朗與麥克納米聯合公司在發表的廣告裡宣稱，他們希望賣出絲綢，但絕對不會兜售所堅持的原則。他們獨立的姿態在整個國家產生了深遠的影響。顧客希望到這樣拒絕兜售原則的商店裡購買商品。

有人說，這個世界總在找尋那些金錢無法收買的人，尋找那些誠實、始終忠誠並遵循內心原則的人，找尋那些良心仿似指南針的指標，始終指向正確方向的人，找尋不管發生什麼，始終堅持自身原則的人，找尋勇於說出真相，直面世界與說出邪惡與正確的人，找尋那些從不吹噓與逃避之人，找尋那些永不投降與退縮之人，找尋有勇氣默默堅持的人，找尋精通專業並能認真工作的人，找尋永不撒謊、逃避的人，找尋勇於說「不」的人，找尋不羞於說「我做不到」的人。

菲力浦・西德尼爵士在聚特芬受重傷，忍受著因為失血過多帶來的飢渴。最後，有人將水遞到他跟前，但他看見一位受傷的士兵雙眼盯著他手上的水瓶，眼神充滿哀怨，就堅持把水先讓這位士兵喝，他說：「那位士兵要比我更需要水。」西德尼後因此死去，但他的行為本身就足以讓他流芳百世，很多君主則早已為世人所忘記。南丁格爾曾講了一個故事，一位身患痢疾的士兵不願意將自己的病情告訴士兵，唯恐這樣會加重已經過度勞累的士兵的負擔。他寧願靜靜地躺在戰壕裡，讓這裡成為他最後的落腳處。隨便你怎麼說，總會有那麼一個人願意將自己的時間、力量甚至是生命奉獻給別人 —— 無論他是為了君主、國家、種族還是人民。這裡面的基督情誼肯定要比禁慾的苦修或是懺悔更加積極正面。

愛默生說：「在閱讀時，我發現很多聆聽過查坦演說的人都覺得，他本人有著比他演說更強的魅力。」卡萊爾曾抱怨說，當他介紹米拉貝烏

時，總是無法準確地將他的天才完全描述出來。格拉古、阿奇斯、克裡奧米尼茲及其他普魯塔克書中的英雄人物的生平，都無法與他們獲得的名聲相稱。菲力浦‧西德尼爵士與華特‧雷利爵士都是光輝舉止不多的偉人。我們在描述華盛頓作戰的書籍裡，無法找到他體重是多少的詳細資料。席勒這個名字所具有的權威甚至讓他不敢寫書。這種名聲與工作間的不相稱或奇聞異事並不能解釋這些人在歷史的長空裡長久回蕩的真正原因。這些人肯定有某種東西獲得世人的讚許，讓世人讚許他們的行為。他們的大部分能力都尚未挖掘。這也是我們稱之為品格的東西 —— 儲備的能量，直接展現出來，不是其他東西可以掩蓋的。其他人可能憑藉智慧或流暢的演說贏得名聲，但品格之人卻是憑自身的魅力取得成功。「這些人一半的能量都沒有展現出來。」他之所以取得勝利，是因為展現了自身優越的品格，而不是拿著刺刀衝鋒。他們之所以有統治者的氣質，是因為他們的到來改變了世人的觀念。

每個國家都有一些以氣場震懾別人的人。他們充分展現出自身的能力，世人會對這些人有如此氣場背後的祕密感到不解。無論身處哪個階層的人，他們都會很自然追隨具有品格之人，因為品格本身就意味著力量。當凱撒遇刺後躺在羅馬議院大理石的地板上，產生的影響力更為強大的。

有人曾這樣評價夏麗丹將軍：「要是他能堅持原則，可能就征服世界了。」真正明白人生的成功取決於他們對自身認知的人，是何其少啊！真正讓華盛頓與林肯成為美利堅合眾國總統的，並不是他們的能力，而是他們的品格。韋伯斯特曾想競選總統，但一位農民在聽到他失去了黨內提名時，說：「南方將永遠失去他們的奴隸了。」

拿破崙與韋伯斯特這樣的人擁有怎樣的原則呢？難道他們不是遵循內心最高的法則，並為之奮鬥，最後造就了當今的世界嗎？我們所尊敬與敬

佩的強人們，他們的原則都根植於品格中，正如橡樹一樣牢牢地植根於大地，在其他人都隨波逐流時，他們依然能歸然不動。

柯索斯獲得了在土耳其獲得保護的承諾，但前提是要皈依伊斯蘭教。這位被流放的人說：「在死亡與恥辱之間，我從來沒有任何疑惑。我曾經是善良人民的統治者，我卻沒有給子民們留下什麼東西。但這至少要比一個恥辱的名字更好。一切上天自有安排，我寧死不從。」他在另一個場合下說：「我雖然兩手空空，但卻是乾淨的。」

當彼特拉克在法庭上準備按照常規的程序，為自己擔任證人進行宣誓時，法官跟他說，法院相信他，他只要口頭上表示自己說的話是實話就夠了，因此不需要宣誓。

休‧米勒曾有機會到一間大型銀行當出納員，但他拒絕了。他說自己對帳目方面的知識不是很了解，也沒有一個擔保人。銀行首長羅斯先生說：「我們並不需要你有擔保人。」米勒並不知道銀行首長已經之前已經認識他了。我們的品格總是被世人審視著，不管我們是否注意到。

維多利亞‧柯洛納在義大利王子要求丈夫放棄在西班牙的事業時，寫信給丈夫，希望他能夠堅守自己的信念。「記住你的榮耀，正是這份榮耀讓你超越了所有君王。正是這份榮耀，超越了所有的頭銜與聲響，這份榮耀就已經足夠 —— 這份榮耀就是你獲得幸福與自豪的根本，能夠讓你的子孫後代都能感覺到。」

梭羅躺在病床，奄奄一息之際，一位加爾文教派的朋友不安地問他：「亨利，你是否與上帝言和了？」這位即將去世的自然主義者說：「約翰，我向來都知道上帝與我爭吵過。」

雖然，林肯後來成為了美國總統，依然是歐洲很多貴族與時尚界嘲笑

的把柄。當時歐洲每個信仰基督教的國家的報紙上，都會有諷刺林肯這位出身邊遠山區，舉止笨拙的人。很多政治家都驚訝於林肯在發表國情咨文時的簡短，希望他能夠讓演講稿變得更世俗一些，但林肯回答說：「人們能夠明白就好。」即便在華盛頓，他都依然被人嘲諷為「猩猩」、「愚蠢的人」或是「好色之徒」。；林肯在讀到報紙上這些人身攻擊及嘲笑時，說：「亞伯拉罕·林肯，你到底是一個人還是一隻狗？」他在費雷德里克斯堡一戰被南方軍隊擊敗時，曾說：「要是地獄裡有一個人比我更慘，那我就憐憫他。」但是，美國普通民眾的心與他同呼吸共命運。歐洲很多棉花廠裡貧窮的工人因為美國的封鎖，過著飢餓的生活，但他們從未向政府請願，要求政府打破林肯政府的封鎖。歐洲的很多受薪階級都相信林肯，並很同情他的遭遇。

下面這句話最為真實地說明了林肯這個人：

「他身上的特質融合了大自然優秀的品格，

然後對世人說：『這是一個真正的人。』」

林肯希望能擁有圓滿的品格。他曾經的律師同事稱他是「誠實的有點變態」。任何事情都不可能引誘他去代理本身錯誤的案子，或在他知道代理人身處錯誤或無法獲得官司勝利的情況下接手案子。他曾為一名女士做代理律師，該女士給了他 200 美元的定金。林肯說：「女士，你不必這樣做。」女士說：「這是你應得的。」「不，不，」林肯說，「這不是我應得的，我不應該為自己理應履行的職責收錢。」

在人的一生，應該有某種東西比他的工作與成就更加偉大的東西，要比財富或金錢更加重要的東西，要比天才更加美好的東西，要比名聲更加長久的東西。很多人與國家都相信文明生活裡的教育、文化素養能夠讓人

變得高尚，但這些東西並不能提升人的思想或拯救人類。藝術、奢侈與墮落成為了的很多個世紀的主旋律。

要說這個世界有那種力量是會自然顯現出來的，那就是品格。人可以沒有接受過什麼教育，沒有很強的能力，沒有財產，也沒有社會上所謂的地位，但要是他有自己的品格與堅定的意志，那麼他就自然會獲得影響力，收穫別人的尊重。

「一個正確的行為就像擊打了一次樂器，聲音會蔓延到宇宙深處，觸動所有有道德的智慧人物，遊蕩到世界的每個角落，產生共鳴，並且將這種震動傳遞到上帝的心胸。」

國王路易十四曾問讓－巴蒂斯特‧柯爾貝爾（Jean-Baptiste Colbert），他能夠統治像法國這樣人口眾多與偉大的國家，卻為何無法征服像荷蘭這樣的小國家？柯爾貝爾說：「因為一個國家的偉大並不在於他的疆域，而在於國民的品格。」

偉人的品格是一個國家的寶貴財富。一位英國製革工人在贏得了世人的讚許後，曾說要是自己沒有閱讀過卡萊爾的書，肯定無法獲得今天的聲譽。據說，富蘭克林曾改變了倫敦整個工廠人員的行為舉止。艾理斯托與提香激勵著每個從事繪畫的人，讓每個人都能感受到自身的榮耀。「告訴我你崇拜誰，我就知道你是怎樣的人。」一本書或一件藝術品讓我們會處在與創作者同樣的情緒或是想法裡。難道米開朗基羅死了嗎？去問一下成千上萬到羅馬摒著氣息參觀他永垂不朽的作品的遊人吧！在成千上萬的人心中，他是不是真的死了，還是依然長存著？難道華盛頓、格蘭特與林肯這些人死了？難道他們在今天這個時代不是活得更加真實嗎？在美國人心中或家庭裡，難道不都仰慕他們所具有的品格嗎？

　　請你想像一下，要是埃及沒有摩西，要是巴比倫沒有丹尼爾，要是雅典沒有德摩斯梯尼、菲迪亞斯、蘇格拉底或柏拉圖，要是 2,000 多年前的迦太基沒有漢尼拔，要是羅馬沒有凱撒、西塞羅、奧理略，要是法國沒有拿破崙、雨果，要是英國沒有牛頓、莎士比亞、米爾頓、皮特、布林克或格萊斯頓，那麼這些國家的歷史將是多麼的蒼白！

　　雖然義大利歷經了多個世紀的文化墮落，但丁的名字依然是這個國家的守護者。在很多奴隸的腦海裡，西塞羅、西皮奧斯與格拉基等人激昂的話語依然迴蕩。拜倫曾說：「義大利人喜歡談論但丁，寫文章讚揚但丁，思考但丁，這些都到了一個讓人覺得荒唐可笑的地步。這都是因為但丁贏得了他們的敬意。」即便是文明早已墮落的希臘，時至今天依然沒有完全擺脫古代黃金時期的文化巨人的精神影響。這些巨人的思想甚至要比他們生前更具影響，在思想的領域，他們依然充滿生命力。我們的心智依然被很多逝去之人的思想所影響，這樣的影響甚至要比現實生活中的人對我們的影響更大。我們的信念因為過往的殉道者為此遭受的迫害與犧牲而變得神聖，激發了我們的憐憫心，因此也顯得更加崇高。我們所做出的行為讓我們覺得，自身的理想也應該變得高尚。

「雖已化成灰燼，隨風飄蕩，

　但你們的劍與聲韻依然影響著人類，

　他死了嗎？光榮的思想提升著人類。

　他們活在我們心中，

　所以他們未曾遠走。」

　　毫無目標的人生會在品格上烙下極深的印記，就像上帝在該隱身上烙下罪惡的痕跡。另一方面，有些人走在街上，即便是狗都知道他們是好

人。所以說，品格就是力量。

　　我們就像一些昆蟲，經過草葉或植物時，身上會染上它們的顏色。所以，我們的面容遲早會展現出心靈的面貌，就好比心中有怎樣的思想，就會變成怎樣的人。我們在生活中的每個舉止，說的每句話，每一次與人接觸，就像一支如椽大筆在我們心靈中烙下深深的痕跡。過去錯失的機會的鬼魂，如幽靈般揮霍著我們的能量，消磨著我們的時間，讓我們內心永遠處於一種自責的狀態，永遠抬不起頭。要真的明白心靈吸引的法則，知道橡子終將變成橡樹，所有事情都必將必可避免地朝著你想要的方向前進的道理，那麼他們可能就會換一種方式去過活。

　　與好人為伍，可以讓你變好，與壞人為伍，自然變壞。無論你多麼詭祕，多麼隱蔽，或與你交往的惡人都身處陰影之中，但他們的形象遲早都會在你的面容與舉止上展現出來。心中所崇尚的東西會透過你的雙眼、舉止展現出來。我們交往的人，所愛、所恨，所為之奮鬥，為之追求的東西，無論是遭遇失敗、希望或是詭計，遭遇誠實或是欺騙，都會在心靈的窗戶上烙下不可磨滅的印記，展現給世人。黑暗的心靈會在臉上刻下黑暗的印記，這是我們的意志力所無法驅趕的。過著放蕩生活之人，他們身上全景式地展現出過去的悔恨！到酒吧間看看，那些人的醜行，放蕩的行徑，還有各種損友形成的醜陋場景，各種屈服於自身衝動的行為，追求勝利的努力失去了，決心一拖再拖，最後面臨著悲慘的下場。但請你看看這些人吧：他們在不斷戰勝困難、自我提升的過程中，展現出的面容吧！

　　那些能讓我從自身所處環境中解脫出來，讓我們緘默的口發出聲音，打開鎖住我潛能大門的人，至少在我看來，他們是最偉大的人。在我有缺陷的人生視野裡，他們扮演著透鏡的角色，讓我看到人生無限的可能性。我的神經感到一股震顫，覺得自己增添了力量。我整個人隨著他們的靈魂

一起顫動。

憤怒招致憤怒，仇恨招致仇恨，不可控制的衝動會傳染給身邊每個人。不少表演家都曾表示，當他們站在臺上準備扮演性情愉悅性格的人物，他們的心情一般都是很沉重的，情緒憂鬱，所以他們無法真正融入到角色中去。但心理暗示的作用是強大的，一旦演員深刻領悟到角色的精髓，就會將角色的真正一面展現出來。

愛默生說：「人的品格始終會展現出來的。小偷永遠不可能致富，樂善好施之人永遠不會貧窮，謀殺者終將面臨法律的懲罰。打比方說，即便是最善意的謊言，也染上了一絲的虛榮，想要給別人留下好的印象與有趣的形象，這樣的行為會立即削弱你話語的力量。但若能說出事實與展現你的本性，那麼你將收穫意想不到的東西。」

品格就是窮人的資本。

伏爾泰在準備《路易十四的故事》一書時說：「在我向你詢問有關這位國王的奇聞異事時，我想知道的是，在這位國王統治時期，藝術領域是否興盛起來。我寧願了解拉辛、布瓦洛、薩利、莫里哀、勒布倫、波舒哀、博森、笛卡爾及其他藝術領域的人物，也不想知道有關斯坦可戰役的詳細情況。因為即便 100 場戰役，也無法讓人類從中有所收穫。但我上面提到的那些人物，卻能夠給後世人帶來純潔與持久的精神樂趣。博森描繪的一條運河聯通海洋，一出淒美的悲劇，一個發現的真相，這些都要比宮廷的紀錄珍貴萬分，要比對戰爭的詳細紀錄更加讓人動容。就我而言，偉人是排第一位的，戰爭英雄才是最後的。我將那些有助於人類進步與發展的人稱為偉人，征服其他國家的將領只能是莽夫。」

在 4,000 多年前那個排斥異教徒的時代，一位古埃及法老的墓碑刻著

這樣的文字:「我沒有傷害過任何兒童,沒有壓迫過任何寡婦,也沒有虐待過任何一位牧羊人。在我統治時期,沒有一位乞丐,沒人挨餓。在饑荒來襲時,我命令開墾邊界北部與南部的土地,讓這片土地為國民提供食物。當時沒人挨餓,寡婦覺得自己好像沒有失去丈夫一樣。」在我們當代這個啟蒙的年代,真正能做到像這位法老這樣的統治者,又有多少呢?

很多人選擇將誠實視為他們心靈的同伴。他們的舉止與生活展現出誠實的品格。他們的言語讓人信任,他們的生活貫穿著誠實的原則,所做的行為都嚴格遵循內心的法則。他們就是誠實的化身,因為他們熱愛誠實,誠實在他們眼中好比上帝。無論是金子、皇位或名聲都不能賄賂他。這樣的品格讓他成為一個更加高尚、美好、勇敢與正直的人。

佛瑞德・布魯克斯說:「那些無法在某種程度上直面人生的人,不敢直面上帝賜予他的天賦的人,永遠也無法獲得真正的偉大。」

「地位不過是價值幾分的郵票,
　人的品格才是真正的金子。」

「世上最高尚的人,
　是那些勤勞勇敢的人,
　繼承祖先的衣缽,開墾荒地,
　贏得了更高的聲譽,
　勝於國王與勇氣的名聲。」

第二十五章　沒錢的富有

　　讓其他人去懇求救濟金吧！我能在沒錢的情況下富有，超脫貧窮的桎梏。

　　我會不帶任何自私的動機服務我的國家。

—— 格林伍德爵士

　　我絕對不能讓任何人因為他們擁有寬廣的土地，就讓他們在我面前覺得自己很富有。我應該在他們覺得，即便我沒有他們那麼多錢，但我依然是富有之人，讓他們覺得我不是一個可以用錢收買的人，無法用錢掠奪我的舒適與尊嚴。即便我身無分文，要向他乞討麵包，但在我面前，他依然會覺得自己是一個窮人。

—— 愛默生

　　最有富有的人都是滿足於最少的。因為知足的心才是富有的本性。

—— 蘇格拉底

　　我的皇冠在我的心裡，不在我的頭上，

　　不在由鑽石與印第安石頭鑲嵌的皇冠上，

　　它是看不見的，我的皇冠就叫知足。

　　很少國王能真正享受這頂皇冠。

—— 莎士比亞

　　很多人在沒錢的情況下，依然讓人覺得富有。很多口袋裡沒有一分錢的人，依然是世人眼中的富有之人。

　　一個天生擁有良好體魄、胃口好，心靈美與手腳勤快的人，有很大機會成為富有之人。

　　良好的身體要比金子還重要，強壯的肌肉要比銀子更重要。大腦神經

能讓身體各個機能充滿活力，這要比房子與土地都更加重要。

比徹說：「心靈的生活，靈魂的生活，歡樂與愛意，才是真正的富有。」

為什麼我要孜孜不倦地追求世上一些本不屬於我的東西呢？我眼前就擁有這個世界。為什麼我要羨慕別人擁有比我多的金錢呢？金錢屬於那些能夠看到金錢意義與懂得金錢價值的人。我不需要羨慕波士頓或紐約那些地產商。他們只是在照看著屬於我的財產，並且為我完好地保存這些財產。我只要花費幾美分，就能搭上火車，欣賞美好的景色。這不需要我花費多大的努力，也不需要我去照料，但我能夠欣賞到青綠的草地，矮矮的灌木叢，還有修整過的草地，欣賞精緻的雕塑與繪畫。每當我有這樣的心情，總能去欣賞一番。我並不希望將他們帶回家，因為我無法給予它們現在得到的一半照料。除此之外，這會占用我過多的寶貴時間，我會整天害怕這些東西被偷或被毀壞。其實，我擁有的財富與世界上最富有的人相差無幾。這一切都呈現在我的面前，不需要我付出多大的努力。我身邊的很多人都在努力保持這些美好的東西，讓我可從中感受愉悅，並不需要我花費多少錢。我不需要花多少錢就能到圖書館、鐵路、畫廊、公園去，感受其中的美好。人生與山川都是我的，星星、花朵、大海、空氣、小鳥與樹木都是我的。我還能要求更多嗎？過往很多人都在為我今天擁有如此美好的東西而努力，他們都在我而服務。我只需要養活自己就行了，在美國這片充滿機遇的土地，這並不是一件難事。

一位百萬富翁斥鉅資購買了某個畫廊的作品，但幾位貧窮男女進入畫廊，懷著開放的心態與詩意的幻想，感受到了這些繪畫的美感，這是畫廊主人所無法獨自享有的。一位畫作收藏商在倫敦的拍賣會上，以 157 英鎊的價格購買了莎士比亞的親筆簽名。但是貧窮孩子從閱讀莎士比亞的《哈

姆雷特》，可以感受莎翁真正的精神。

「欲望是一頭迅速膨脹的野獸，讓你已有的衣服無法掩蓋。」佛瑞德‧布魯克斯說：「一個人可讓心胸充滿力量，裝滿美德。正如讓心靈充滿財富一樣。」

難道我們應該透過味覺與感官刺激去找尋幸福嗎？難道我們應該無限誇大口腹之慾嗎？難道我們沒有了更高的使命與更長遠的目標了嗎？難到我們應該「優柔寡斷地選擇了麵包，放棄了自由」，玷汙屬於我們的美好嗎？

金錢給你傳遞什麼資訊呢？這難道是在對你說：「多點吃喝，過得開心點，因為明天我們都得死？」嗎？難道這給你帶來舒適、教育、文化、旅行的資訊嗎？難道這讓你明白要購買更多的土地，繼續賺更多錢嗎？金錢給你傳遞出什麼資訊呢？給衣不蔽體的人送去溫暖的衣服，給飢餓的人送去麵包，為無法獲得教育機會的人送去接受教育的希望，給患有疾病的人建造醫院，為孤兒建造庇護所嗎？你是更多的想到自己，還是想到了別人呢？你要傳遞的是一種慷慨之情還是卑鄙，寬廣還是狹隘之情呢？難道你的行為不是說明了你的品格嗎？難道這不是代表著你可以擁有更好的品格，更高的目標與更為高尚的行為嗎？或是金錢讓你發出「更多錢」的呼喊呢？

你是一位想著錢的動物，還是一個擁有目標的人呢？心靈充盈之人才是富有之人，他們的思想能夠豐富這個世界。

一位水手在加勒比海上一艘即將沉沒的船上，船上裝滿西班牙金幣。他的同伴都勸他立即乘小船走，但是他不願意離開這些金燦燦的金子，最後跟船一起沉入海底。

「誰才是最富有的人呢？」蘇格拉底說，「滿足於最少的人就是富有的人，因為知足是自然的本性。」

在莫爾所著的《烏托邦》一書裡，金子是被世人所鄙視的。犯人被強制要帶上由金子做成的厚厚鐵鍊，耳朵還掛著金子做的鏈子。金子被世人所鄙視，不被當成財富流通。犯人被迫要帶著金子做的弓形環。鑽石與珍珠用來裝飾嬰兒，所以，年輕人從小就鄙視與厭惡這些東西。

愛默生曾說：「要是富人能像貧窮的嬰兒那樣富有的話，那該多好啊！」

在挖掘龐貝古城時，一副屍骸在出土時，手上依然緊緊地握著一塊金子。在英格蘭的胡爾鎮，一位商人在臨終前從他的枕頭上拿出一袋錢，雙手緊緊地握著，直到死前都沒有放手。

「哦！盲目的欲望讓人失去理智，

囤積著粗糠，卻燒掉了稻米，

擁有財富卻不能使用，

失去了所有人擁有的財富。」

貧窮是因為缺乏必要的物質，貪婪則讓人失去一切。

一位窮人在抱怨自己未能享受財富帶來的樂趣時，遇到了一位陌生人遞給他一個錢包，每當他打開錢包總能有一塊達克特。一旦他拿走一塊達克特，另一塊達克特就會掉下來。但這位窮人從未想過花掉這些錢，直到最後扔掉了這個錢包。他拿走了一塊又一塊達克特，卻從來沒有享受到金錢帶給他的樂趣。最後他死於數錢的寂寞裡。

一位乞丐曾被幸運之神所眷顧，幸運之神保證讓他的口袋裝滿金子，無論他想要多少都能滿足他，若一旦有一塊金子掉到地上，他就會立即變

成一縷塵埃。這位乞丐打開口袋，懇求幸運之神給他更多金子，直到最後口袋裝不下了，一塊金子掉在地上，他所有的一切都沒了。

在「美國中部」號輪船即將沉沒之時，一位女船員忙著從輪船的大客廳收集金子，將金子緊緊繫在自己的圍裙上。她從輪船往下面的小船跳躍的過程中錯失了目標，結果落在大海裡，身上的金子將她死死往大海裡拉，將她淹沒。

富蘭克林曾說，金錢永遠不可能讓人感到快樂，因為金錢本身沒有任何可以產生快樂的東西。一個人擁有越多，他的欲望就越大，他不但沒有填滿內心的溝壑，相反這個溝壑變得越來越大。只有充實的心靈才能讓人感覺到富有。要是一個人的心靈貧瘠，無論他擁有多少金錢或財產，都不可能成為一個真正的富人。一個人是富有或貧窮，取決於他的心境，而不是他所擁有的東西。

一些人擁有健康的身體，心靈處在時刻愉悅的狀態，卻因生活的煩惱或挫折而讓心靈處於時刻波動的狀態，這樣的狀態足以讓讓一船人沉沒大海。另外一些人則擁有豐富的心靈，擁有溫馨的家庭與良師益友。可親隨和之人無論到哪裡都受人喜歡，他們的樂觀性情讓人難以拒絕，主動與他們交往。

人體內充滿各種神奇的機制，有各種讓人匪夷所思的潛能與不為人知的東西，這些都是我們在獲取幸福與人生充盈時應該發揮的。任何生理學家、發明家或科學家可指出人體內哪怕是最細微處的功能是必須提升的。但任何化學家都無法製造出比人體更加神奇的各種元素與結構。

人生第一個重要的教訓，就是要學會如何真實地評價事物的價值。年輕人在人生事業的開始階段，面臨著各種誘惑與欲望。他的成功在很大程

度上取決於他能否正確評價這些東西，了解很多乍看之下毫無價值，卻是極為重要的東西。財富會像旌旗一樣在他的眼前晃動，吸引他去追求。很多不同的誘惑向他襲來，引誘著他去追尋所謂的優越。每一份工作與職業都展現出他們的魅力，都顯得充滿誘惑。想要成功的年輕人絕對不能降低自己的人生標準，被表像所迷惑，要以正確的眼光去看待生活中真正重要的東西。

拉斐爾就是一位沒有錢卻依然富有的人。世上所有的大門都為他敞開，他到哪裡都受到人們的歡迎，他隨和的性情散發出陽光的氣息，讓接觸他的人都能感覺到。

亨利‧威爾遜，這位被壓迫者的堅定朋友，在每做一件事或說一句話時，總會這樣自問：「這樣是正確的嗎？這樣會有好結果嗎？」他就是沒錢卻富有的一個典型例子。這位來自納提克的補鞋匠並沒有為了獲得世俗的名利處心積慮。在他準備宣誓就職美國副總統時，他不得不要向他議員同事查爾斯‧索姆奈借 100 美元，以應付就職儀式可能出現的開銷。

莫札特，這位〈安魂曲〉的作者，臨終前幾乎沒有留下任何財富，甚至沒錢買棺材下葬。但他卻給這個世界留下了寶貴的精神財富。

充實的心靈與高尚的精神能讓寒舍散發出高貴的氣息，這是豪華的裝飾所無法賜予的。誰不想成為品格、知足方面的「百萬富翁」，也不願意成為只擁有庸俗金錢的人呢？那些能夠促進人類文明進步的人，即便死時身無分文，依然是富有之人，後人會為他們豎立豐碑。

一位亞洲旅者跟我們說，某天，他發現沙漠裡有兩個人的屍體，旁邊還有一頭駱駝的屍體。他們顯然是死於飢渴，但在他們的腰間還發現各種珠寶。他們顯然是想穿越沙漠，到波斯的集市上銷售這些珠寶。

　　一個沒有錢的人是窮人，但一個只有錢，沒有其他東西的人，則更是窮人。那些真正富有的人，能夠在不占有金錢的情況下，依然感受到快樂。那些富人即便是身價百萬，若是欲壑難填，依然是窮人。很多智趣富有的人，擁有智趣的人，都不可能被稱為窮人。懷著樂觀與勇敢之心去面對不可避免的貧窮或不幸的人，絕對是富有之人。

　　我們可以透過接受教育，讓意志力驅動思想專注於事物積極的一面，專注於能夠提升靈魂的東西。因此，我們可以養成讓自身感到富有的快樂習慣。養成最大限度挖掘潛能與看到事物積極一面的習慣，這本身就是一種財富。

　　真正富有的人將良好的名聲看的比金子還要珍貴。在古代的希臘與羅馬，人們追求名聲要甚於追求財富。當羅馬人墮落到只追求財富的狀態時，羅馬帝國也開始崩塌了。

　　第歐根尼曾被海盜俘獲，並賣給別人當奴隸。買主釋放了他，讓他負責家庭的管理，教育他的孩子。第歐根尼鄙視財富與名聲，在一個浴桶裡生活。後來，亞歷山大大帝知道這位偉大哲學家生活在如此困窘的情況後，深為震驚，就問他：「你想要什麼呢？」第歐根尼說：「是的，我希望你能站開一點，不要阻擋我的陽光，不要帶走你無法賜予我的東西。」亞歷山大大帝感慨地說：「要是我不做征服者，我肯定要做像第歐根尼這樣的人。」

　　一位熱衷追求財富的人對約翰·布萊特說：「先生，你知道嘛？我一個人價值 1,000,000 呢？」「是的，」有點惱怒但依然保持冷靜的記者回答說，「我知道。我知道這就是你整個人的價值。」

　　在一個家庭和睦、彼此友愛與互相幫助的家庭裡，貧窮又能做造成什

麼影響呢？

聖‧保羅在他被囚禁於羅馬大街下的地牢時，人生威望到達了頂峰。耶穌在受虐待、毆打，最後釘在十字架上，祂的人生實現了最大的圓滿。「這一切都圓滿了。」

不要以錯誤的標準去面對人生。真正偉大的人讓外在的官銜、金錢、房子與財產都顯得俗氣、卑鄙與貧瘠。我們會感覺到，在廉價的讚美與金子面前，我們失去了自我。

這個競爭激烈、適者生存世紀給我們最大的一個教訓，就是學會如何在沒有金錢的時候讓自己變得富足，如何摒棄世俗成功的標準，過上自己想要的生活。

在〈改變的十字路口〉這首詩裡，一位疲憊的女子在夢中覺得自己被牽引到一個地方，那裡有很多十字路口，還有很多條河流的交叉口。看似最美好的一條道路鋪滿了金子，這條道路很小很崎嶇，於是她放棄了原先選擇走的那條康莊大道。她還覺得自己真的很幸運，可以找到一條如此美好的道路。但她很快就覺得肩上背負的金子很沉重。於是，她選擇了另一條到處都是美麗鮮花的道路，但很快發現鮮花的刺讓她受傷。最後她找到了那條沒有金子也沒有鮮花的平凡大道，只看到一個字「愛」。她選擇了這條路，最後發現這是一條最為順暢與輕鬆的道路。她很幸運能夠及時放棄之前所選擇的道路。

我們很容易因為看到別人賺到金子與獲得的鮮花，但是金子的沉重與鮮花的刺痛所帶來的感覺，也只有他們本人才知道。在我們看來，別人眼中背負的東西是多麼輕鬆啊！我們沒有意識到，這些潛在的負擔可能會摧毀心靈，更別說無法獲得成功的苦悶歲月了。痛苦的心靈希望能夠得到世

人的憐憫，隱藏在光鮮背後的貧瘠與壓抑的情感，都是我們所看不到的。

著名議員威廉・皮特曾說，相比於公共利益與聲譽而言，金錢就像他腳下的泥土一樣骯髒。無論何時何地，他都要讓自己擁有一雙乾淨的手。

我們所追求的東西就說明了我們的人生故事。無論男女，他們都應該以自己為身邊的人創造了多少幸福作為衡量自身是否富有的標準。高尚的行為總能讓人感覺富有，但徒有百萬財富的人卻可能是最貧窮的人。品格是永恆的財富。擁有品格之人能讓只有錢卻沒有品格之人好像一個乞丐。

學會投資自己，那麼你將永遠不可能成為窮人。心靈的財富是洪水不能沖走的，是大火不能燒盡的，也是歲月不能腐蝕的。

「如果一個人能將口袋的錢用於充實大腦，」富蘭克林說，「那麼誰也搶不走他的東西。對知識的投資永遠具有最高的回報。」

「在我看來，高尚的行為
　才是最美好的。
　善良的心要比皇冠更重要，
　簡樸的信念要比諾曼人的鮮血更加重要。」

奧里森・馬登談「人格塑造」：

美感教育、習慣主導、金錢觀念、品德培養……三歲看大五歲看老，細節看出你是不是虛有其表！

作　　者：[美]奧里森・馬登（Orison Marden）

翻　　譯：佘卓桓

發 行 人：黃振庭

出 版 者：崧燁文化事業有限公司

發 行 者：崧燁文化事業有限公司

E - m a i l：sonbookservice@gmail.com

粉 絲 頁：https://www.facebook.com/sonbookss/

網　　址：https://sonbook.net/

地　　址：台北市中正區重慶南路一段六十一號八樓
815 室
Rm. 815, 8F., No.61, Sec. 1, Chongqing S. Rd.,
Zhongzheng Dist., Taipei City 100, Taiwan

電　　話：(02)2370-3310

傳　　真：(02)2388-1990

印　　刷：京峯數位服務有限公司

律師顧問：廣華律師事務所 張珮琦律師

國家圖書館出版品預行編目資料

奧里森・馬登談「人格塑造」：美感教育、習慣主導、金錢觀念、品德培養……三歲看大五歲看老，細節看出你是不是虛有其表！/[美]奧里森・馬登（Orison Marden）著，佘卓桓譯 . -- 第一版 . -- 臺北市：崧燁文化事業有限公司 , 2023.08
面；　公分
POD 版
譯自：Developing personality
ISBN 978-626-357-513-4(平裝)
1.CST: 成功法 2.CST: 生活指導
177.2　　112010776

版權聲明

本書版權為出版策劃人：孔寧所有授權崧博出版事業有限公司獨家發行電子書及繁體書繁體字版。若有其他相關權利及授權需求請與本公司聯繫。

未經書面許可，不可複製、發行。

定　　價：399 元

發行日期：2023 年 08 月第一版

◎本書以 POD 印製

電子書購買

臉書